Originalausgabe
Ein Band der Reihe
»Informationen zur Zeit«

Über dieses Buch

»Es ist nicht die Behinderung, die lähmt, sondern die Rolle des Outsiders nimmt uns die Möglichkeit der Bewährung: Nicht das Mitleid tötet, sondern daß man es als Anmaßung empfindet, so wie die anderen sein zu wollen. Hierin liegt auch der Grund für jenes irrationale Schuldgefühl gegenüber den anderen, der Gesellschaft: unser Wunsch, so zu sein wie die anderen, macht uns in rational nicht verstehbarer Weise schuldig, gibt uns jene eiskalte Lebensangst zu tragen auf, die in einer so reichen Industriegesellschaft nur schwer begreifbar ist.«

Äußerungen eines spastisch Gelähmten, eines von mindestens sechs Millionen Bürgern der Bundesrepublik, die wegen einer körperlichen oder geistigen Behinderung zu einer krassen Außenseiterrolle verurteilt sind. In einer auf Leistung und Gewinn ausgerichteten Gesellschaft werden zehn Prozent ihrer Mitglieder als unproduktiv abgestempelt, weil sie nicht vollständig am Wirtschaftsleben teilnehmen können. Und folgerichtig wird nicht einmal das Notwendige für sie getan.

Dieses Buch enthält den ersten umfassenden Bericht über die Situation und die Probleme der Behinderten in diesem Land. 1981 wurde es vollständig überarbeitet und auf den neuesten Stand gebracht.

Der Autor

Ernst Klee, geb. 1942, studierte nach einer Lehre als Sanitär- und Heizungstechniker Theologie und Sozialpädagogik. Er ist Mitarbeiter aller Rundfunkanstalten und schreibt für ›Die Zeit‹. Für zwei sozialkritische Features bekam er 1971 den Kurt-Magnus-Preis der ARD. 1978/79 Lehrauftrag für Behindertenpädagogik an der Fachschule Wiesbaden. Seit 1973 ist er an der Frankfurter Volkshochschule Projektleiter eines Modellkurses ›Bewältigung der Umwelt‹ mit Behinderten und Nichtbehinderten. Buchveröffentlichungen u. a.: ›Der Zappler‹ (Kinderbuch zum Behindertenproblem), 1974 (Schwann Verlag); ›Behinderten-Report II‹, 1976 (Fischer Taschenbuch Bd. 1747); ›Gefahrenzone Betrieb‹, 1977 (Bd. 1933); ›Christa Lehmann. Das Geständnis einer Giftmörderin‹, 1977 (Wolfgang Krüger Verlag); ›Psychiatrie-Report‹, 1978 (Fischer Taschenbuch Bd. 2026); ›Pennbrüder und Stadtstreicher‹, 1979 (Bd. 4205); ›Behinderten-Kalender‹ für 1980 (Bd. 4502), 1981 (Bd. 3304), für 1982 in Vorbereitung; ›Behinderte im Urlaub?‹, 1980 (Bd. 4229); ›Behindert. Ein kritisches Handbuch‹, 1980 (S. Fischer Verlag).

Ernst Klee
Behinderten-Report

Stand: 1981

Fischer
Taschenbuch
Verlag

Der Autor dankt allen Lesern, die mit Widerspruch und Anregungen zu der überarbeiteten 10. Auflage beigetragen haben.

Originalausgabe
Fischer Taschenbuch Verlag
1.–12. Tausend: Februar 1974
13.–17. Tausend: März 1974
18.–22. Tausend: Juni 1974
Überarbeitet und aktualisiert:
23.–32. Tausend: Dezember 1974
33.–40. Tausend: Februar 1976
41.–47. Tausend: Dezember 1976
48.–55. Tausend: November 1977
56.–62. Tausend: März 1979
63.–70. Tausend: März 1980
Vollständig überarbeitet und aktualisiert:
71.–95. Tausend: Juni 1981
Umschlagentwurf: Jan Buchholz/Reni Hinsch
Fotos: Erika Sulzer-Kleinemeier
Fischer Taschenbuch Verlag GmbH, Frankfurt am Main

Gesamtherstellung: Hanseatische Druckanstalt GmbH, Hamburg
Printed in Germany
780-ISBN-3-596-21418-1

Inhalt

I Verhaltensmuster gegenüber Behinderten

1. Der Behinderte in der Einschätzung seiner Umwelt

»Der Teufel hinkt ein wenig«[1], schreibt Hans Würtz, Erziehungsdirektor des Oscar-Helene-Heims in Berlin-Dahlem 1921. In einer der bedeutendsten Einführungen in »Das Seelenleben des Krüppels« hat er das Urteil der Öffentlichkeit präzise beschrieben: Zur Charakteristik führt Würtz aus, Krüppel seien stets argwöhnisch, neidisch, gemeinschaftskrank, von krankhafter Lüsternheit und besessen von einem phantastischen Größenwahn. »Der Krüppel findet im Dämon sich selbst wieder.«[2] Das häufige Auftreten von Krüppeln in tumultvollen Zeiten kann kaum Zufall gewesen sein, bescherte doch die deutsche Revolution von 1918 eine Serie von »Revolutionskrüppeln«. Im Geißelprozeß in München wimmelte es von hinkenden und lahmen Angeklagten.[3] Alle geheime Wut und Bosheit, alle teuflische Grausamkeit des Gelähmten und Schwergebrechlichen sammelt sich im Giftgeschwür seines revolutionären Fanatismus. »Ein Buckel ist gewissermaßen die Qualifikation zum Revolutionär.«[4] Beispiel: Der bucklige Schneider Merges aus Braunschweig, der »böse Zwerg«, und vor allem Rosa Luxemburg, denn sie »war gelähmt und verfügte nur über einen kleinen schwachen Körper«.[5] Das revolutionäre Feuer speist sich aus dem Buckel oder ist eine Verdrängung des lahmen Beines.

Fast 50 Jahre später untersuchen die Psychologen Gerd W. Jansen und Otto Esser von der Forschungsgemeinschaft »Das körperbehinderte Kind« das spontane Verhalten des Normal-Bürgers gegenüber verkrüppelten Menschen.[6] Die Forscher zeigen Schwarz-Weiß-Dias von Contergan-Kindern, während die Befragten an einen sogenannten Lügendetektor angeschlossen sind. Das Fazit: 90% wissen nicht, wie sie sich Behinderten gegenüber verhalten sollen. 73% entscheiden sich für die Abtreibung und ebenfalls zu 73% dafür, das behindert geborene Kind nicht mit allen Mitteln am Leben zu erhalten. 63% möchten die Behinderten ins Heim verbannen und 56% lehnen die Hausgemeinschaft ab.

Dies entspricht einer Umfrage von »Infratest«, wonach nur ein Bruchteil der Bevölkerung um die wahren Gründe von Körperbehinderungen weiß: 73% geben Tablettenmißbrauch an, 62% Alkohol- oder Nikotinmißbrauch, 16% ein schreckliches Erlebnis der Mutter während der Schwangerschaft und nur 13% nennen die häufigste Ursache: eine schwierige Geburt. Eine Untersuchung des Instituts für Sonderschulpädagogik der Universität Marburg über die vermeintlichen Ursachen *geistiger* Behinderungen kommt zu ähnlichen Ergebnissen. Als häufigste Ursache wurden – in der Reihenfolge – genannt: Vererbung, Schwangerschaftsschaden, Trunksucht, Krankheiten, Unfall, Geburtsschaden, fehlende Liebe, mangelnde Zeit der Eltern und falsche Erziehung. 70% geben den Eltern die Schuld an der Behinderung des Kindes. Als Eigenschaften des geistig behinderten Kindes werden einerseits Stumpfsinn und andererseits Wildheit, Jähzorn, Bösartigkeit und Gefährlichkeit genannt. Selbst in der »Zeitschrift für das Fürsorgewesen« meint Klaus Fabian in einer Stellungnahme »Zur Rehabilitation geistig Behinderter im Rahmen des BSHG«, man könne bestimmten geistig Behinderten keine Eingliederungshilfe nach dem BSHG zukommen lassen, die »womöglich noch triebhaft veranlagt oder bösartig (!) sind«.[7] Nach der Marburger Untersuchung entschieden sich zwei Drittel der Befragten für eine Verbannung ins Heim, und zwar in Heime in »entlegenen, abgeschiedenen Orten«.

Wieweit die Dämonisierung von Behinderten gehen kann, zeigt die Affäre um eine 35jährige Bauerntochter aus dem Landkreis Altötting, wo an der psychisch Kranken Teufelsaustreibungen vorgenommen wurden. Der Passauer Bischof hatte die Teufelsaustreibung genehmigt![8] 1978 verurteilte das Landgericht Aschaffenburg zwei Priester, die an einer Studentin aus Klingenberg (einer Epileptikerin) Exorzismus betrieben hatten. Die 23jährige starb dabei.

Eine Reihe von öffentlich bekannt gewordenen Zwischenfällen und Skandalen zeigt, wie latente Gefühle in Aktionen des Hasses, in Fanatismus und Aberglauben umschlagen: Angefangen hat es im Oktober 1969 mit der Aumühle, einem Schloßgebäude, das dem bischöflichen Ordinariat Passau gehört. Im niederbayerischen Flecken Fürsteneck verwehrte dabei der Ortspriester Georg Stetter, wie die Beteiligten versichern, geistig Behinderten handgreiflich den Einzug in ihr geplantes Domizil. Nachdem man erreicht hatte, daß der Kleinbus mit den ersten Kindern wieder umkehren mußte, feierten die Bürger, die keinen »Idiotenpark« wollten, bei Freibier ihren Sieg. Schließlich ging das Schloßgebäude in Flammen auf, und man löschte so trefflich, daß zu den 100 000 Mark Brandschäden noch die doppelte Summe an Wasserschäden hinzukam. Der Vorgang ist strafrechtlich nie aufgeklärt worden, Versuche, die Kinder in einem Projekt Aumühle Nr. 2 unterzubringen, scheiterten verschiedentlich.

Im Mai 1971 platzte eine Jugendfreizeit für Körperbehinderte in Bad Tölz, weil der Träger des Heimes, das katholische Jugendferienwerk im Erzbistum Köln, meinte, der zuständige Arzt habe die gleichzeitige Belegung des Hauses Hochland mit Körperbehinderten und anderen Jugendlichen nicht gebilligt.[9] Im August 1971 verließen deutsche Feriengäste ihr Hotel im Adriabad Bibione, weil auch Körperbehinderte dort ihren Urlaub gebucht hatten. 1972 wurden weitere Vorfälle gemeldet: Im bayerischen Landkreis Wolfratshausen wehrten sich die Bewohner gegen den geplanten Bau eines Internats für Sehbehinderte. Die Anwohner der Rottmannshöhe am Starnberger See sprachen von einer »völligen Existenzzerstörung«, wohnte man doch in einer feinen Wohngegend. Im Kreis Ravensburg, in der 3000-Seelen-Gemeinde Baindt, kündigte Bürgermeister Schützbach die Räume des Körperbehinderten-Zentrums Oberschwaben: »Wir können unseren gesunden Kindern den Anblick dieser armen Teufel nicht zumuten. So ein Heim gehört nicht mitten in den Ort.«[10] Der CDU-Bürgermeister hatte Kameraleute, die filmen wollten, handgreiflich aus dem Rathaus gewiesen. In Stuttgart versuchten 300 Anwohner des Musbergs vergeblich, den Bau eines Wohnheims für geistig Behinderte zu vereiteln und bemühten dazu sogar ärztliche Gutachten, die die Bedrohung durch die geistig Behinderten glaubhaft machen sollten. In Heidelberg passierte der »Lebenshilfe für das geistig behinderte Kind« ähnliches: Dort versuchten, ebenfalls vergeblich, die Besitzer von 300 Etagen-Eigentumswohnungen, den vermeintlichen Verlust der Renditen zu verhindern. Viele vergleichbare Fälle werden erst gar nicht bekannt, wiederholen sich in kleinerem oder größerem Maßstab täglich.

Nach den Untersuchungen von Jansen schätzen die Nichtbehinderten als schwerste Behinderung Blindheit, Lähmung, Aussatz ein, mit Abstand folgt Geisteskrankheit. Sie über-

nehmen damit historische Verhaltensmuster (von denen im nächsten Kapitel die Rede sein wird), die schon aus dem Neuen Testament überliefert sind: Die Blinden, Lahmen, Aussätzigen und Besessenen sind dort die aus der Gemeinschaft Ausgegrenzten: sie stecken an, verbreiten Abscheu, sind isoliert und abhängig, treten bettelnd auf, Heilung geschieht nur durch ein Wunder. Deshalb sprechen Jansen und Schmidt vom *Aussätzigensyndrom* beim Verhalten gegenüber Behinderten, fixieren damit die Außenseiterrolle des Behinderten aufgrund der geschichtlich überkommenen Bilder.
Die Umwelt des Behinderten versucht, ihn zu verdrängen oder zu verteufeln, ihn selbst für sein Leiden verantwortlich zu machen: »Körperbehinderte Menschen sind oft abartig veranlagt.« Die Verdrängung des Behinderten (die Produktionsgesellschaft löst ihre Probleme durch Ausscheiden der Unproduktiven) schildert ein spastisch Gelähmter: »Es ist nicht die Behinderung, die lähmt, sondern die Rolle des Outsiders nimmt uns die Möglichkeit der Bewährung: nicht das Mitleid tötet, sondern daß man es als Anmaßung empfindet, so wie die anderen sein zu wollen. Hierin liegt auch der Grund für jenes irrationale Schuldgefühl, dem wir Behinderten gegenüber den anderen, der Gesellschaft, verhaftet sind: Unser Wunsch, so zu sein wie die anderen, unserer Rolle als Outsider untreu zu werden, macht uns in rational nicht verstehbarer Weise schuldig, gibt uns jene eiskalte Lebensangst zu tragen auf, die in einer so reichen Industriegesellschaft wie der unsrigen nur schwer begreifbar ist.«[11]

Im Januar
Eine Kiste Bücher geht als Spende ein. Sie soll von der Firma Eickhoff stammen. Die Spende bestand vorwiegend aus zerrissenen, verschmutzten und uralten Bücherschinken, die eher in den Mülleimer als in den Bücherschrank gehörten.
Vielen Dank ①

① Körperbehindertenzeitung KELLERSCHLÜSSEL, Bochum

Der Aussätzigenstatus des Behinderten, jene »Apartheidspolitik« gegenüber den Aus-der-Norm-Fallenden, wird dem Behinderten oft vor Augen geführt. Da wird eine nichtbehinderte Ehefrau beschimpft, weil sie einen behinderten Mann geheiratet hat und ob dieses »verhängnisvollen Schrittes« der Geisteskrankheit verdächtigt. Da erdreistet sich die deutsche Luftfahrtgesellschaft *Lufthansa* bis 1977, von behinderten Fluggästen eine »Beurteilung der Reisefähigkeit kranker Fluggäste« abzuverlangen, wonach ihnen der Hausarzt bescheinigen muß: »Zustand, Aussehen und Verhalten werden nicht zur Belästigung oder Gefährdung von Mitreisenden führen.« Auf Proteste hin wird schließlich im Vordruck das Wort »Aussehen« gestrichen, aber noch immer muß sich der Behinderte bescheinigen lassen, daß sein Zustand und Verhalten nicht zur Gefährdung oder Belästigung der Mitreisenden führen.

Ein zweiter Fall Aumühle

Zu einem Grundsatzstreit über die Leitung eines Behindertenheimes kam es 1980 in Wixhausen bei Darmstadt. Frank B. war vom Hessischen Landesverein der Inneren Mission als Leiter der »Aumühle«, eines Wohnheims für geistig Behinderte, eingestellt, dann aber nicht weiter beschäftigt worden. Der neue Heimleiter wollte ein partnerschaftliches Verhältnis zu den geistig Behinderten. Vor dem Arbeitsgericht bemerkte der Rechtsanwalt des Heimträgers: »Wie dem Besitzer einer chemischen Fabrik das Recht über die Verpackungsart seiner Produktion zugestanden werden müsse, so habe auch der Träger einer Behinderteneinrichtung das Recht, die Richtlinien seiner Betreuung selbst zu bestimmen.«②

② Quelle und Zitat: FAZ Nr. 37/80.

Da klärt die Deutsche Bundesbahn in ihrer Zeitschrift »Schöne Welt« ihre Fahrgäste auf, warum auch die pünktliche DB nicht immer pünktlich sein kann: »Man rollt eine ältere Dame im Stuhl herbei, hebt sie hilfreich, aber mühsam in einen Wagen 1. Klasse, schiebt den Rollstuhl zum Gepäckwagen, und der Zugführer steht schwitzend vor des Geschickes Mächten und schreibt in seinen Fahrtenbericht: ›Koblenz, 1,5 Minuten Verspätung wegen Zulaufs (!) einer körperbehinderten Dame.«[12] Da mahnt der Deutsche Blindenverband: »Fällt der Taubblinde unwissentlich in ein Gespräch, so gebe man ihm ein vereinbartes Zeichen. Niemals schlage man ihn, wie es beobachtet wurde, auf den Mund!«[13]
Da erstickt die Publizistik jeden Emanzipationsversuch von Behinderten, wenn sie – vor allem Tageszeitungen im Lokalteil – Behinderte nur mitleidvoll arrogant als bedauernswerte Krüppel schildert. Da erdreistet sich die Bürokratie, Behinderten Briefe in einem Stil zu schicken, wie früher der Große Kurfürst einem Leibeigenen Bescheid gab: »Ich bin deshalb bereit zu prüfen, ob Ihnen eine Hilfe nach den Bestimmungen des ... und den hierzu erlassenen Vorschriften des ... *gewährt* werden kann.«

Die Behinderten sind ziemlich die letzte Randgruppe, die in ihrer Mehrheit kaum etwas selbst tut, sondern sich von Eltern und Verbandsfunktionären gängeln und bevormunden lassen muß – und will. Die Chance auf Anerkennung lacht nur dem, der die ihm zugedachte Märtyrerrolle übernimmt. Wer aufbegehrt, ausbricht, wird als undankbar verstoßen. Der Behinderte hat, um überhaupt überleben zu können, Demut und Dankbarkeit lernen müssen. Die Rolle des Dulders ist ihm zugewiesen. Nur relativ wenige haben sich – ohne wie gewöhnlich die Behinderung zu verdrängen – emanzipiert und organisiert. So blieb die Behindertenarbeit bis heute eines der letzten Reservate karitativen und betreuerischen Tuns, wo Liebsein und Unterordnung als vorausgesetzt erscheinen: sicher keine Tugenden, sondern Signale der Kapitulation, der Unterwerfung. Um so notwendiger, das Behindertengerede zu stoppen, dem Wohltätigkeitspathos in die Parade zu fahren und statt dessen den gesellschaftspolitischen Konflikt ins Bewußtsein zu heben. Noch heute finden sich für jeden Behinderten, der für seine Rechte demonstriert, zehn andere, die sich für ihn entschuldigen ...

2. Historisch verfestigte Verhaltensmuster

Frühe Kulturen und die Antike sehen in einer Mißbildung die Sühne für einen Frevel. Ein Tabu ist verletzt worden, das die Gottheit bestraft. Das Alte Testament beschreibt diese Erfahrung in dem Satz: » Es soll kein Blinder noch Lahmer in das Haus kommen.«[14] Aber auch Antigone wird gewarnt, mit dem blinden Oedipus in die Verbannung zu gehen, da der Umgang mit dem Blinden Schande bringt. Erst Jesus Christus durchbrach seine Zeit, indem er die Frage seiner Jünger abwehrt, die fragen: »Meister, wer hat gesündigt, dieser oder seine Eltern, daß er blind geworden ist?«[15] Jesus antwortet: »Weder dieser hat gesündigt, noch seine Eltern ...« Die Frage der Jünger Jesu zeigt jedoch sehr deutlich das Zeitverständnis: Behinderungen werden als Zeichen einer Versündigung, als Schuld gedacht, wie auch heute noch die evangelische Christenheit frohgemut im Kirchenlied anstimmt: »Treib aus, o Licht, all Finsternis, behüt uns, Herr, vor Ärgernis (Unheil), vor Blindheit und vor aller Schand ...«[16] Blindheit und Schande sind gleichgestellt, prähistorisches, magisches Denken setzt sich durch.

Dieses magische Denken, eine Behinderung als Verdammung der Gottheit anzusehen, beinhaltet, das Unheil (den Behinderten) zu vertilgen. Zum Teil hat man auch versucht, ein Übel mit einem anderen Übel zu kurieren: So ist durch die Jahrhunderte das Blut hingerichteter Sünder Epileptikern zum Trinken gegeben worden, damit sich die Fallsucht lege: »Sobald das warme Blut eines in der größten Todesangst Enthaupteten getrunken sei, soll der furchtsame archaeus (Lebensgeist), so in des Sünders warmem Blut gewesen mit dem rasenden archaeo des epileptici einen Streit anfangen und ihn besiegen.«[17] Solche magischen Heilzauber-Zeremonien sind bis ins 19. Jahrhundert bei uns gebräuchlich.

Auch wenn den Eltern behinderter Kinder heute geraten wird, das Kind brauche als Kur nur einmal eine richtige Tracht Prügel (mehr als 90% der Eltern behinderter Kinder züchtigen ohnedies mit Prügeln![18]), tauchen atavistische Praktiken auf[19]. Denn die Prügelstrafe ist ein kirchliches Strafmittel durch die Jahrhunderte, ein Mittel, das mitunter der Schuldige oder sich schuldig Fühlende gegen sich selbst anwendet (»sich geißeln«). Die Prügelstrafe dient als ein beliebtes Mittel, um geistige Störungen und Pocken, aber

auch Unfruchtbarkeit (die ebenfalls als Strafe Gottes galt) zu heilen. Teufelsaustreibungen wurden mit Prügeln vorgenommen.
Im antiken Griechenland wie in Rom sind mißgebildete Kinder umgebracht worden. Nur in einem harmonisch schönen Körper sollte eine edle Seele wohnen, während die Mißbildung auf krumme Charaktere schließen läßt. Nur in einem gesunden Körper, weiß jeder Gymnasiast unserer Tage noch, wohnt auch ein gesunder Geist, mens sana in corpore sano.
Krankheit und Gebrechen als Folge einer Versündigung oder Tabuverletzung werden immer noch indiziert, wenn – wie die Umfrageergebnisse belegen – Eltern behinderter Kinder ein sündhafter Lebenswandel nachgesagt wird. Zahlreiche Eltern haben dieses postmagische Denken übernommen, wenn sie ihr behindertes Kind als Strafe Gottes betrachten und mit Schuldgefühlen reagieren. Martin Luther mußte seinerzeit sogar durch seinen Fürsten Friedrich den Weisen an der eigenhändigen Tötung eines mißgebildeten Kindes gehindert werden, da mißgestaltete Kinder nach Meinung des Reformators als Produkte des Teufels in die Welt gesetzt wurden, denen die göttliche Seele mangelte: In den Tischreden läßt sich Luther dazu aus: »Wenn ich gar Fürst oder Herr wäre, so wollte ich mit diesem Kinde in das Wasser, in die Mulde, so bei Dessau fleusst und wollte das Homocidium dran wagen. Aber der Kurfürst zu Sachsen so mit zu Dessau war und die Fürsten zu Anhalt wollten mir nicht folgen. Da sprach ich, so sollten sie in der Kirchen die Christen ein Vaterunser beten lassen, daß der liebe Gott den Teufel wegnähme. Das täte man täglich zu Dessau. Da starb dasselbige Wechselkind im andern Jahr danach.«[20] Die Ordnung ist wieder heil – nach mittelalterlicher Vorstellung.
Auch die mittelalterlichen Seuchenwellen sollten mit Exorzismen zum Stillstand gebracht werden. Geißler und Büßer zogen bei den Pestepidemien durch die Lande, denn die Kirche beschuldigte die Sündhaftigkeit der Welt als Seuchen-Ursache. Papst Clemens VI. rief 1348 ein heiliges Jahr aus, um mit der Macht des Glaubens der Seuche entgegenzutreten (ganz mag er diesem Heilmittel selbst nicht getraut haben: er blieb in seinem Exil in Avignon, schloß sich in seinen Gemächern ein und verkehrte mit der Umwelt nur noch schriftlich). Alles blieb wirkungslos. Selbst die Suche nach

den Schuldigen der Seuche, bis man sie in den Juden fand, die die Brunnen vergiftet haben sollten: Eine dauerhafte Parallele, denn Judenvernichtung und die Vernichtung unheilbarer Kranker und Behinderter gingen auch im Dritten Reich ineinander über.

Prägend für die Behandlung der Mißgestalteten, Behinderten und Siechen wurde die Behandlung der Leprakranken, der Aussätzigen (»Aussätzigensyndrom«). Die verunstaltende Krankheit, von zurückkehrenden Kreuzfahrern vorwiegend eingeschleppt, sollte nach dem Willen Philipps des Schönen von Frankreich (1313) verbannt werden, indem man die Kranken verbrannte, denn schon immer dienen Verbrennungen (Hexenverbrennungen) dem Auslöschen der Sünde. Das scheiterte jedoch an der Kirche, die die Kranken in den Klöstern des Hl. Lazarus (dem Schutzpatron der Leprösen) unterbrachte: in den Lazaretten.

Der Lepra-Verdächtige mußte einer Untersuchungskommission vorgestellt werden. War er als Aussätziger diagnostiziert, wurde er aus der Gemeinschaft ausgestoßen. Man las die Totenmesse über ihn, er mußte sich in einen Sarg legen, und während die Totenglocken läuteten, schaufelten die Angehörigen Erde auf ihn, sie beerdigten ihn symbolisch. Danach bezog der Aussätzige entweder ein Leprosorium oder eine abgelegene Hütte, deren weißes Kreuz die Aussätzigenstätte kennzeichnete. Der Ausgesetzte durfte mit niemandem – bei Strafe – Umgang haben. Ein langer schwarzer Mantel mit zwei aufgenähten weißen Händen zeichneten ihn, beim Herannahen eines Bürgers mußte er eine Klapper betätigen, um vor sich zu warnen. Er durfte sich nicht im Fluß waschen und nicht aus öffentlichen Brunnen trinken. Almosen der Gemeinde ernährten ihn. Dies ist sicherlich, angesichts der völlig unzureichenden Seuchenhygiene und der Hilflosigkeit der ansteckenden Krankheit gegenüber, eine sozialhygienische Maßnahme. Doch die Aussonderung des Aussätzigen wurde zugleich zu einem Verhaltensmuster gegenüber den Aus-der-Norm-Gefallenen, das sich historisch verfestigte.

Das Makabre ist, daß der Mediziner H. S. Glasscheib, der dies alles schildert, am Ende des Kapitels über Seuchen trübsinnig feststellt, daß der Sieg der Medizin über die Seuchen beunruhigende Fragen auslöst: Denn die Seuchen fielen als erwünschtes Auslesemittel der Menschheit aus, da sie auch

»hochwertige Individuen vernichten. Der Krieg aber, der geschichtlich eine Auslese unter Völkern und Rassen vornahm, hat durch die Mechanisierung der Kriegsmittel jeden Selektionswert verloren. Wie aber soll die Auslese der Tüchtigsten sich vollziehen, wenn man dem Züchter in den Arm fällt? Durch das Christentum zum Schweigen gebracht, ruhen diese Fragen, doch sind sie damit nicht gelöst.«[21] Das Buch ist nicht allzulange nach den Selektionsversuchen von Medizinern im Dritten Reich 1961 im Rowohlt Verlag im 1.–8. Tausend aufgelegt worden.
Mißgebildete Kinder wurden in Rom (anders als in Sparta) weniger ertränkt oder ausgesetzt als zu Sklaven aufgezogen. Waren ihre Gebrechen nicht schaukräftig genug, wurden sie weiter künstlich verkrüppelt, indem ihnen die Knochen zertrümmert und die Schulter verdreht wurde. Diese Bettelkrüppel wurden ausgepeitscht, wenn der durch die Bettelei erworbene Profit hinter den Erwartungen des Besitzers zurückblieb. »Profitkrüppel« (Würtz) wurden durch die Jahrhunderte hindurch zum Teil von ihren Eltern künstlich verkrüppelt und zum Betteln dressiert. In zahlreichen Ländern gab es Krüppelfabriken, wie in der Provinz Haute Garonne, über die ein spanischer Forscher, Bernaldo de Quires, berichtet: »Man nimmt ein Kind unter 10 Jahren, krümmt ihm die Beine und drückt sie mit einer Schlinge gegen die Muskeln, zunächst leicht, um den Brand zu verhüten. Allmählich sterben die Glieder ab, und alles Leben konzentriert sich gewissermaßen auf den Rumpf. Nun setzt man den Krüppel in eine Kiste, aus der er nicht einmal zum Schlafen herauskommt, und kreuzt ihm die Beine so, daß sie nie ihre Kraft wiedererlangen können.«
Mißgebildete wurden jedoch nicht nur zum Profit als Bettler zubereitet, sondern auch zur Ergötzung der Hochedlen Herrschaften an Höfen gehalten. Die Hofnarren mußten die grausige Funktion erfüllen, den Gutgewachsenen zum Gespött zu dienen (im Zirkus erfüllen die »Liliputaner« in Clownrollen diese Funktion noch immer). Als typisch in der Charakteristik gilt Victor Hugos verbuckelter Hofnarr Tripoulet (Verdis Rigoletto), der sich selber so einschätzt: »Verflucht Natur und Menschen haben / heimtückisch, grausam, feige mich gemacht, / verzweifelt, mißgestaltet / zu sein / .... gebannt / in diesen Körper, der mir Abscheu einflößt, / voll Ekel über meine Mißgestalt, / auf jede Kraft

und Schönheit eifersüchtig...«[22] Man sieht sehr leicht, wie der Hofnarr so aufbereitet wird, damit er ungehemmt als Sündenbock mißbraucht werden kann. Die Charakteristik hat sich durchgehalten, sie schlägt sich in Würtz' »Seelenleben des Krüppels« nieder und in etlichen Sprichwörtern wie: »Je krümmer, je schlimmer.«

In diesem Jahrhundert ist das Bettler-Krüppeltum vom Staat legalisiert worden, indem den zahlreichen Invaliden (invalide: untauglich; vale: lebe wohl) auf Berlins Straßen z. B. Leierkästen angeschafft wurden, damit sie sich selbst ernähren könnten! Als einen wichtigen historischen Einschnitt bezeichnet Konrad Biesalski, ein Pionier in der Behindertenarbeit, die Zählung der Reichsregierung 1906, als Deutschlands jugendliche Krüppel erfaßt werden sollten. Denn in dieser Erfassung wurden sie erstmals deutlich als Kranke herausgestellt, deren Krankheit »besiegt« werden könne. Die »Krüppelfürsorge« wurde eine Angelegenheit der Ärzte.[23] Und ab 1920 wurde es per Gesetz eine Pflicht des Staates, den »Verkrüppelten« zu helfen. Die Zählung 1906 hatte 100000 jugendliche Behinderte ergeben. Durch das Krüppelfürsorgegesetz 1920 wurden Ärzte, Hebammen, Krankenpfleger und Pädagogen verpflichtet, Jugendliche unter 18 Jahren, bei denen eine Verkrüppelung vorlag oder drohte, dem Gesundheitsamt zu melden. Entscheidend dürfte aber nicht eine humane Einstellung der Regierung, sondern die gewaltige Not der Kriegsverletzten gewesen sein. Ab 1914 verstärkte sich die Aufmerksamkeit für die verletzten »Krieger«, die ihre Gesundheit »dem Vaterlande geopfert« hatten, während die von Geburt an Behinderten landläufiger Ansicht nach nie etwas Produktives beigetragen hatten, ein Urteil, das sich bis in die Gesetzgebung und Praxis heute niederschlägt, wo immer noch zwischen Kriegs-, Arbeits- und Zivilbehinderten unterschieden wird.

Eine andere Form der »Profitkrüppel« sind die »Reklamekrüppel« (Biesalski). Sie sind nicht minder Ausbeutungsobjekt gewesen, wie sie auch heute noch auf Jahrmärkten feilgeboten werden. Im Mittelalter wurde ein Teil der Verkrüppelten in Klöstern untergebracht, ein anderer Teil mußte sich bei Schaubudenbesitzern als Monster verdingen.[24] Diese Reklame- oder Demonstrationskrüppel wurden besonders gerne von einem Drucker namens Scherf in Gera aufgenommen und profitabel gemanagt. Aus einem Schusterlehrling machte er einen Urwaldgorilla-Menschen, und einen behaarten klumpfüßigen Krüppel dressierte er aufs Heuessen, um ihn als wissenschaftlich anerkannte Kreuzung zwischen Pferd und Mensch zu verkaufen. Da wird verständlich, warum in des »Knaben Wunderhorn« zu lesen ist: »Liebes Kindlein, ach ich bitt, bet fürs bucklig Männlein mit.« Einer der berühmten Reklamekrüppel des 20. Jahrhunderts, Carl Hermann Unthan, hat in seinem Buch »Das Pediscript« (Stuttgart 1925) meist sehr unkritisch sein Dasein als Schau-Behinderter geschildert. Unthan, der einen sehr vernünftigen Vater hatte, war ohne Arme geboren worden (»Wascht den Fuß, gebt dem Bengel einen Löffel und laßt ihn selber essen.«). Er lernte, sich mit den Füßen zu waschen, lernte, mit den Zehen Geige zu spielen. Nach einem seriösen Versuch im Konzertsaal trat er als Geigenvirtuose im Varieté auf, bereiste Rußland wie die USA, wurde dem Millionär Rockefeller wie Mark Twain vorgestellt und trat in preußischen Lazaretten auf, um den Verletzten Mut zu machen. Er war einer jener Demonstrationskrüppel, die gerne vorgeführt werden, um von den wahren Problemen abzulenken.

Das erste Hospital für Verstümmelte und Unfallkrüppel, im Jahre 330 in Konstantinopel gegründet, blieb auf Jahrhunderte die einzige Anstalt für die Unglücklichen. Die ersten Asyle dienten ohnehin nicht dazu, medizinisch etwas bessern zu wollen, sondern sollten die Verunstalteten aus dem Verkehr ziehen. Man wollte die Öffentlichkeit vor deren Anblick bewahren. Schwangere würden mißgestaltete Kinder gebären, wenn sie die Verkrüppelten sähen.[25] Eine Ansicht, die der Göttinger Professor K. F. H. Marx im Jahre 1876 noch bekräftigte: »Mitleid mit Krüppeln und Personen, die an ekelhaften Übeln laborieren, hat sich darauf zu beschränken, für deren angemessenen Aufenthalt in Siechenhäusern mit Gärten, die sie jedoch nie verlassen dürfen, zu sorgen. Der widrige Anblick solcher Unglücklichen muß dem öffentlichen Verkehr entzogen bleiben, denn der Eindruck auf Empfindsame und Schwangere ist höchst bedenklich.«[26] Wie wir im Kapitel oben bereits sahen, hat sich an dieser Meinung nicht viel geändert. Die Absicht ist im übrigen so gut in die Praxis umgesetzt worden, daß 25% aller sogenannten Nichtseßhaften oder »Tippelbrüder« in den Nichtseßhaftenasylen aus körperlich Deformierten (Gliedmaßenbehinderten) bestehen. Eine Tatsache, die in der Öffentlichkeit überhaupt

nicht registriert und von den zuständigen Behörden und Vereinigungen niemals öffentlich angeprangert wurde.[27]
Die Wirtschaft und der Staat haben atavistische und postmagische Vorurteile und Verhaltensmuster gegenüber den Behinderten ausgenutzt. Klaus Dörner hat diesen Prozeß beschrieben, als er eine Sozialgeschichte und Wissenschaftssoziologie der Psychiatrie vorlegte: Der Aufstieg des Merkantilismus und des ebenfalls aufgeklärten Absolutismus vollzog sich in einer rigorosen gesellschaftlichen Neuordnung, die alle Aus-der-Norm-Fallenden, Bettler, Arbeitslose, Häretiker, politisch nicht Konformgehende, psychisch Kranke und Mißgestaltete sowie Invaliden hinter Schloß und Riegel brachte. Dörner schreibt über diese »Epoche der administrativen Ausgrenzung der Unvernunft« (1650–1800): »Fragt man nach den Motiven dieser gesamteuropäischen Bewegung, muß man sich zunächst vergegenwärtigen, daß das Heer der Nicht-Arbeitenden und Armen in den Städten 10–20%, in geistlichen Residenzen und zur Zeit der Wirtschaftskrisen 30% und mehr ausmachte. Dieser zuvor ›normale‹ Umstand mußte allen Autoritäten dieser Zeit als eine vereinigte Provokation und Gefahr gerade in dem Maße erscheinen, in dem sie Vernunft und Herrschaft über Natur und Unvernunft zu bringen suchten: dem Absolutismus im Verlangen nach bürgerlicher Ordnung; dem Kapitalismus im Prinzip regelmäßiger, kalkulierbarer Arbeit; den Wissenschaften im Streben nach systematischer Naturbeherrschung ... Zugleich aber schuf diese Epoche die Voraussetzung für die spätere – ökonomische Ordnung: sie stand im Dienst der Erziehung zu einer Haltung, für die Arbeit zur moralischen Pflicht, später zur gesellschaftlichen Selbstverständlichkeit wird.«[28]
In dieser Zeit entstehen die Zucht-, Korrektions-, Verwahrungs-, Arbeits-, Narren- und Tollhäuser. Es galt, aus den Untertanen Arbeiter und Steuerzahler zu machen. So schien es einerseits dienlich, die entarteten Nichtproduktiven hinter demonstrativ hohe Anstaltsmauern zu bringen, und zum anderen führte man Irre und andere Abnorme dem Publikum vor. Die Existenz der Zucht-Häuser, die brutale Arbeitsanstalten waren, sollte abschrecken (wie es den Nichtproduktiven ergeht) und mahnen, arbeitsam zu sein.[29] »So galt es als Ideal, wurde auch von den Wiener Kameralisten wie Sonnenfels gelehrt, Manufakturen in zugleich nützlicher und be-

drohlicher Nähe zu Zucht-, Arbeits- und Waisenhäusern anzulegen.«[30]

Der Kapitalismus konnte (anders als mit Strafgefangenen) mit den Krüppeln nichts anfangen. Sie konnten in einer auf Kapitalverwertung ausgerichteten Zeit ihre Arbeitskraft nicht einbringen. Die Verformten, im Feudalismus noch als Objekte der Barmherzigkeit verwertbar, um das Himmelreich zu erlangen, waren im kapitalistischen Produktionsbereich nicht zu vermarkten. Die Ethik[31], genauer: die protestantische Ethik der puritanischen Industrienationen Holland, England, Nordamerika, die die Gnade Gottes am Erfolg, an der Leistung ablas, hatte für Behinderte keinen Platz. Wer mit der Ware Arbeitskraft nicht handeln konnte, war aus der »Schaffensgemeinschaft« ausgestoßen. Wer, wie so viele, im brutalen Lebenskampf des neuen Industriezeitalters infolge eines Arbeitsunfalles verkrüppelte oder einfach verschlissen wurde, mußte für sich selber sorgen. Der berühmte Arzt Virchow versuchte 1848, das »Recht auf Gesundheit« in die Preußische Verfassung aufnehmen zu lassen – umsonst.

Im Gegenteil. Preußen ließ 1853 durch das Preußische Obertribunal als Grundsatz der Armenverwaltung festlegen, es sei den Armen nur soviel zu gewähren, um ein Umkommen gerade zu verhindern. Kein Armer habe das Recht auf Unterstützung, die Gemeinden seien nicht dem einzelnen, nur dem Staat verpflichtet. Armenunterstützung gab es lediglich unter polizeitechnischen Gesichtspunkten, um die öffentliche Sicherheit nicht zu gefährden, um Aufruhr zu vermeiden. Wohlfahrtshilfe war lediglich ein Instrumentarium der Macht[32], und in Bayern stand das Almosengeben sogar unter Strafe. Das Bundesverwaltungsgericht hat dies 1954 bestätigt: »Das alte preußische Recht war nämlich stillschweigend von dem Grundsatz ausgegangen, daß die damals als Armenpflege bezeichnete Fürsorge dem Bedürftigen lediglich aus Gründen der Ordnung, nicht aber um seiner selbst willen, zu gewähren sei, und daß er daher nicht Subjekt der behördlichen Verpflichtung, sondern nur Objekt des behördlichen Handelns, Gegenstand der Pflicht sei, welche der Armenbehörde dem Staat gegenüber obliegt. Dieser Grundsatz wurde später ohne Prüfung beibehalten ...«[33]

Nach preußischem Recht gehörte der Krüppel aus dem Verkehr gezogen, denn sein Platz war die Anstalt.

Die Judenverfolgungen und -vernichtungen des Dritten Reiches sind im Nachkriegsdeutschland vergleichsweise intensiv aufgearbeitet, bzw. wenigstens literarisch ausführlich bearbeitet worden. Die Vernichtung »unwerten Lebens«, die während des Krieges auf den Protest der Bevölkerung stieß, ist dagegen kaum behandelt worden, auch was die strafrechtliche Verfolgung anbelangt. Kennzeichen für die Einstufung der Behinderten und der psychisch Kranken ist die biologische Entartung, die Bedrohung und Verfall bringen soll. Da ist dann von »Ballastexistenzen« die Rede, von »leeren Menschenhülsen« und von »geistig Toten«, und aus dieser Periode stammt auch noch der Ausdruck »Humanitätsduselei«, der immer noch nicht aus dem Sprachgebrauch gekommen ist. Der Volkskörper ist von seinen krankhaften Erbanlagen zu befreien.

Die Behinderten sind auch hier als die Unproduktiven gebrandmarkt. Zugleich werden sie anderen Randgruppenexistenzen gleichgestellt, wie dies der Philosoph Ernst Bergmann sehr drastisch sagt, der von einem »Weltkrieg gegen die Idioten, Kretins und Schwachsinnigen, Gewohnheitsverbrecher und sonstwie Degenerierten und von Verseuchten« redet und vom »Menschenkehricht der Großstädte ... getrost eine Million beiseite geschaufelt« wissen möchte.[34] Nicht unbeteiligt an der Entwicklung sind die »Krüppelpädagogen« selbst, wie ein für seine Zeit »progressiver« Pädagoge wie Hans Würtz 1921 bereits schreiben kann: »Von den Hunnen glaubte man daher wegen ihrer mongolischen, von den Germanischen als häßlich empfundenen Rassenmerkmale, daß sie dämonisch aus dem Schlamm hervorgewachsen seien. So umwebte auch Attila und seine Scharen der Graus des unersättlichen Häßlichen, das dem Krüppeltum nahestand. Attila war gleichfalls nicht zu befriedigen in seinem Machtdrang.«[35] Rassenhaß und Behindertenfeindlichkeit liegen eng beieinander.

Eine – wenn auch traurige – Tatsache ist, daß sich die Ärzte im Dritten Reich mitschuldig gemacht haben (vielleicht der Hauptgrund, daß die Aktionen zur Vernichtung »unwerten Lebens« nachträglich nicht aufgearbeitet wurden, denn Ärzte machen keine Fehler). Zur Kanzlei des Führers gehörte eine Gnadenabteilung. Hitler interessierte sich Ende 1938/Anfang 1939 für ein Euthanasie-Gesuch wegen eines mißgestalteten und idiotischen Kindes in Leipzig so sehr, daß er seinen

Leibarzt Dr. Brandt dorthin schickte. Hitler übernahm ausdrücklich die Verantwortung, diesen Jungen einzuschläfern und informierte Reichsleiter Bouhler und Brandt, zukünftig ähnlich zu verfahren. Die *Kinder-Aktion* war geboren.

Nebenan liegt ein junger Mann, der am ersten heißen Tag im Sommer mit einem Kopfsprung ins kühle Naß wollte. Das Wasser war an dieser Stelle leider nicht tief genug. Er verrenkte sich die Halswirbel. Die Freunde zogen den an allen vier Gliedmaßen Gelähmten schnell aus dem Wasser. In der Klinik wurde wieder der Verletzungsschock mit allen Mitteln beherrscht. Mit einem Knochendübel wurden die verrutschten Wirbel nach der Einrenkung fixiert. Sorgfältigste Pflege erhielt den gesunden Kopf mit dem daranhängenden gelähmten Körper am Leben. Was für ein Leben!
Wenn der erhaltene Kopf wenigstens noch ein Dichter wäre, oder ein gottbegnadeter Mystiker. Aber der junge Mann hatte nicht einmal die Untertertia geschafft, und geistige Fähigkeiten und Interessen fehlten ihm völlig.
Ohne Körper ist dieser Kopf wertlos. ③

Im Frühjahr 1939 konstituierte sich, in Zusammenarbeit der Kanzlei und des Reichsärzteführers Dr. Conti, der »Reichsausschuß zur wissenschaftlichen Erforschung von erb- und anlagebedingten schweren Leiden«. In einem geheimen, im Wortlaut nicht bekannten, Ministerialerlaß wurden danach Hebammen und Geburtshelfer verpflichtet, idiotische, miß-

③ Peter Röttgen, Professor für Neurochirurgie, Die Grenzen der Neurochirurgie
(Möglichkeiten und Grenzen der Medizin, Studien und Berichte der Katholischen Akademie in Bayern, Bd. 40, Würzburg 1967, S. 79)

gebildete und gelähmte Neugeborene den Gesundheitsämtern zu melden. Drei bestellte Gutachter bestimmten anhand der Meldebögen über Leben und Tod der Kinder, teilten dann den Ämtern eine der 21 »Kinderfachabteilungen« zur Einweisung mit. Text: »Hier kann aufgrund der durch den Reichsausschuß getroffenen Einrichtung die beste Pflege und im Rahmen des Möglichen neuzeitliche Therapie durchgeführt werden.« Nach dem 20. September 1941 (Erlaß des Reichsministers des Inneren) konnte im Zweifelsfalle den Eltern das Sorgerecht entzogen werden, um das Kind einweisen zu lassen (für die neuzeitliche Therapie mußten sie auch noch zahlen). Der Kinder-Aktion sind schätzungsweise 5000 Kinder zum Opfer gefallen. Universitäten und Professoren (so die Heidelberger Klinik unter C. Schneider) schickten wissenschaftlich interessante Zöglinge in die Tötungsabteilungen, um sich anschließend die Leichen zum Studium schicken zu lassen.[36]

Von den Vernichtungsaktionen gegen erwachsene psychisch Kranke soll hier nicht die Rede sein. Nur eines sei angemerkt: Daß diese Vernichtungs-Gesinnung selbst bei einem Sportarzt der Versehrtensportverbände (meistens Kriegsversehrte) anzutreffen ist. Jedenfalls erklärte dem Autor ein Versehrtensportarzt, das Aufziehen der Spastiker lohne nicht, gleich sterben lassen und dem Sterben nachzuhelfen, sei besser. Er selbst habe gerade den Totenschein in einem Fall ausgestellt, wo das spastisch gelähmte Kind ganz offensichtlich nicht natürlichen Todes gestorben sei.

Zurück zum Historischen: Die Vernichtungsaktionen liefen stets aufgrund der persönlichen Ermächtigung des Führers, der nichts schriftlich herausgehen ließ. Im einzigen Gesetzentwurf über die Lebensvernichtung wurde im Sommer 1940 ein Hauptkriterium der Selektion herausgestellt: die »Fähigkeit zur produktiven Arbeit«.[37] An diesem Hauptkriterium hat sich nichts geändert. Behinderte, deren Fähigkeit zu produktiver Arbeit bescheinigt werden kann, haben Förderung und eventuelle Ausbildung zu erwarten, werden durch die Gesetze und Rehabilitationsträger vielfach bevorzugt. Die anderen bleiben nach wie vor unwertes Leben.

II Früherfassung und Frühdiagnostik

1. Zahl der Behinderten in der BRD

Erstmals 1959 und dann 1966 wurde vom Statistischen Bundesamt eine Bevölkerungsstichprobe durchgeführt, der sogenannte *Mikrozensus.* Rund 125 000 Haushalte mit etwa 340 000 Personen wurden gefragt, »ob ein Haushaltsmitglied körperlich oder geistig behindert oder vor dem Pensionsalter invalidisiert worden« ist. Die aus der Stichprobe hochgerechnete Zahl ergab 4,1 Millionen Behinderte. 2,8 Millionen Männer und 1,3 Millionen Frauen. Anders ausgedrückt: Von jeweils 1000 Männern waren danach 98, von 1000 Frauen 40 körperlich oder geistig behindert.

Körperlich und geistig Behinderte[1] nach Ursache der Behinderung

Ergebnis des Mikrozensus April 1966

Ursache der Behinderung	Insgesamt 1000	%	Männlich 1000	%	%[2]	Weiblich 1000	%	%[2]
Angeboren	236	5,8	124	4,4	52,6	112	8,8	47,4
Kinderlähmung	57	1,4	29	1,1	51,4	28	2,2	48,6
Berufskrankheit	241	6,0	197	7,1	81,6	44	3,5	18,4
Andere Krankheit	1086	26,8	545	19,5	50,2	541	42,8	49,8
Arbeitsunfall	409	10,1	350	12,5	85,6	59	4,7	14,4
Straßenverkehrsunfall	98	2,4	65	2,3	65,9	34	2,7	34,1
Sonstiger Unfall	161	4,0	86	3,1	53,4	75	5,9	46,6
Kriegsbeschädigung	1141	28,1	1098	39,3	96,2	43	3,4	3,8
Sonstige Ursache	546	13,5	263	9,4	48,2	283	22,4	51,8
Ohne Angabe	80	2,0	35	1,2	43,2	45	3,6	56,8
Insgesamt	4054	100	2791	100	68,8	1264	100	31,2

[1] Ohne Soldaten. – [2] Anteil an Spalte 1.

Diese Hochrechnung aus dem Mikrozensus 1966 war lange die *einzige* gesamtstatistische Quelle, die Fachleuten und Politikern vorlag. Seit 1966 geistert die Zahl von 4 Millionen durch alle offiziellen Verlautbarungen, obgleich jährlich »etwa 200 000 Männer und Frauen infolge von Verkehrs- und Arbeitsunfällen, Krankheiten oder Verschleißerscheinungen vorzeitig aus dem Erwerbsleben ausscheiden. Jährlich werden mehr als 60000 Kinder geboren, die wegen körperlicher, geistiger oder seelischer Schäden der besonderen Betreuung bedürfen; von den volksschulpflichtigen Kindern sind rund 500000 erheblich behindert.«[1] (Inzwischen ist die Zahl derer, die jährlich vorzeitig aus dem Erwerbsleben ausscheiden, auf 300000 angestiegen!)

Diese im »Aktionsprogramm der Bundesregierung zur Förderung der Rehabilitation der Behinderten« 1970 veröffentlichten Zahlen gelten als die Richtzahlen. Welche Informationspolitik dabei vorgenommen wird, zeigt ein Rechenexempel: *1966* ging man von 4,1 Millionen Behinderten aus, bei einem jährlichen offiziellen Zuwachs von 260000 (200000 Erwachsene plus der 60000 Neugeborenen). *1970* im Aktionsprogramm der Bundesregierung sind es jedoch immer noch 4 Millionen, wobei man die 100000 hinter dem Komma einfach unter den Tisch fallen läßt. Und, um das groteske Zahlenspiel komplett zu machen, gibt der zuständige Arbeitsminister Walter Arendt 1973 immer noch 4,1 Millionen an.[2] Da von 1966 bis Anfang 1973 jährlich 260000 Behinderte (auf der Rechnungsgrundlage des Ministeriums) hinzugekommen sein müssen, hätte Arendt die Zahl mit mindestens 5,6 Millionen angeben müssen. Doch um das Problem kleinzuhalten, um das Ausmaß dieses nationalen Mißstandes zu vertuschen, läßt er 1,5 Millionen einfach aus der Statistik verschwinden.

Hinzu kommt, daß die Zahlen des Mikrozensus erwiesenermaßen zu niedrig angegeben sind. Die Interviewer hatten kein medizinisches Fachwissen, sie befragten, wie sich die Interviewten selbst einschätzten, d. h. sie ermöglichten jeden Selbstbetrug der Befragten. Wer gibt schon unnötigerweise eine geistige Behinderung innerhalb der Familie an, wenn es sich verbergen läßt? Die hohe Zahl der verborgen gehaltenen Behinderten, die Dunkelziffer, blieb ebenfalls unberücksichtigt. Die Zahl der Kriegsbeschädigten, die als einzige einigermaßen bekannt ist, ist in der Bevölkerungsstichprobe zu niedrig angesetzt: »Während der Mikrozensus 1,1 Millionen Kriegsbeschädigte nachweist, sind zur gleichen Zeit nach der im Bundesministerium für Arbeit und Sozialordnung geführten Statistik der Kriegsopferversorgung an rentenberechtigten Kriegsbeschädigten 1,3 Millionen vorhanden, und zusammen mit den nichtanerkannten Kriegsbeschädigten dürfte die Gesamtzahl bei 1,4 Millionen liegen.«[3]

Noch schlimmer: In der Stichprobenbefragung war z. B. nach den Lernbehinderten überhaupt nicht gefragt worden, folglich konnten sie in der Hochrechnung auch nicht auftauchen. Das sind weitere 500000 Behinderte, die nach der offiziellen Statistik nicht existieren. Zusammen mit den nichterfaßten Kriegsbeschädigten sind das zusätzlich 800000 Menschen. Damit ist man für 1973 bei einer Zahl von 6,4 Millionen Behinderten, mehr als ein Zehntel der Bevölkerung.

Ergebnis des Mikrozensus Mai 1976

Art der Behinderung	Insgesamt		Männlich		Weiblich	
	1000	%	1000	%	1000	%
Körperbehinderung der oberen Gliedmaßen und Schulter	244	7,4	172	70,6	72	29,4
Körperbehinderung der unteren Gliedmaßen und Hüfte	781	23,7	442	56,6	339	43,4
Körperbehinderung der Wirbelsäule	321	9,7	155	48,4	166	51,6
Sonstige Körperbehinderung (einschl. Lippen-, Kiefer- oder Gaumenspalte)	872	26,4	381	43,7	491	56,3
Chronische Krankheiten und Fehlbildungen der inneren Organe usw.[1]	325	9,9	211	64,8	115	35,2
Hochgradige Sehbehinderung und Blindheit	199	6,0	95	47,9	104	52,1
Hochgradige Hörbehinderung und Gehörlosigkeit, einschl. Taubstummheit	127	3,9	64	50,2	63	49,8
Geistige Behinderung, Anfallskrankheiten, Verhaltensstörungen usw.	375	11,4	148	39,5	227	60,5
Sprach- und Lernbehinderung, Lese- und Rechtschreibeschwäche	56	1,7	33	58,5	23	41,5
Insgesamt	3299	100	1700	51,5	1599	48,5

[1] Nur mit amtlicher Anerkennung.

Nun wurde im Mai 1976 wieder einmal ein Mikrozensus erhoben. Allerdings wurden nur 60000 Haushalte mit etwa 160000 Personen befragt. Danach hat ein nationales Heilungswunder stattgefunden: Nur noch 3,3 Millionen der Bevölkerung sind körperlich, geistig oder seelisch behindert (diesmal sind 48,5% weiblichen Geschlechts). Von diesen 3,3 Millionen waren nur rund 1,6 Millionen oder 48,2% amtlich anerkannte Behinderte. Von ihnen hatten wiederum rund eine Million eine Minderung der Erwerbsfähigkeit von 50% und mehr, das heißt, sie gelten nach dem Gesetz als Schwerbehinderte.[4]

Der Unsinn, einen Mikrozensus zur Grundlage von irgendwelchen Aussagen zu machen, ist also vollends deutlich geworden. Wir wissen heute, daß jährlich 300000 Menschen durch Verkehrs- und Arbeitsunfälle, Krankheiten oder Verschleißerscheinungen vorzeitig aus dem Erwerbsleben ausscheiden. Diese Zahl hat sich also erheblich vermehrt. Dagegen ist die Zahl behinderter Kinder infolge des Geburtenrückgangs geringer, man schätzt jährlich mindestens 40000 behinderte Kinder oder 10% eines Geburtenjahrgangs. Experten der Weltgesundheitsbehörde rechnen, daß rund 10% der Bevölkerung behindert sind.

Wir müssen feststellen, daß die Bundesrepublik nicht fähig oder willens ist, die Zahl der Behinderten zu ermitteln und danach zu planen. Es ist geradezu unglaublich, wenn wir bedenken, daß die Polizeidienststellen und andere staatsschützende Organe unsere Daten in Minutenschnelle aus dem Computer abrufen können, daß alle möglichen Unternehmen Daten erfaßt haben, daß aber die Zahl der Behinderten nicht zu ermitteln sein soll: Wo kein Wille ist, ist auch kein Weg.

2. Früherfassung

Das Bundesseuchengesetz nennt 45 Erkrankungen (ohne Nebenformen), die meldepflichtig sind, zum Beispiel: Pokken, Ruhr, Tollwut, Tuberkulose. Für Behinderungen besteht jedoch keine Meldepflicht, die einen Überblick über die Zahl der Behinderten erlaubte. Wer aber nicht bekannt ist, dem kann nicht geholfen werden. Den Gesundheits- und Schulbehörden fehlt jegliche Zahlenkenntnis. Alle Zahlen sind Schätzzahlen, gemessen an internationalen Daten, doch zahllose Angaben sind auch aus dem Zylinder gezaubert wie weiße Kaninchen im Varieté.

Erfahrungen aus der NS-Zeit, als die amtlichen Unterlagen

zur Grundlage der Vernichtung unwerten Lebens werden konnten, spielen in der Haltung der Eltern eine Rolle. Den Behörden kommt dieser desolate Zustand zustatten, denn für nichterfaßte Kinder braucht man keine Gelder zu investieren, keine Vorschulkindergärten, Schulen zu bauen. Das BSHG § 124 (1) besagt, daß die Eltern ihr Kind unverzüglich dem Gesundheitsamt oder einem Arzt vorzustellen haben. Sie tun es aber nicht. Das BSHG geht – auf dem Papier – noch weiter: In § 124 (2) verpflichtet es Hebammen, Medizinalpersonen außer Ärzten, Lehrern, Sozialarbeitern, Jugendleiterinnen, Kindergärtnerinnen, Hortnerinnen und Heimerziehern, die bei Ausüben ihres Berufs von behinderten Kindern Kenntnis bekommen, die Personensorgeberechtigten auf die Verpflichtung nach Absatz 1 hinzuweisen. Stellen diese gemäß ihrer Verpflichtung den Behinderten nach mehreren Mahnungen nicht dem Gesundheitsamt oder dem Arzt vor, haben die genannten Berufe das Gesundheitsamt zu benachrichtigen. Auch das geschieht praktisch nicht.

Auch die Ärzte, die die vorgestellten Behinderten oder deren Sorgeberechtigte beraten sollen, haben Behinderungen und wesentliche Angaben zur Person des Behinderten dem Gesundheitsamt mitzuteilen (§ 125 Abs. 2). Die Namen sind wegzulassen. Doch Meldungen ohne Namen sind sinnlos: Ein behindertes Kind, das mehreren Ärzten vorgestellt wird, wird dann mehrmals gemeldet. Doch die Erfahrungen, daß Ärzte weitermelden, beziehungsweise daß praktische Ärzte etwa Behinderungen überhaupt erkennen, sind ohnehin nicht ermutigend.

Nach § 126 sind die Aufgaben des Gesundheitsamtes, erstens Behinderte zu beraten, zweitens die zuständigen Rehabilitationsträger zur Einleitung der erforderlichen Eingliederungsmaßnahme zu verständigen und drittens die Unterlagen auszuwerten und sie zur Planung der erforderlichen Einrichtungen den zuständigen obersten Landesbehörden weiterzuleiten. Doch die Erfahrungen der Eltern mit den Gesundheitsämtern sind negativ. Von einer Auswertung der Unterlagen kann so lange keine Rede sein, wie die Unterlagen verhängnisvoll stümperhaft sind. Ein bezeichnendes Licht auf die Funktionsfähigkeit der Gesundheitsämter und der vorgesetzten Behörden bis hin zum Bundesgesundheitsministerium wirft eine Glosse im Verbandsorgan der Spastiker[5]:

Am 12. September 1966 bat der Bundesverband der spastisch Gelähmten und anderer Behinderter das Bundesgesundheitsministerium, Mittel für eine lückenlose Erfassung aller bestehenden Einrichtungen für spastisch Gelähmte zur Verfügung zu stellen. Am 10. August 1967 meinte das Ministerium, zu einer Umfrage bei den Obersten Gesundheitsbehörden der Länder solle der Elternverband doch einen Fragebogen ausarbeiten. Am 9. September 1969 bestätigt das Ministerium, der Fragebogenentwurf sei der Arbeitsgemeinschaft der Leitenden Medizinalbeamten, Arbeitsgruppe Statistik, zugeleitet worden. Am 5. Dezember 1969 bekundet die Arbeitsgruppe großes Verständnis für das Ziel der Aktion, doch man habe beschlossen, daß die Fragen nicht zu beantworten seien, da die Gesundheitsämter auf die Beantwortung der Fragen nicht vorbereitet wären. Zugleich werden prinzipielle Bedenken mitgeteilt, solchen Fragebogenaktionen entgegenzukommen, die doch das Ministerium selbst angeregt hatte.
Um die institutionalisierte Plan- und Wirkungslosigkeit der Behörden und Ministerien zu zeigen: Am 14. April 1970 verkündete die Bundesregierung in ihrem »Aktionsprogramm«, daß zu einer effektiven Hilfe umfassende statistische Unterlagen über die verschiedenen Gruppen von Einrichtungen der Rehabilitation fehlen. Eben noch hat man gerade dies zu ermitteln abgelehnt. »Obstbaum müßte man sein«, kommentierten die Eltern, weil sie erfahren hatten, daß die Agrarminister der damaligen Europäischen Wirtschaftsgemeinschaft 6 Millionen Mark zur Zählung des Obstbaumbestandes bewilligt hatten, weil diese Bestandsaufnahme wichtig sei.
Zuweilen versuchen Behörden und Politiker, die Meldepflicht-Notwendigkeit herunterzuspielen. So verkündete Ministerial-Dirigent H. Studt aus dem Innenministerium von Nordrhein-Westfalen am 4. Oktober 1969 auf dem Kongreß »Das spastisch gelähmte Kind« in Düsseldorf: »Die Erfassung ist nicht so besonders problematisch, da wir im Augenblick in Nordrhein-Westfalen eine 92prozentige Anstaltsentbindungsrate haben.« Daß Kinder in Anstalten entbunden werden, besagt überhaupt nichts darüber, daß die Behinderung erstens erkannt, zweitens erfaßt und drittens therapiert wird.
Mit einem Erfassungs-Optimismus, der ans bewußte Täuschen grenzt, ging auch der Berliner Senator für Familie,

Jugend und Sport an die Probleme. In Berlin sind angeblich fast alle geistig behinderten Kinder erfaßt.[6] Entgegen allen Erfahrungen meinte man in Berlin, durch die Hilfsangebote der Behörden würden die Hilfsbedürftigen ohnedies bekannt.[7] Fazit: »Eine allgemeine Meldepflicht – über die des Bundessozialhilfegesetzes hinaus – für geistig Behinderte wird nicht für erforderlich gehalten.«[8] In der DDR werden die geistig Behinderten seit 1954 erfaßt.
Im hessischen Odenwald arbeiteten drei Sonderschullehrer fünf Jahre an Daten über geistig Behinderte und ihre Ausbildungsstätten. Die Ergebnisse der Untersuchung lassen den Verdacht zu, daß dort, wo intensiver geforscht wird, wie viele Behinderte es gibt, mehr Behinderte auftauchen, als nach den Schätzzahlen angenommen werden.

3. Erfahrungswerte und tatsächliche Anzahl der geistig Behinderten

Wildner meint in seiner Studie, daß auf jeweils 1000 Einwohner *ein* geistig Behinderter komme. Er nennt hier einen seit Jahren international anerkannten Erfahrungssatz (Minimalwert). Nach einer »Faustregel« wird die Zahl der geistig Behinderten aufgeschlüsselt in ein Fünftel Vorschulkinder und je zwei Fünftel Kinder im Schulalter und Jugendliche/Erwachsene. Der Kreis Bergstraße hat rund 200000 Einwohner. Folglich müßten hier ca. 200 geistig Behinderte leben, davon ca. 40 im Vorschulalter und je doppelt so viele im Schul- und Nachschulalter. Die gleichen Zahlen nennt auch Wildner (Studie, S. 25, Region XII), wobei er allerdings den Neckarteil des Kreises ausklammert.
Aufgrund genauer Untersuchungen wurden jedoch im Kreis Bergstraße bisher allein 145 geistig Behinderte/praktisch Bildbare im Schulalter (7–17 Jahre) erfaßt. Es ist sicher anzunehmen, daß ein Dunkelwert von mindestens 10% hinzukommt, da in vielen Odenwaldgemeinden noch keine exakten Ermittlungen möglich waren. Die Zahl der geistig Behinderten im Schulalter ist also auf mindestens 155 zu erhöhen. Schließt man nach der obigen »Faustregel« unter Zugrundelegung dieser Zahl auf die Menge aller im Kreis Bergstraße lebenden geistig Behinderten, kommt man nicht auf ca. 200, sondern auf beinahe 400.

Da nichts dafür spricht, daß im Kreis Bergstraße mehr geistig Behinderte leben als anderswo, ist zu vermuten, daß der Erfahrungssatz von 1:1000, den auch Wildner in seiner Studie zum Ausgangspunkt der rechnerischen Planung der Behindertenhilfe in Hessen erhebt, *viel* zu niedrig ist.[9]
Der Student Peter Göbel ermittelte September 1971 im Marburger Landkreis innerhalb von zehn Tagen an die 50 behinderte Kinder, die vorher nicht bekannt waren, indem er zum Teil in Kneipen, Geschäften, an Tankstellen herumhörte und Leute ansprach. Die Zahl der nichtbekannten körperlich und geistig Behinderten ist hoch.
Werden irgendwo heute Schulen für Behinderte gebaut, so hätten diese nach Beendigung des Baus doppelt und dreifach so hoch belegt sein können. Alle planerischen Maßnahmen des Behördenapparats blieben bis heute dilettantisch. Wenn es um die Meldepflicht geht, verweist man gerne auf das Elternrecht, die Eltern wollten ja nicht. Wenn es jedoch um andere Rechte, z. B. Schulbesuchsmöglichkeiten geht, nimmt man es nicht mehr so genau. Es ist ja so praktisch: Man hat keinen Überblick. Deshalb kann man auch nicht planen. Deshalb braucht man nichts zu investieren. Es waren fast immer Elternvereinigungen oder Betroffene, die Zahlen und Bedürfnisse ermittelten, aktiv wurden. Die Behörden reagieren mit Vertröstung. Den passiven Behörden kann es nur recht sein, wenn keine Zahlen bekannt werden.

4. Frühdiagnostik

Mängel in der Früherkennung prä- und perinataler Schäden bei Kindern müßten durch eine bessere Koordination zwischen Kinderärzten und Geburtshelfern, eine Intensivierung der Vorsorgeuntersuchungen während der Schwangerschaft und durch eine Verbesserung der personellen und apparativen Ausstattung der Kliniken aufgefangen werden. Dann werde, so der Mediziner R. Elert, »die Zahl der Oligophrenen (Schwachsinnigen) und Spastiker abnehmen, die als grausamer Beweis und als harter Vorwurf für schlechte ärztliche Leistungen bei der Betreuung Schwangerer, Gebärender und Neugeborener in Anstalten und Heimen leben«.[10]

Kinder, die vor, während oder nach der Geburt für Schädigungen ein erhöhtes Risiko aufbringen, werden zum Teil als »Risiko-Kinder« (high-risk-babies) bezeichnet. Nach Th. Hellbrügge, der sich auf angelsächsische Untersuchungsergebnisse stützt, weisen maximal 60–70% aller Neugeborenen irgendein Risiko-Merkmal auf. Diese Kinder sind über einen längeren Zeitraum hinweg zu beobachten und dem Arzt vorzustellen. Nach Joppich und Schulte ergibt sich folgendes Register an Risiko-Faktoren:

Familie (Erbkrankheiten)

1. Erblich bedingte Taubheit und Blindheit.
2. Erbliche neurologische Krankheiten wie spinale Muskelatrophie, Muskeldystrophie etc.
3. Erbliche Stoffwechseldefekte wie Phenylketonurie, Galactosämie, Vitamin-B_6-Abhängigkeit etc.

Schwangerschaft

1. Schlechte soziale Stellung der Mutter und mangelhafte Schwangerschaftsfürsorge
2. Sehr junge oder alte Mütter
3. Infektionskrankheiten während der Schwangerschaft
4. Andere Krankheiten der Mutter, insbesondere Diabetes, Hyperthyreose, Nephropathie, Herz-Lungen-Insuffizienz
5. Chemotherapeutica und andere differente Pharmaka, radioaktive Bestrahlung und größere chirurgische Eingriffe während der Schwangerschaft
6. Blutgruppenunverträglichkeit
7. Uterusblutungen während der Schwangerschaft
8. Hydramnion
9. Anhalt für rezidivierende Gestationsstörungen (reproductive failure)
10. Mehrlingsschwangerschaft
11. Abnorm kurze (weniger als 37 Wochen) und abnorm lange (mehr als 42 Wochen) Schwangerschaft
12. Intrauterine Mangelernährung und Placentainsuffizienz (Hypotrophie oder small für dates infants)

Geburt

1. Mangelhafte Geburtsleitung; unsachgemäße Anästhesie; Hypo- und Hyperventilation der Mutter

2. Placenta- und Nabelschnuranomalien, Placenta praevia, Placenta circumvallata, vorzeitige Lösung der Placenta, feste Nabelschnurumschlingung, Nabelschnurvorfall, Knoten und Tumore der Nabelschnur
3. Abnorme Wehentätigkeit
4. Verengungen des Geburtskanals, insbesondere des Beckens
5. Lageanomalien
6. Instrumentelle und operative Entbindungen, vielleicht mit Ausnahme der unkomplizierten Beckenausgangszange
7. Mehrlingsgeburt

Neugeborenenperiode

1. Asphyxie (mehr als 2 Min. Dauer bis zum ersten Atemzug oder mehr als 10 Min. Dauer bis zur normalen Atemtätigkeit) und niedrige Apgarnoten (weniger als 7)
2. Abnormer neurologischer Befund und abnormes Verhalten der Neugeborenen-Periode
3. Ikterus gravis, Hypoglykämie, schwere oder chronische Acidose
4. Jede ernsthafte Erkrankung oder Infektion in der Neugeborenen-Periode, insbesondere die Meningoencephalitiden.

Eine frühe Diagnose und eine frühe Behandlung sind notwendig, da bis Ende des ersten Lebensjahres bereits 50% und bis Ende des dritten Lebensjahres 80% der Hirnmasse angelegt sind. Das Kind ist in dieser Phase gut beeinflußbar, seine soziale Entwicklung, Sprache und Motorik werden hier angelegt. Ist dieser Zeitpunkt verpaßt, sind große Chancen zur Entwicklung behinderter Kinder bereits vertan. Dem vorzubeugen haben Hellbrügge und Pechstein die sogenannte »funktionelle Diagnostik« entwickelt. Dabei werden körperliche und motorische Funktionen, Spiel, Sprache und Sozialverhalten in ihrer Entwicklung während des ersten Lebensjahres getestet. Bei einem Verdacht einer Entwicklungsstörung kann dieser Test mit *motoskopischen* Untersuchungen kombiniert werden (movere, lat. bewegen – skopein, griech. betrachten). Hierbei werden die Bewegungen und Reflexe des Säuglings sorgfältig analysiert.

Um möglichst früh Entwicklungsrückstände feststellen zu können, entwickelten Hellbrügge und Pechstein die folgenden Tabellen, die sich an die Eltern wenden:

Mögliche Störungen der Entwicklung des Kriechens (Kind in Bauchlage)

Suche den Arzt auf,
Wenn Dein Kind am Ende des 1. Monats den Kopf noch nicht für einen Augenblick heben kann,
wenn am Ende des 2. Monats Dein Kind den Kopf noch nicht 5 cm hoch halten kann,
wenn es am Ende des 3. Monats den Kopf noch nicht eine Minute lang so hoch halten kann, daß das Gesicht senkrecht zur Unterlage gehalten wird,
wenn am Ende des 4. Monats Dein Kind noch nicht aus der Bauchlage in die Rückenlage rollen kann,
wenn es am Ende des 5. Monats sich noch nicht aktiv aus der Bauch- oder Rückenlage zur Seite dreht,
wenn es am Ende des 6. Monats in Bauchlage noch nicht mit einer Hand zum Spielzeug greift,
wenn es am Ende des 8. Monats noch nicht rückwärts kriechen kann,
wenn es sich am Ende des 9. Monats noch nicht um die eigene Achse dreht und vorwärts kriecht,
wenn es am Ende des 11. Monats noch nicht auf allen vieren kriechen kann.

Mögliche Störungen der Entwicklung des Sitzens (Kind in Rückenlage)

Suche den Arzt auf,
wenn Dein Kind am Ende des 2. Monats nicht symmetrisch heftig strampelt,
wenn Dein Kind am Ende des 3. Monats den Kopf nicht wenigstens ½ Minute aufrecht hält, wenn es beim Sitzen festgehalten wird,
wenn es am Ende des 4. Monats beim Heranziehen aus der Rückenlage den Kopf noch nach hinten kippen läßt,
wenn am Ende des 5. Monats der Kopf nicht sicher gehalten wird und beim Heranziehen an den Händchen aus Rückenlage nicht zwischen den Schultern gehalten wird,
wenn am Ende des 7. Monats das Kind sich an den angebotenen Fingern nicht selbst zum Sitzen hochzieht,

wenn es am Ende des 9. Monats noch nicht längere Zeit mit gutem Gleichgewicht sitzen kann oder sich um die eigene Achse dreht,
wenn es am Ende des 11. Monats noch nicht mit ausgestreckten Beinen sitzen kann.

Mögliche Störungen der Entwicklung des Stehens und Gehens (Kind wird in den Achselhöhlen gehalten)
Suche den Arzt auf,
wenn Dein Kind am Ende des 4. Monats sich beim Aufrechthalten unter den Achseln noch nicht auf die Zehenspitzen stützt,
wenn es am Ende des 6. Monats beim Aufrechthalten noch nicht auf den Zehenspitzen tanzt,
wenn es am Ende des 8. Monats noch nicht kurz stehen kann, wenn es mit den Händen gehalten wird,
wenn es am Ende des 10. Monats sich noch nicht am Laufstall oder an Möbeln zum Stehen hochzieht,
wenn es am Ende des 11. Monats noch nicht an Möbeln und anderen Gegenständen seitwärts geht,
wenn es am Ende des 12. Monats an der Hand noch nicht einige Schritte gehen kann.

Störungen der Greif-Entwicklung (die ersten 5 Monate in Rückenlage, dann beim Sitzen auf dem Schoß an einem Tisch)
Suche den Arzt auf,
wenn Dein Kind am Ende des 1. Monats die Rassel noch nicht eine kurze Zeit festhält,
wenn es am Ende des 3. Monats seine Hände nicht anschaut,
wenn es am Ende des 5. Monats die Hand noch nicht sicher zum Spielzeug führen kann,
wenn es am Ende des 6. Monats noch nicht einen Würfel greift,
wenn es am Ende des 8. Monats noch keinen Knopf zwischen Daumen und Zeigefinger halten kann,
wenn es am Ende des 9. Monats noch nicht aus der Tasse zu trinken versucht oder ein Tuch vom Kopf nimmt,
wenn es am Ende des 12. Monats mit einer Hand noch nicht zwei kleine Würfel festhalten und das Spielzeug dem Erwachsenen hinreichen kann.

Störungen des Gesichts- und Gehörsinnes
Suche den Arzt auf,
wenn Dein Kind am Ende des 1. Monats das Licht einer Taschenlampe nicht mit seinen Augen ein wenig nach rechts und links verfolgt,
wenn es am Ende des 2. Monats nicht auf eine Glocke hört oder eine Rassel von einer bis zur anderen Gesichtsseite verfolgt,
wenn es am Ende des 3. Monats nicht mit seinen Augen nach dem Ton einer Glocke sucht,
wenn es am Ende des 4. Monats die Rassel in der Hand nicht anschaut,
wenn es am Ende des 5. Monats nicht aufhört zu weinen, wenn die Mutter singt oder wenn es Musik hört,
wenn es am Ende des 6. Monats nicht mit Sicherheit das Rascheln von Seidenpapier außerhalb seines Gesichtsfeldes hört,
wenn es am Ende des 7. Monats nicht mit dem Würfel auf den Tisch schlagen kann,
wenn es am Ende des 8. Monats nicht bei einer Unterhaltung zuhört,
wenn es am Ende des 9. Monats nicht zwei Würfel aneinander schlagen kann,
wenn es am Ende des 10. Monats ein kleines Spielzeug nicht vom Tisch werfen kann,
wenn es sich am Ende des 12. Monats nicht für Autos interessiert.

Störungen der Sprachentwicklung
Suche den Arzt auf,
wenn Dein Kind am Ende des 1. Monats nie vor der Mahlzeit schreit,
wenn es am Ende des 4. Monats nicht beim Ansprechen lacht.
wenn es am Ende des 5. Monats noch nicht kleine Silben bildet (ga – ga – ga), auf dem Arm der Mutter nicht nach Gegenständen sucht, die die Mutter benennen kann (»Wo ist der Papa?«),
wenn es am Ende des 7. Monats sich noch nicht durch bestimmte Silbenruflaute bemerkbar macht,
wenn es am Ende des 9. Monats noch nicht 8 verschiedene Silben nachplappert (patsch, patsch),

wenn es am Ende des 10. Monats noch nicht den Kopf schüttelt »nein – nein« und noch nicht spontan winke-winke macht,
wenn es am Ende des 12. Monats noch nicht wenigstens 2 Worte in Kindersprache spricht oder auf Musik hört oder bei Aufforderung »Bring mir den Ball!« den Ball sucht und ihn holt.

Sozialentwicklung
Suche den Arzt auf,
wenn Dein Kind am Ende des 1. Monats sich durch Hautkontakt oder Stillen nicht beruhigt,
wenn es am Ende des 2. Monats beim Ansprechen durch die Mutter nicht mit den Augen hinschaut,
wenn es am Ende des 3. Monats nicht lacht, wenn ein Erwachsener ganz nah hinsieht, mit dem Kopf spricht und das Gesicht bewegt,
wenn es am Ende des 4. Monats sich nicht freut, wenn mit ihm gespielt wird,
wenn es am Ende des 5. Monats nicht aufhört zu weinen, wenn man mit ihm spricht bzw. wenn es Freundlich und Böse in Mimik und Sprache nicht unterscheiden kann,
wenn es am Ende des 6. Monats die Ärmchen nicht ausstrekken will, um hochgenommen zu werden,
wenn es am Ende des 7. Monats nicht »eia« machen kann (Gesicht an die Wange schmiegen),
wenn es am Ende des 8. Monats nicht gegenüber fremden Personen »fremdelt«,
wenn es am Ende des 9. Monats sich nicht hinter Möbeln verstecken will oder sich nicht ärgert, wenn ihm das Spielzeug weggenommen wird,
wenn es am Ende des 10. Monats etwas nicht nachmacht, über das gelacht wurde,
wenn es am Ende des 11. Monats noch nicht beim Trinken aus der Tasse hilft und Zwieback allein essen kann,
wenn es am Ende des 12. Monats noch nicht selbständig mit dem Löffel essen will und mit seinem Spiegelbild spielt.

5. Modell: Frühdiagnose- und Behandlungszentrum München

Behinderte sind in zahlreichen Fällen mehrfach Behinderte. Doch behandelt werden sie von Spezialisten. Für die Spastiker etwa ist meist ein Orthopäde zuständig, und der kann nicht unterscheiden, ob Verhaltensanomalien nun von einer geistigen Behinderung stammen oder ob das Kind hörgeschädigt oder gar taub ist, und somit schnellstens einer Therapie zugeführt werden muß, um die Verhaltensanomalien, die lediglich aus der Hörbehinderung resultieren, abzubauen. Zahlreiche Behinderte, die als schwer geistig behindert angesehen werden, sind Kinder mit einer nichterkannten Taubheit.

Ist jedoch die Mehrfachbehinderung erkannt, zum Beispiel eine infantile Cerebralparese mit einer Hör- und Sprachschädigung, dann wird die Mutter mit ihrem Kind in der Regel von Klinik zu Klinik fahren müssen, wird von einer zur anderen Therapie geschickt, weil in der Bundesrepublik viel zu wenig interdisziplinäre Zentren existieren. Für die Bundesrepublik sind zwei Zentren zum Modell geworden: das kinderneurologische Zentrum unter Pechstein in Mainz und das in München unter Hellbrügge. Die Münchener Einrichtung ist die ältere.

Das Münchener Modellzentrum arbeitet eng mit der Forschungsstelle für Soziale Pädiatrie und Jugendmedizin an der Universität München zusammen. Das Zentrum besitzt eine kinderärztlich-entwicklungsphysiologische Abteilung, die neue Programme erforscht und ausprobiert. Dann gibt es eine kinderärztlich-neurologische Abteilung, eine klinisch-psychologische, eine physiotherapeutische Abteilung (zur Behandlung von Spastikern und motorisch gehemmten Entwicklungsgestörten) und eine Sprachabteilung. Eine zentrale Erziehungsberatung dient den Eltern und eine Adoptionsberatungsstelle dient den sozialbehinderten Kindern, Eltern zu finden. Ein Kindergarten und eine Schule nach Maria Montessori ergänzen die Einrichtungen von Diagnose und Therapie.

Diagnostik: Diagnostik und Therapie werden in Anwesenheit der Eltern vorgenommen. Die Eltern wohnen für die Dauer der drei bis fünf Tage, die die Untersuchungen erfordern, in einer Pension nahe der Einrichtung. Die Eltern haben zu diesem Zeitpunkt bereits einen Anamnese-Bogen ausgefüllt, der bereits ausgewertet ist und nun noch vom Arzt ergänzt wird. Eine Audiometrie (Prüfung des Gehörs) wird bei einem Verdacht auf Hörschäden vorgenommen, da Sprachbehinderungen und angebliche geistige Behinderungen darauf beruhen können. Die Tests der funktionellen Entwicklungsdiagnostik und der Motoskopischen Diagnostik wurden oben schon geschildert. Die EEG-Diagnostik wurde mit Hilfe eines Diplom-Ingenieurs programmiert. Dabei werden für die jeweilige Altersentwicklung typische EEG-Bilder (Histogramme) erwartet, die dann über den Computer auszuwerten sind. Mit Hilfe des EEG werden Anfallsleiden ermittelt. Verhaltensbeobachtungen und Sprach-Diagnostik ergänzen die klinisch-psychologischen Untersuchungen, schwierige Spezial-Diagnosen, die auch im Zentrum nicht zu stellen sind, werden in den Universitätskliniken vorgenommen.

Therapie: Die therapeutischen Möglichkeiten sind: Medikamente bei Anfallsleiden, doch ist man bei Psychopharmaka vorsichtig. In der *Entwicklungstherapie* wird auf dem retardierten Entwicklungsstand des Säuglings aufgebaut, wobei die zu erlernenden Funktionen in kleinste Lernstufen aufgegliedert sind. In der *Verhaltenstherapie* werden pathologische Verhaltensweisen korrigiert, wobei der Verhaltenstherapie – wie in Holland – gegenüber tiefenpsychologisch orientierten Therapien der Vorzug gegeben wird. In der *Physiotherapie* werden pathologische Bewegungsmuster abgebaut und andere Bewegungsmuster trainiert. Kombinationen der verschiedenen Therapien sind möglich.

Kindergarten: Im Kindergarten nach Maria Montessori wird die soziale Interaktion zwischen behinderten und nichtbehinderten Kindern geübt. Der Kindergarten ist in verschiedene Förderstufen strukturiert, je nachdem, welches Niveau das soziale Verhalten erreicht hat. In der Montessori-Pädagogik wird besonders auf Selbsthilfe Wert gelegt und auf die Bewältigung des praktischen Lebens. Die Feinmotorik und die verschiedenen Sinne werden mit Hilfe des Montessori-Materials besonders gefördert, Kreativität angeregt.

Schule: Ebenfalls nach der Montessori-Pädagogik ist die Schule aufgebaut. Die Einschulung soll über das gesamte Jahr erfolgen, um frischen Eindrücken und neuen Erfahrungen Raum zu geben. Drei Jahrgänge können zusammengefaßt werden, Noten, pflichtgemäße Hausaufgaben und Versetzungen entfallen. Kernsatz der Erziehung ist, daß man nicht durch das Gedächtnis, sondern durch Erfahrung lernt. Nach Hellbrügge erreichen die nichtbehinderten Kinder eine höhere Förderung als die Kinder an Normalschulen, und auch die Leistungen der behinderten Kinder sollen über den Sonderschulleistungen liegen. Kritik wird von außen geübt, daß man gesunde und behinderte (geistig behinderte!) Kinder nicht zusammen unterrichten und fördern könne.

Eltern als Ko-Therapeuten

Den Eltern kommt in München eine entscheidende Bedeutung zu. Gelingt es Eltern, eine positive Einstellung zur Behinderung ihres Kindes zu bekommen, hat die eigentliche Rehabilitation begonnen. Die Eltern müssen ihre behinderten Kinder nicht nur akzeptieren (bei Akademikern oft schwieriger als bei Arbeitern!), sondern sie müssen auch eine möglichst objektive Haltung lernen.
Die Experten in München, Ärzte wie Therapeuten, trainieren mit den Eltern das Programm, das die dann zu Hause alleine mit ihren Kindern durchführen müssen. Voraussetzung allerdings ist, daß das Zuhause in entsprechenden sozialen Bedingungen lebt, daß die Behandlung finanziell wie räumlich möglich ist, denn Eltern, die etwa beide arbeiten müssen, die nervlich fertig sind, die beengt leben, können kaum noch als Ko-Therapeuten in Frage kommen.
In München wird ein *therapeutischer Gesamtplan* gemacht, der auf eine längere Zeit eingestellt ist. Die Eltern üben aber nur kleinere Programmteile des Gesamtprogramms, kleine Stufen. Das Programm, in München trainiert, wird schriftlich mitgegeben. Die Zerlegung des Gesamtplanes in kleinere Schritte ermöglicht den Eltern, in kürzeren Zeitabständen therapeutische Erfolge zu sehen. Die Erfolge im Detail werden sonst, weil die Eltern auf die gesamte Behinderung fixiert sind, nicht gesehen. Mit dem Fortschritt der Therapie werden die Kontrollen der elterlichen Therapie langfristiger, zeitlich seltener nötig. In »Leistungsbücher« tragen die Eltern die Beobachtungen (und Erfolge) ein.
Der Zweck ist klar: Die Eltern werden systematisch und kontrolliert aktiviert. Durch ihre Aktivierung werden sie am

therapeutischen Erfolg beteiligt. Da durch die Aktivität der Eltern auch Schuldgefühle abgebaut werden können, verringert sich die Möglichkeit, daß Eltern aufgrund ihrer Schuldgefühle Fehlverhalten der Kinder provozieren. Die Dosierung der Therapie in kleine Schritte stärkt das Selbstvertrauen der Eltern und das Vertrauen zu den Therapeuten. Über die Kontrollen werden die Eltern sensibilisiert. Verhaltensgestörte Kinder können über das Eltern-Training von Haut- oder Blickkontakten geheilt werden. Die Therapie der Eltern und ihre therapeutische Einbeziehung ist ohnedies der Schlüssel zum therapeutischen Erfolg.[11]
Ich kann heute (1980) jedoch die Gefahren nicht mehr übersehen, die sich aus diesem therapeutischen Spezialistentum, der institutionellen Totalversorgung und Vertherapeutisierung ergeben. Das behinderte Kind wird seiner normalen Kindheit beraubt, weil alles irgendwie »therapeutisch« verplant wird. Die Eltern, die man zu Ko-Therapeuten macht, sind keine normalen Eltern mehr, sondern eben Mit-Therapeuten. Die zunehmende Vertherapeutisierung kann vielleicht erhebliche Fortschritte im Körperbereich bringen, baut aber Schäden im seelisch-sozialen Bereich auf.[12]

6. Früherkennung

Nach dem 2. Krankenversicherungs-Änderungsgesetz vom 21. 12. 1970 haben Eltern für ihre Kinder einen Anspruch auf kostenlose Untersuchungen zur Früherkennung. Dieser Anspruch reicht bis zur Vollendung des vierten Lebensjahres. Zur ersten Untersuchung gehen 90% der Eltern, die in der Allgemeinen Ortskrankenkasse sind, zur siebten jedoch nur noch 56% (Süddeutsche Zeitung Nr. 128/79). Und diejenigen, die zum Kinderarzt gehen, müssen sich klarmachen, daß die Voraussetzungen noch völlig unzulänglich sind. Die Kinderärzte sind nämlich sowohl von der Ausbildung als auch von der technischen Ausstattung her nicht für die Früherkennung von schwierig zu diagnostizierenden Behinderungen ausgestattet. Die Mütter sind oft genug bei Ärzten und bei Mütterberatungen vertröstet und mit falschen Diagnosen beruhigt worden. Es fehlen Zentren, wo Schädigungen des Embryos bereits diagnostiziert und therapiert werden können, und es fehlen Frühdiagnostik-Zentren wie in Mün-

chen und Mainz, wo in den ersten Monaten schon mit der Rehabilitation begonnen werden kann.
Hellbrügge rechnet mit 10% »normalen« Schülern, die eine minimale cerebrale Störung haben. Das heißt: Die Kinder wirken ungeschickt, eckig, reizen die Lehrer, weil sie konzentrationsschwach, leicht ermüdbar sind, nicht so gut schreiben und turnen können, reizen wegen ihrer Ungeschicklichkeit aber auch die Kameraden zum Hänseln und Verprügeln. Da entstehen Minderwertigkeitskomplexe, Resignation, Schulversagen, schwere Verhaltensstörungen. Und niemand bemerkt die wahren Ursachen.
Wie nützlich gute Vorsorgeuntersuchungen sogar bei Schulkindern noch sein können, zeigt, daß dabei in Hessen 6% Hörstörungen entdeckt wurden, die einer ärztlichen Behandlung bedurften (der Zeitpunkt ist jedoch bei schweren Störungen schon zu spät gegenüber den Chancen in den ersten Monaten und Jahren). Bei den Sehbehinderungen bedurften gar 17% der ärztlichen Nachuntersuchung und Behandlung.[13]
G. Beckmann stellte bei eigenen schulaudiometrischen Untersuchungen fest, daß selbst mittel- bis hochgradig einseitige Schwerhörigkeit bei Schulkindern nicht bemerkt wurde. Die bei den Untersuchungen ausgesonderten hörgeschädigten Kinder galten bei ihren Lehrern als zerstreut, verträumt, unfolgsam und uninteressiert. Ihren Lehrern waren die Schwerhörigen (je nach Schweregrad) nur zu 25 bis 50% überhaupt bekannt. Zwischen Schulversagen und nicht erkannten Behinderungen liegt ein ursächlicher Zusammenhang. Der Anteil der schwerhörigen Sonderschulkinder für Lernbehinderte lag in Marburg viermal so hoch wie der Anteil in Volksschulen.[14] Da werden Kinder zu unerzogenen Rüpeln gestempelt (und schließlich werden sie ja auch erziehungsschwierig), werden als faul und unaufmerksam beschimpft, weil sie infolge unserer katastrophalen Früherkennungs-Misere nicht als Behinderte erkannt werden konnten. (1974 war fast jeder sechste Sonderschüler in Berlin schwerhörig.)

7. Der Behandlungsnotstand

Lokale Unterschiede eingerechnet muß man feststellen, daß die Zusammenarbeit der Fachkräfte in der medizinischen

Rehabilitation (ganz zu schweigen von einer Zusammenarbeit zwischen Spezialisten der medizinischen und der beruflichen Rehabilitation) dürftig ist. Nehmen wir das Beispiel infantile Cerebralparese: Krankengymnastinnen und Beschäftigungstherapeutinnen werden sehr lange ausgebildet, von den Ärzten nimmt man es als gegeben an, daß sie darüber Bescheid wissen, obgleich sie im Studium kaum etwas davon hören. Da bei der infantilen Cerebralparese in der Regel eine Mehrfachbehinderung vorliegt, können Allgemeinmediziner, Neurologen, Psychiater, Orthopäden und Pädiater notwendig sein, ebenso Ohren-, Augen- und Zahnkliniker. Es können aber auch Verhaltensstörungen hinzukommen, die den Rat des Psychologen und Pädagogen erfordern. Spastikerzentren, wo alle Fachleute interdisziplinär zusammenarbeiten, kennen wir jedoch kaum. Während in England etwa für Hydrocephaluskinder die Neurochirurgen, Neurologen, Orthopäden und Urologen als Team in einer Kinderklinik arbeiten, der meist noch Institute angegliedert sind, in denen Elternarbeit stattfindet und eine Nachsorge gewährleistet ist, gibt es in der BRD wenig Vergleichbares.
Bei uns ist nicht nur die Frühdiagnostik, überhaupt die Erfassung, sondern auch die Behandlung und die Unterbringung von Behinderten in Tagesstätten Zufälligkeiten (wie der Anwesenheit eines MdB mit behindertem Kind am Ort) überlassen. Immerhin noch 16,5% befragter Mütter geben an, ihre Kinder seien niemals zuvor behandelt worden. Während die Zahl der körperbehinderten Kinder mit mindestens sechs Jahren nur zu 1,7% niemals behandelt wurden, liegt die Quote bei den geistig Behinderten mit 30% erschreckend hoch. [15]
Therapie ist Glückssache. »Es gibt Behörden, die gerne möchten, aber nicht dürfen und solche, die so tun, als ob sie möchten, in Wirklichkeit aber nichts tun, schließlich Gott sei Dank auch solche, die möchten, dürfen und auch wirklich etwas tun.«[16] Doch selbst wenn die Behörden möchten, dürfen und etwas tun, muß dies noch nicht den Behinderten zugute kommen. Nach H. Matthiass hat man »manchmal den Eindruck, als ob man in Deutschland vor der Zeit des Zollvereins lebt«.[17] Denn: Behinderte einer Kommune dürfen nur die Einrichtungen ihrer Kommune benutzen. Auch wenn sie zwei Stunden Fahrzeit haben, während sie über die Orts- oder Kreisgrenzen hinweg eine nähere Tagesstätte fänden,

müssen sie den langen Weg quer durch die Stadt nehmen. Es geht nicht darum, was dem Behinderten nutzt, sondern was der Behörde frommt.

Städte mit 100 000 Einwohnern haben keine Möglichkeiten, die Behinderten in Tageszentren unterzubringen, obgleich man eigentlich dazu verpflichtet wäre. Neben den Kindern sind auch die erwachsenen Behinderten betroffen, die nicht im Erwerbsleben stehen können. Sie sitzen meist beschäftigungslos zu Hause herum. Das Los dieser Unglücklichen, die aus Scham zudem noch oft versteckt werden, wird eigentlich nie bekannt.

Frühdiagnose wäre ein Geschäft für alle. K. Nitsch rechnet: »Wenn in jedem Stadt- oder Landkreis nur ein einziges Kind pro Jahr auf diese Weise vor einer lebenslänglichen Behinderung bewahrt bleibt, dann hat sich der Einsatz solcher Untersuchungsstellen und solcher mobilen Krankengymnastinnen nicht nur ethisch, sondern sogar wirtschaftlich gelohnt.«[18] Untersuchungen des amerikanischen Professors für Medizin, Bakteriologie und Immunologie H. H. Fudenberg ergaben, daß jeder in die Grundlagenforschung investierte Dollar der Volkswirtschaft 20 Dollar an Kosten erspart. Als Beispiel gelten die 41 Millionen Dollar, die für Forschung und Entwicklung des Impfstoffes gegen Poliomyelitis (Kinderlähmung) aufgebracht wurden. Dafür sparte man Krankenpflegekosten in Höhe von 327 Millionen Dollar und Einkommensverluste in Höhe von 6,4 Milliarden Dollar.

Eine ganz schreckliche Atmosphäre

Eine Mutter berichtet über Ärzte und Kliniken (Tonbandprotokoll)

Von der Behinderung hatte ich vorher nie etwas gehört. Wenn man ein Kind erwartet, macht man sich bestimmte Vorstellungen: daß das Kind niedlich aussieht usw. Und als dann das Kind geboren war... da habe ich erst mal den ganzen Tag überhaupt nichts gewußt. Ich habe mir schon was gedacht, weil alle Leute mich so mitleidig angeguckt haben, eine Schwester hat mich mal gestreichelt. Da habe ich erst mal einen Tag da gelegen, da kam ein Arzt mit so einer Leichenmiene, der hat gesagt, das Kind wäre im Krankenhaus und wäre krank, ganz diffuse Sachen hat er gesagt, das Kind hätte ein Loch im Rücken, und das wäre operiert und es ginge den Umständen entsprechend gut. Man merkte aber sofort, daß es nicht gutging.
Im folgenden habe ich auch nichts gehört. Mein Mann, der war bei der Geburt dabei, hat gewartet draußen, obwohl sie ihm gesagt haben, er soll lieber einen trinken gehen, der war aber dringend nötig, wegen der Operationsgenehmigung. Wenn er nicht dabei gewesen wäre, ich weiß nicht, ob es dann operiert worden wäre. Der hat es auch gesehen, er hat gesagt, daß man nichts weiter sieht, und dem haben sie schon gesagt, daß man noch etwas am Kopf machen müßte, aber erklärt haben sie nichts.
Ja, haben sie gesagt, es wäre wohl so etwas, was man im Volksmund als Wasserkopf bezeichnete. Und da habe ich mir die Woche im Krankenhaus ganz wahnsinnige Vorstellungen gemacht, wie das aussieht: ein Riesenkopf beispielsweise. Da hab' ich gedacht: So was will ich nicht haben. Und später hab' ich gedacht, wenn man wünscht, daß es stirbt, dann stirbt's gerade nicht. Damit habe ich mich getröstet.
Bei dem Kinderarzt im Krankenhaus, in den Sprechstunden, da war eigentlich auch immer eine fürchterliche Stimmung, wie bei einer Beerdigung. Ich habe unheimliche Zukunftsbilder entworfen, was das Kind alles nicht kann. Damals haben sie auch noch gesagt, es ist völlig gelähmt, es kann gar nichts bewegen, es wird also niemals laufen können.

Hat der Kinderarzt im Krankenhaus die Krankheit erklärt?

Nein. Gar nicht. Er hat gesagt, wir wissen nicht, woher es kommt, und es kann jeden treffen, alte Eltern, junge Eltern, niemand ist davor sicher. Er hat gesagt, daß viele kranke Kinder da wären. Es war eine ganz schreckliche Atmosphäre. Dann haben wir das Kind nach sieben Wochen nach Hause gekriegt. Da hatte ich zuerst unheimliche Angst, daß mir das Kind irgendwie wegstirbt. Es hat mir auch eigentlich niemand gesagt, was ich nun machen soll. Es steht zwar im Krankenhausbericht drin, die Eltern sind in alle Pflegemaßnahmen eingewiesen, das war aber nur reingeschrieben.

Was hat das Krankenhaus gesagt, wie es weitergehen wird?

Wie es weitergehen wird, hat man nicht gesagt. Man hat nur eine Kinderärztin vermittelt. Da bin ich gleich hingegangen, da hatte ich zum erstenmal überhaupt einen positiven Eindruck von Ärzten. Die Ärztin tat so, als wenn das ganz normal ist, wenn es kranke Kinder gibt, und daß man sie behandelt. Vorher hatte ich nur den Eindruck, es ist ganz was Schlimmes, da schlägt das Schicksal zu. Die hat einem auch Fragen beantwortet. Sie hat mir auch die Krankenhausberichte gegeben.
Wir haben uns dann über die Krankheit informiert. Und als das Kind zum zweitenmal im Krankenhaus war, haben wir auch mehr gefragt. Da haben die Ärzte sehr negativ reagiert, sie wollten nicht, daß man fragt. Sie haben gesagt: Ja, Sie müssen uns halt mal vertrauen. – Als das Kind zum zweiten Mal im Krankenhaus war, da ist das Ventil verrutscht. Da ist der Kopf um zwei Zentimeter gewachsen, an einem Tag. Da haben wir das Kind selber wieder ins Krankenhaus gebracht. Da wußten wir schon, was los war. Wenn wir es nicht gewußt hätten, wär's gestorben. Die Ärzte jedenfalls hatten uns nichts Näheres gesagt.

Sind Ihnen die Krankenbeschreibungen des Krankenhauses mitgegeben worden?

Bei der Kinderärztin durfte ich immer reingucken. Und als ich von Berlin nach Frankfurt umgezogen bin, hat sie mir's mitgegeben, weil sie meinte, ich müßte was in der Hand haben, weil es sonst meist Monate dauert, bis der nächste was in der Hand hat. Und in Frankfurt hat mir der Arzt gesagt, wissen Sie, daß Sie gerichtlich belangt werden können, wegen Aneignung von Privateigentum? Aber er war froh, daß er's hatte. Ich habe ihn dann gebeten, ob er für den Sonder-Kindergarten etwas über den Zustand schreiben könnte, da hat er gesagt, nein, das kann er nicht, das kann er nur dem Arzt in die Hand geben.
Als ich nach Frankfurt kam und die Neurochirurgische Klinik aufgesucht habe, die Schwester an der Anmeldung hat gesagt: So'n großen Kopf haben wir ja noch nie dagehabt, obwohl das

Kind schon ganz munter war und sprechen konnte. Hat sie gesagt, haben Sie noch ein Kind? Ich sag': nein. Sagt sie, dann schaffen Sie sich gleich noch eins an, das ist immer das beste in so einem Fall. Dann hat sie gefragt, ob ich arbeiten müßte? Hoffentlich stimmt wenigstens das Finanzielle bei Ihnen! Daß Sie nicht noch arbeiten müssen in so einem Fall. Ja, was manche Leute alles durchmachen müssen. Das hat mich geärgert, daß die Frau, obgleich sie keine Ahnung hat, die Leute so irritiert. Und der Arzt hat gesagt, solange das Kind nun mal lebt, müssen Sie sich nun mal Sorgen machen. Das fand ich auch ziemlich schlimm.
Ich habe hier den Kinderarzt dreimal gewechselt. Die erste Ärztin zum Beispiel hat die Rezepte nur im Flüsterton aufgeschrieben...
In Frankfurt mußte ich viele Stellen aufsuchen. Zuerst habe ich mir eine Kinderärztin gesucht, die hat mich an einen Orthopäden überwiesen, weil sie meinte, die Uniklinik taugte nichts. Dann bin ich in der Uniklinik gewesen, in der Kinderklinik, in der Neurochirurgie, das ist alles so weit auseinander. Man hat den Eindruck, die wissen alle nichts voneinander, die haben nie die Unterlagen da, kämpfen irgendwie gegeneinander, die verschiedenen Disziplinen. Es ist ganz unterschiedlich, was sie gerade machen, wie sie eben Lust haben. Manchmal sagen sie nur, ist schön, kommen Sie in einem halben Jahr wieder, manchmal glauben sie, mal wieder was machen zu müssen. Und dann: Die Stellen liegen soweit auseinander. Und in der Neurochirurgie wird man um acht Uhr hinbestellt, letztesmal bin ich dann um drei Uhr drangekommen. Mit so einem Kleinkind, was soll man in der Zeit machen? Die haben nichts zum Spielen da, sagen einem nichts, da wartet man da. Manchmal sitzen da Patienten mit Schmerzen, aus dem Umkreis von hundert Kilometern, und nachmittags heißt es dann, der Professor kommt nicht mehr, kommen Sie ein andermal wieder.
Dann habe ich die Neurochirurgie gewechselt. Hat mir einer von der Poliklinik gesagt, daß es da in der Chirurgischen Abteilung einen gäbe, der was davon verstände, da war es besser, nur, die Klinik hat sich jetzt aufgelöst.

Ist es in der Praxis möglich, daß man alle Untersuchungen und Gänge in der Klinik an einem Tag erledigen kann?

Nein. Schon mal nicht, weil man die Termine nicht kriegt. Oder weil man warten muß, ob der Oberarzt nicht vielleicht in dem Moment tatsächlich mal kommt.

Es wird doch immer so schön von einem Therapie- und Gesamtbehandlungsplan geredet?

Ja, aber ich weiß nichts davon.

Linda Abendroth

III Geplante Dummheit

Der Schulskandal

1. Statistisches

Zahlen für Behinderte zu nennen, kann nur unter dem Vorbehalt geschehen, daß es stets Schätzzahlen sind. Daran wird sich in absehbarer Zeit nichts ändern. Die Wahrscheinlichkeit liegt nahe, nimmt man einige Detailerhebungen, daß eine Erfassung aller Behinderten zeigen wird, daß sich die bekannten Zahlen nicht mit der Realität decken, das heißt, daß die tatsächlichen Zahlen *höher* liegen. Von Bracken rechnet vorsichtig mit über 640000 behinderten Kindern im Schulalter. Da er noch pro Jahrgang 60–80000 hinzurechnet und noch die Altersgruppen bis zur Volljährigkeit einbezieht, geht er von einer Zahl mit 1,6 Millionen behinderten Kindern und Jugendlichen aus. Prozentual kommt von Bracken auf 13,5% sonderschulbedürftige Kinder. Da jedoch durch die Mehrfachbehinderungen Überschneidungen vorkommen, reduziert sich die Zahl erheblich: »Mit 8% Behinderten ist jedoch auch dann zu rechnen, wenn wir strenge Maßstäbe anlegen.«[1]

Die verschiedenen Schulmöglichkeiten zählt von Bracken auf:

1. Das Kind wird in eine Anstalt (oder ein Heim) mit Sonderschule aufgenommen.
2. Das Kind besucht die Normalschule sowie zusätzlich einen heilpädagogischen Unterricht außerhalb der Schulzeit (Kurse).
3. Das Kind besucht eine Sonderschule oder eine Sonderschulklasse in seinem Wohnort oder in erreichbarer Nähe.
4. Das Kind nimmt an einem heilpädagogischen Unterricht während bestimmter Stunden innerhalb der Schulzeit teil.
5. Sonderschullehrer unterrichten die behinderten Kinder in verschiedenen Schulen.
6. Fachpädagogen beraten regelmäßig die Klassenlehrer behinderter Kinder.

Von den angenommenen 640000 behinderten Kindern im Schulalter besuchten lediglich 280000 Kinder auch eine Schule nach ihren Bedürfnissen. Das Statistische Jahrbuch 1970 wies sogar nur 256000 Sonderschüler aus. Das heißt: An die 400000 gingen überhaupt nicht in die Sonderschule. Besonders kraß liegt dies nach Katharina Zimmer[2] bei den Sprachbehinderten: 1971 wurden von 94000 Sprachbehinderten (die Zahl liegt zu niedrig) nur 4500 in einer Sprachheilschule unterrichtet. Nicht einmal jedes zweite angeblich sonderschulbedürftige Kind besuchte die richtige Schule. Und das ohne Einbeziehung der Dunkelziffer.
Anhand bekannter Angaben wird mit folgenden Zahlen für behinderte Kinder gerechnet:

Lernbehinderte	500000
Sprachbehinderte	120000
Anfallkranke	100000
Geistig Behinderte (dazu zählen auch Erziehungsschwierige)	100000
Körperbehinderte (inkl. 2500 Dysmelie-Kinder)	50000
Legastheniker	40000
Hörbehinderte	20000
Sehbehinderte	16000
Taube	7000
Blinde	1500

Dabei bereiten die Mehrfachbehinderungen Schwierigkeiten, Behinderte unter einer Behinderungsart einzuordnen und auch die Zuordnung überhaupt (z. B. erziehungsschwierig oder geistig behindert?) ist nicht geklärt. Von Bracken gliedert die behinderten Kinder nach der Häufigkeit der Behinderung so auf:[3]

	%		%
Lernbehinderte	52	Legastheniker	4,3
Erziehungsschwierige	17	Hörgeschädigte	2,2
Sprachbehinderte	13	Gehörlose	0,8
Körperbehinderte	4,3	Sehbehinderte	0,9
Praktisch Bildbare	4,3	Blinde	0,2

Als Anteil der behinderten Kinder an der Wohnbevölkerung gleichen Alters kommen v. Bracken/Has zu teilweise anderen Ergebnissen als die offiziellen Zahlen der Ständigen Konferenz der Kultusminister vom 16. März 1972:

	Konferenz der Kultusm.	v. Bracken/Has[4]
Lernbehinderte	4,0	6,0
Lebenspraktisch Bildungsfähige (geistig Behinderte)	0,6	0,5
Legasthenie		0,5
Sprachbehinderte (davon ambulant therapiebedürftig:)	1,5 (1,0)	1,5
Körperbehinderte	0,2	0,5
Verhaltensgestörte (v. Br./H.: Psychodynamisch Behinderte)	1,0	2,0
Blinde	0,015	0,0134
Sehbehinderte	0,1	0,1
Gehörlose	0,05	0,09
Hörbehinderte	0,18	0,25

Nach Angaben der Gewerkschaft Erziehung und Wissenschaft (1973) sind lediglich für Blinde und Gehörlose ausreichend Schulärzte vorhanden. Die Mißstände werden in den folgenden Zahlenangaben deutlich:

Es fehlten an Schulplätzen in %:

Sprachbehinderte	81
Sehbehinderte	74
Schwerhörige	70
Körperbehinderte	65
Verhaltensgestörte	65
Geistig Behinderte	60
Lernbehinderte	11

Selbstkritisch muß ich an dieser Stelle sagen, daß ich in allen bisherigen Ausgaben des Behinderten-Reports darauf hingewiesen habe, wie groß das Defizit an Sonderschulplätzen ist. Das Defizit ist noch immer so groß, daß körperbehinderte Kinder zu Lern- oder geistig Behinderten definiert werden, weil eine Stadt eben keine Sonderschule für Körperbehinderte, aber eine für geistig Behinderte oder Lernbehinderte betreibt. Der Unterricht, was Räume, Ausstattung mit Lehrmaterial usw. angeht, ist häufig skandalös, ohne Abstriche muß man das sagen. Dabei habe ich aber vergessen ganz deutlich zu sagen, daß Sonderschulen ein Übel sind, weil sie die Aussonderung der Behinderten dauerhaft machen, daß das Sonderschul-System abgeschafft werden muß, daß Behinderte in Normalschulen integriert werden müssen. Um es mit dem Titel einer Dokumentation der Gewerkschaft Erziehung und Wissenschaft in Berlin (1979) zu sagen: »Für Überwindung der Sondereinrichtungen durch Veränderung der Regeleinrichtungen!«[5]

2. Vorschulische Einrichtungen

In der vorschulischen Phase können behinderte Kinder entscheidend gefördert werden. So müssen Spastiker in dieser Phase funktionelle Ausfälle kompensatorisch bewältigen lernen, so erleiden Gehörlose und Gehörbehinderte irreparable Schäden, wenn sie nicht in diesem Alter gefördert werden, so werden geistig Behinderte eine ungleich bessere lebenspraktische Bewältigung lernen, je früher sie gefördert werden. Für den Sozialisationsprozeß wird hier Entscheidendes versäumt, um später folgende Verhaltensstörungen und Neurotisierungen zu verhindern. Jedes verlorene Vorschuljahr wirft den Behinderten um mehrere Jahre zurück.
Obgleich 90 aller befragten Kinder bereits im Kindergartenalter behindert waren, haben dennoch nach der Kölner Studie[6] 42% der Sonderschüler niemals einen Kindergarten besucht. Ein therapeutisch ausgerichteter Sonderkindergarten, im optimalen Falle an einen »normalen« Kindergarten angegliedert oder integriert, steht lediglich ein paar Behinderten offen. Notwendig sind jedoch keine weiteren »Sonder«-Einrichtungen, sondern die Einbeziehung behinderter Kinder in den im Stadtteil liegenden »normalen« Kindergarten.

3. Einschulung

Der englische Kinderarzt John Lorber schreibt über die Spina-bifida-Kinder, glücklicherweise seien sie in der Mehrheit geistig normal und könnten an einer allgemeinen Schule am Unterricht teilnehmen. Auch bei Kindern mit Lähmungen oder Schwäche in den Beinen sei der Besuch gesichert, wenn die Transportfrage geklärt sei. So erfreulich die Perspektiven für deutsche Eltern von Spina-bifida-Kindern sein mögen, sie nützen ihnen nichts: Denn sie und andere Eltern behinderter Kinder plagen sich mit den Behörden, daß ihre Kinder überhaupt aufgenommen werden. Bei Spina-bifida dauert das Aufnahmeverfahren bis zu drei Jahre. Manche Eltern fahren ihr Kind in eine benachbarte Stadt zur Schule, sofern sie dort aufgenommen werden. Täglich müssen diese Eltern oft hinfahren, das Kind bringen und abholen. Das sind vier Fahrten täglich. Liegt bei den Kindern eine Lähmung im Blasen-Darm-Bereich vor, so daß die Kinder etwa gewindelt werden müssen, weigern sich die Schulen, die Kinder aufzunehmen.

Selbst bei den Gesundheitsämtern und beim Schulrat, der sonst so gewandt von der »Integration« zu reden weiß, hören Eltern dann, sie sollten doch lieber auf die Sonderschule ausweichen, oder Hausunterricht wäre doch auch eine Möglichkeit. Da sind sich Lehrer und Rektor einig, so was könne man ihnen und ihrer Schule nicht zumuten: Zum Beispiel, wenn eine Mutter eine Zeitlang jeden Tag vor der Schule sprungbereit warten muß, ob das Kind im Unterricht tragbar ist, oder wenn eine Mutter mit dem Pkw nicht auf den Schulhof fahren darf, sondern das Kind über den ganzen Hof tragen muß, um die andern nicht zu »gefährden«, oder wenn Lehrer geringe neurologische Ausfälle wie eine leichte Schwerbeweglichkeit der Hand mit einer Dauerfünf in Schreiben, Handarbeit und beim Diktat bestrafen. Soweit, daß bei Schulneubauten auch ein Sanitätsraum eingeplant würde, wo inkontinente (Inkontinenz: Unfähigkeit, Harn und Stuhl zurückzuhalten) Kinder oder andere pflegebedürftige Kinder während der Pause versorgt werden könnten, sind wir noch lange nicht.

Aber auch Versuche von der Seite integrationsbereiter Schulen werden durch die Bürokratie abgeblockt. In Altdorf bei Nürnberg befindet sich neben Hessisch-Lichtenau eine Möglichkeit für Behinderte, an einer Allgemeinschule zusammen mit Nichtbehinderten das Abitur zu machen (beide Einrichtungen sind jedoch nicht integrativ: die Behinderten leben im Heimgetto und werden täglich mit dem Bus zur Schule und danach wieder zurücktransportiert!). Während Hessisch-Lichtenau prinzipiell keine Spastiker aufnimmt, da diese zu schwer behindert seien, werden in Altdorf auch Spastiker angenommen. Nun tauchen für Spastiker erhebliche technische Probleme auf, da die Koordination der Bewegungen geschädigt ist. Zwei Lehrer der Schule konstruierten eine als ausgezeichnet anerkannte elektrische Schreibmaschine, mit der Spastiker am mathematischen und naturwissenschaftlichen Unterricht teilnehmen könnten. Das Bundesministerium für Jugend, Familie und Gesundheit (Aktenzeichen: H II 5–1130 – 129/71) speiste die Lehrer erst einmal mit Phrasen ab.[7]

Der Jahresbericht der Josefs-Gesellschaft (in der sich katholische Anstalten zusammengeschlossen haben) zeigt, daß die

Zahl von behinderten Schülern, die zunächst in eine allgemeine Schule aufgenommen, dann aber abgewiesen wurden (oder die Schule sonstwie gegen eine Heimsonderschule eintauschen mußten), steigt[8]:

Von den seit 1960 aufgenommenen Kindern wurden gleich in eine

unserer Sonderschulen aufgenommen: | besuchten zunächst eine andere Schule

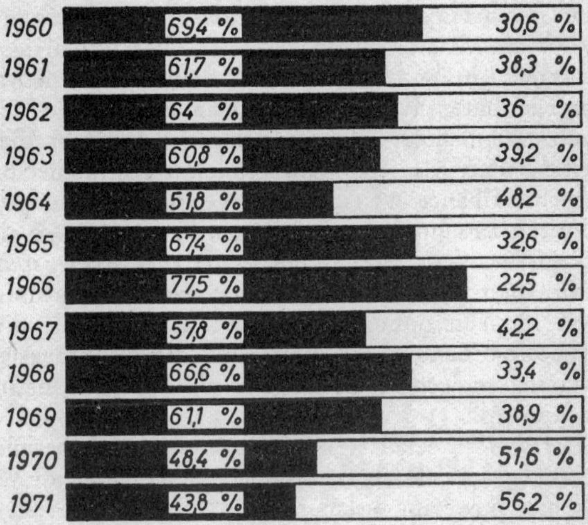

Einen Aufschluß über die Einschulung behinderter Kinder bietet auch eine Untersuchung über die sogenannten Contergankinder. Obgleich die Dysmeliekinder eine ungleich intensivere Beachtung seitens der Behörden und der Öffentlichkeit fanden, und obgleich Maßnahmen zugunsten dieser Kinder leichter zu bewerkstelligen waren, da es sich bei 2500 Kindern um eine kleine, überschaubare Gruppe handelt, sind immer noch sechsmal so viele (18,1%) nicht eingeschult wie unter den nichtbehinderten Altersgenossen (3%).[9] Und während jedes fünfte gliedmaßengeschädigte Kind zusammen mit den Eltern eine Fülle von belastenden Prozeduren in Kauf nehmen muß, um überhaupt eingeschult zu werden, werden 95,3% der nichtbehinderten Kinder komplikationslos in die erste Grundschulklasse aufgenommen.[10] Ausnahmen gab es

jedoch, wenn die Eltern der höchsten Einkommensklasse zugehörten (1800 DM und mehr): Die reichen Eltern brachten ihre Kinder zu 92,8% unter, die Eltern der niedrigsten Einkommensklasse (unter 900 DM) jedoch nur zu 77,7%.[11]
Auch die eingeschulten Kinder haben noch keine Hoffnung auf eine gute Förderung, denn mehr als ein Fünftel der Dysmeliekinder wurde in Monsterklassen mit vierzig und mehr Kindern unterrichtet, wo auch bei nichtbehinderten Kindern eine pädagogische Förderung nicht mehr möglich ist. Nicht einmal vier von zehn dysmelen Kindern wurden in Klassen mit weniger als dreißig Kindern unterrichtet (genau 38,1%).[12]
Eine Untersuchung bei Blutern führte ebenfalls zu deprimierenden Resultaten: Fast 18% erfuhren keine normale Beschulung. 40% der Schüler befanden sich nicht in den ihrem Alter entsprechenden Klassen. Hämophiliekranke Schüler haben keine echte Chance auf eine angemessene Schulbildung und werden mit zunehmenden Schulanforderungen (z. B. durch Krankenhausaufenthalte) immer weiter zurückgeworfen. Da es kaum Internate mit Gesamtschule und Berufsausbildung speziell für Hämophiliekranke gibt, zudem viele höhere Schulen diese Schüler ablehnen, sind die Berufsaussichten noch einmal schlechter, als sie durch die Behinderung ohnedies schon sind.[13]
Die Josefs-Gesellschaft gliedert in ihrem Jahresbericht jeweils auf, wie viele ihrer Schüler (1971 waren dies 550) rechtzeitig, bzw. mit welcher Verspätung eingeschult wurden. Zwar nahm die verspätete Einschulung in den letzten zehn Jahren langsam ab, sie ist jedoch katastrophal genug:

im richtigen Alter	230 Schüler =	41,8%
mit 1 Jahr Verspätung	203 Schüler =	36,9%
mit 2 Jahren Verspätung	74 Schüler =	13,5%
mit 3 Jahren Verspätung	20 Schüler =	3,6%
mit 4 Jahren Verspätung	8 Schüler =	1,5%
mit 5 Jahren Verspätung	9 Schüler =	1,6%
mit 6 Jahren Verspätung	4 Schüler =	0,7%
mit 7 Jahren Verspätung	1 Schüler =	0,2%
mit 8 Jahren Verspätung	1 Schüler =	0,2%

Von den Schülern der Josefs-Gesellschaft wurden prozentual verspätet eingeschult:

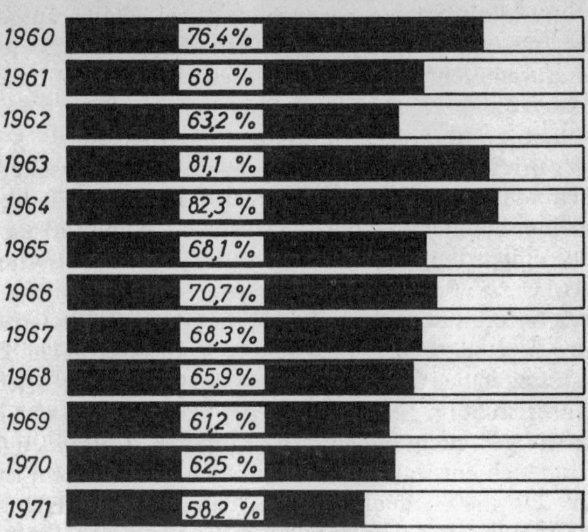

Von den 550 Kindern kamen 1971:

aus Großstädten	89 Schüler = 16,2%
aus kleinen Städten	217 Schüler = 39,5%
vom Lande	244 Schüler = 44,4%

Trotz der zunehmenden Zahl örtlicher Sonderschulen für Körperbehinderte in den Städten hat sich also an der Herkunft der Schüler nicht viel geändert.[14]

Mit dem Kampf um die Aufnahme in eine Schule ist immer noch nichts gewonnen. Zum einen sind die sogenannten Sonderschulen oft nichts Besseres als Bruchbuden und Schuppen. So kann man zum Beispiel in einer Reportage über eine »Musteranstalt« (Das Sprachheilzentrum mit einem therapeutischen Sprachlabor) lesen, daß die Kinder in einem Hintertreppenmilieu zwischen Wurstfabrik, Schlachthof und Industrie angesiedelt wurden, obgleich ihre Sprachschäden gerade durch ein freudloses Milieu hervorgerufen wurden. Daß simpelste Forderungen nach Licht, Platz, Ruhe und Bewegung mißachtet werden, der Sport auf dem Straßenpflaster stattfindet und die in der Therapie auf exaktes Hören angewiesenen Sonderschüler von 85 Phon einer vierspurigen Autostraße und Schlachthofgeräuschen umgeben werden.

Daß die Räume in dem Backsteinbau aus dem Jahre 1883 nicht ausreichen, zu eng sind, zu dunkel, daß die Laborgeräte von Stunde zu Stunde in einer anderen Klasse aufgebaut werden müssen und die in der Tat modernen und teuren Apparaturen nicht ausgenutzt werden können. Denn es fehlt ein Stab von mindestens drei Mitarbeitern, Programme zu entwerfen, zu überprüfen und zu standardisieren.[15]
Das gegenwärtige Schulsystem verewigt die Außenseiterrolle des Behinderten, produziert seinen Sonderstatus ständig neu. Oft gelingt nicht einmal die einfachste Koordination am Ort, wie aus einem Bericht eines Vaters aus dem Bayerischen zu ersehen ist: »Wider Erwarten gelang es ohne Bürokratie, unseren Sohn in der Sonderschule für geistig Behinderte und in der Tagesstätte der Lebenshilfe unterzubringen. Beide Einrichtungen werden anscheinend von guten Leuten geführt und unserem Sohn gefällt es sehr gut. Aber warum nun diese Einrichtungen nicht wenigstens räumlich zusammengelegt sind und sich entgegenlaufen, statt sich zu ergänzen, ist mir unklar. Da muß ich einflechten, daß die Sonderschule in einem Schulgebäude unterm Dach erst über 83 Stufen zu erreichen ist, während nach Aussagen des Vorstandes der Lebenshilfe im Gebäude dieser Einrichtung ebenerdig Platz für die Klasse wäre. Die Kinder müssen zum großen Teil zur Schule gebracht werden und nach Unterrichtsschluß von den Leuten der Lebenshilfe von der Dachkammer quer durch die Stadt über die Hauptstraße usw. in die Tagesstätte gebracht werden. Man weiß in der Tagesstätte nicht, was man in der Schule den Kindern beizubringen versucht und umgekehrt weiß die Schule nichts von der Tagesstätte.«
Und noch ein letzter Gesichtspunkt: Behinderte Kinder, die das Glück hatten, überhaupt eine Schule zu besuchen, stehen vor einer Tatsache, wie sie die Bochumer Schüler in der Sonderschule für Körperbehinderte formulierten: »Wir kennen niemanden, der unsere Schule in den letzten Jahren verlassen hat, und der eine feste Arbeitsstelle (Lehrstelle) bekommen hat.«

4. Exemplarisches Beispiel: Hörbehinderte

Zahlen: Die Zahl der schwerhörigen Kinder, deren Zustand bei frühzeitiger Erkennung hätte gebessert werden können, wird mit 100000 angegeben.[16] Nicht erfaßt sind zahlreiche Kinder, die dabei in die »Hilfsschule« eingewiesen wurden, da sie als dumm, faul, idiotisch angesehen wurden. 3–6% aller Kinder gelten als behandlungsbedürftige *Schwerhörige*. Die Zahl der Schulkinder, die nicht an einer allgemeinen Schule unterrichtet werden können, sondern in Sonderschulen untergebracht werden müßten, wird von den offiziellen Stellen (Kultusministerkonferenz) mit 0,18% am geringsten angegeben. Von Bracken und Jussen nennen 0,25%, Tiefenbacher 0,3%. *Gehörlose* sind offiziell mit 0,05% angegeben, bei v. Bracken und Jussen sind es dagegen 0,09%. 70–80% aller Gehörlosen haben noch Hörreste, die bei früher Behandlung – wie gering auch immer – aktiviert werden könnten.

Früherkennung: Schwerhörige hören nicht einfach leiser, sondern nehmen die Sprache verändert wahr, verzerrt und entstellt. Da der Hörbehinderte anders wahrnimmt, nur bruchstückhaft, und dazu auch das entstellt, sind seine Erlebnismöglichkeiten erheblich reduziert, damit auch Intelligenz und Phantasie, die davon abhängen. Melodik, Dynamik und die Klangfärbungen des sprechenden Gegenübers werden nicht aufgenommen: »Besonders deutlich wird uns das, wenn wir uns vergegenwärtigen, daß bei jedem Gespräch mit einem Partner neben dem reinen informativen Inhalt des gesprochenen Wortes sphärische Momente mit eingehen, wie Freundlichkeit, Herzlichkeit, Mitgefühl, Distanz, Kontaktversagung, Feindlichkeit u. a. m.«[17] Jede Hörschädigung bringt deshalb eine Sprachbehinderung mit sich. Die eigene Sprache ist über das Gehör nicht zu kontrollieren und wird deshalb rudimentär, abgehackt, falsch. Die Sprechlage liegt falsch, es kommt zu Stammelfehlern (Zischlaute und Konsonantenverbindungen), da Laute fälschlich gebildet werden. Die behinderte Sprachentwicklung führt zu einem äußerst reduzierten Wortschatz. Der hörbehinderte Jugendliche wird verhaltensunsicher, kontaktgestört, Minderwertigkeitsgefühle folgen. Je später ein Hörbehinderter therapiert und beschult wird, desto rudimentärer ist seine Sprache, desto geringer seine Chancen auf einen Beruf und ein annähernd normales Leben. Alle Versäumnisse leiten nicht mehr korrigierbare Schä-

digungen ein, Schädigungen für den Hörbehinderten individuell und sozial für die Gemeinschaft, die statt eines kreativen und produktiven Menschen einen Pflegefall mehr oder minder schwerer Art schafft.
Die Früherfassung hörbehinderter und auch gehörloser Kinder ist in den verschiedenen Bundesländern auf verschiedene Institutionen verteilt: auf Schulen für Hör- und Sprachgeschädigte, audiologische Zentren, Hals-Nasen-Ohren-Kliniken, landesärztliche Dienststellen und Gesundheitsämter, Koordination fehlt.[18] Die Untersuchungen bei der Grundschul-Einschulung genügen nicht. Zudem kommt eine Erfassung zu diesem Zeitpunkt bereits zu spät, weil die ersten vier Jahre zur Sprach- und Sozialentwicklung bereits unaufholbar verloren sind. Eine mangelhafte Früherfassung bringt die Kinder um ein angemessenes lebenswürdiges Leben.
Schulen: Nur 10% der hörbehinderten Kinder haben nach Tiefenbacher eine Möglichkeit, eine entsprechende Schule zu besuchen. Von mehr als 40 bestehenden Schulen sind nur einige wenige voll ausgebaut. Dabei sind oft noch mehrere Schuljahrgänge in einer Klasse zusammengefaßt. Eine Differenzierung findet kaum statt, wie in Baden-Württemberg, wo eine voll ausgebaute Landesschwerhörigenschule mit einem Internat existiert, das auch die Kinder vom Land aufnehmen kann. Die Aufnahme an Sonderschulen wird deshalb für notwendig gehalten, weil der Hörbehinderte an Allgemeinschulen weder von den Räumlichkeiten (hallige Räume), noch von der Rücksichtnahme und der Didaktik der Lehrer, noch von den apparativen Möglichkeiten her (Hörapparate nutzen bei Gruppengesprächen nichts) gefördert wird. Kleine Klassen im Halbkreis, Ableseunterricht, spezielle Höranlagen, spezieller Lehrplan und Hör- und Sprecherziehung sollen nur in Sonderschulen gewährleistet sein.
Direktor Robert Tiefenbacher, von der Staatlichen Schwerhörigenschule Freiburg, spricht »Zwergschulen« jede Existenzberechtigung ab, ebenso Sonderklassen für Schwerhörige an anderen Schulen. Auch städtische Schwerhörigen- und Sprachheilschulen kann er nur eine schlechte Kompromißlösung nennen, da die Begabtenförderung und eine Förderung der Mehrfachbehinderten nicht ausreichend betrieben werden könne, im Gegenteil, Schwerhörige und Sprachbehinderte zusammengewürfelt würden. Lediglich Zentren, Landesschwerhörigenschulen, könnten dies wie in Freiburg (genau-

er: in Steegen bei Freiburg). Dabei wird getrennt: 1. eine Schwerhörigenschule: 9 Klassen Haupt- und Grundschule, 6 Klassen für weiterführenden Unterricht, 4 Klassen für lernbehinderte, mehrfachgeschädigte Schüler und 4 Klassen für Schüler, die in längerer klinischer Behandlung sind, dazu ein Sonderschulkindergarten. 2. eine Gehörlosenschule, 3. eine Sonderschule für Sprachbehinderte. Jede Schulart hat ihre eigenen Heime, jeweils einen eigenen Direktor; gemeinsam benutzt werden Verwaltung, Freizeiträume, Küche usw.
Wie wichtig eine gute Therapie ist, zeigt sich an einer Hamburger Untersuchung über die Berufswahl schwerhöriger Schüler. Dort wurde deutlich, »daß der Grad der Schwerhörigkeit für das Erreichen eines höheren Schulzieles von untergeordneter Bedeutung war, daß allein Intelligenz und Sprachbegabung entscheidende Faktoren sind«[19].
Für Hörbehinderte besteht zur Zeit kaum eine Möglichkeit, das Abitur zu machen. Einige Hörbehinderte haben als Externe das Abitur bestanden. Obgleich die Schulsituation sehr rückständig ist, hat auch das Konzept, Zentralschulen zu errichten, erhebliche Nachteile: Kinder werden ihren Familien entrissen, ein gemeinsames Aufwachsen mit Nichtbehinderten entfällt, die Deformation durch Institutionen ist nicht zu verhindern. Wesentlich billiger als gigantische Heim-Schulen-Projekte wäre, mehr Lehrer einzustellen, die sich intensiv in kleinsten Klassen um den einzelnen Schüler kümmern könnten oder noch besser: Behinderte in Normalklassen zu integrieren und ihnen dabei alle notwendige Einzelförderung durch besonders ausgebildete Lehrer zukommen zu lassen.
Behinderte gehören nicht in Sonderschulen, sondern die »Sonderschullehrer« an die Normalschulen.

5. Behinderung und sozialer Status

Untersuchungen, die einen Zusammenhang zwischen Behinderung und einer bestimmten Schichtzugehörigkeit analysieren, gibt es kaum. Eigene Erfahrungen zeigen, daß Behinderte meist aus sogenannten einfachen Verhältnissen stammen. H. Grosse, Fachschuldirektor der Staatlichen Schwerhörigenschule in Nürtingen, nennt 70%.[20] Gerade bei Arbeitern, Angelernten, Hilfsarbeitern ist die Unkenntnis, von den

Behörden Hilfe zu fordern, besonders stark. Sie tauchen in den Statistiken deshalb auch nicht auf. Daß dagegen die besser Bemittelten wesentlich mehr Hilfe bekommen, ist in diesem Band noch des öfteren belegt.

Besonders kraß ist das Verhältnis von sozialem Status und Behinderung bei den Lernbehinderten. 70% aller Lernbehinderten, so Begemann[21], stammen aus der Schicht der Hilfsarbeiter, Schausteller, Arbeitslosen, Rentner, Invaliden. Dagegen stehen nur 6% Lernbehinderte, deren Vater über dem Niveau eines Facharbeiters liegt. (5% der Hilfsarbeiterkinder besuchen ein Gymnasium.) Daß hier der soziale Status geradezu die Ursache der Behinderung ist, belegt Begemann an eindrucksvollen Zahlenangaben: 28% der lernbehinderten Kinder, die eine Sonderschule besuchen, haben nur einen Elternteil, bei Gymnasiasten sind es 6%, bei Realschülern 7,5%, bei Grundschülern 7%. Familien lernbehinderter Sonderschüler haben durchschnittlich 5,5 Kinder, bei Grundschülern sind es 3,2 und bei den Gymnasiasten 2,3.

Die Lebensverhältnisse: In Familien lernbehinderter Kinder auf Sonderschulen hat jede Person nicht mal ein halbes Zimmer, bei Gymnasiasten und Realschülern hat jedes Familienmitglied mehr als ein Zimmer. Während bei Sonderschülern nur jeder zehnte ein eigenes Zimmer hat, hat jeder Realschüler und Gymnasiast in der Regel eins. Nur 15% der lernbehinderten Sonderschüler haben überhaupt einen eigenen Platz, Schulaufgaben zu machen. Schlimmer noch: 28% haben nicht mal ein eigenes Bett.

Der Glaube an die Auswahlkriterien mittels Intelligenztests und einer differenzierten Intelligenzdiagnostik ging inzwischen bei vielen Pädagogen verloren. Eine Statistik des »Bundesverbands zur Förderung Lernbehinderter«, deren Zahlenangaben sehr undifferenziert sind, da die Länder mit ihren Angaben sehr sorglos umgehen und damit ein Gesamtbild unmöglich machen, zeigt: In Rheinland-Pfalz gibt es mit 2,2% und in Bayern mit 2,6% die wenigsten Lernbehinderten, in Nordrhein-Westfalen mit 4,6% und in Schleswig-Holstein mit 5,5% die meisten Lernbehinderten. Die Zahlen richten sich nach den Gegebenheiten: An Orten mit Sonderschulen liegt er höher, an Orten mit keinen Schulen tauchen auch keine Lernbehinderten in der Statistik auf. Es soll soweit gehen, daß die Schulbehörde so vielen Kindern die Lernbehinderung bescheinigt, wie Plätze vorhanden sind. Gibt es ein

Überangebot an Plätzen, schieben die Lehrer die unbequemen Schüler ab. In die Sonderschulen für Lernbehinderte gehen bei weitem nicht, wie versichert, die Lernbehinderten, sondern sozial Auffällige, Verhaltensgestörte, Aus-der-Norm-Fallende wie Slumkinder, Kinder aus sozialen Brennpunkten und ausgesprochenen Arbeitervierteln, wo man zum Teil die Kinder rein bürokratisch dorthin überstellt.
Zusammenhänge zwischen Lernbehinderung und sozialer Herkunft begreifen auch Nichtfachleute, meint Walter Thimm[22]. Aber auch bei eindeutig organisch bedingten Behinderungen wie Hör- und Sehbehinderungen fällt auf, daß zwischen sozialer Schicht und Behinderung (bzw. Einschulung in eine Sonderschule!) unbestreitbare Zusammenhänge bestehen. Thimm hat dazu eine Tabelle zusammengestellt[23]:

Sonderschüler und Sozialschichtzugehörigkeit (%)

	Sozialschicht		
Gesamtbevölkerung	O	M	U
Bundesrepublik	8	52	40
Schüler in			
Lernbehindertenschulen	–	7	93
(mehrere Schulaufsichtsbezirke)			
Blindenschulen (BRD)	3	31	66
Sehbehindertenschulen (BRD)	2	32	66
Gehörlosenschulen (Hessen)	8	30	62
Schwerhörigenschulen (Hessen)	4	32	64

O = Oberschicht M = Mittl. Schichten U = Untere Schichten

Thimm möchte jeden klassenkämpferischen Zungenschlag vermeiden, muß jedoch feststellen, daß nicht nur die Lernbehinderten in der Sonderschule landen, sondern »auch die erfaßten blinden, sehbehinderten, gehörlosen und schwerhörigen Kinder kommen nicht anteilmäßig aus den einzelnen Schichten (also im Verhältnis 8 : 52 : 40%), sondern in erheblichem Maße mehr aus den Unterschichten, nämlich bis zu 66% statt der zu erwartenden 40%«.[24]

IV Gettoisierung der Behinderten in Heimen – und Alternativen

1. Heimunterbringung

Im preußischen Invalidengesetz vom 6. Mai 1920 heißt es: »Der Krüppel gehört als solcher in eine Anstalt.« An dieser Einstellung hat sich nichts geändert. So leben heute in den Heimen oft Behinderte, die gar nicht dorthin gehören. Da offene und halboffene Behinderteneinrichtungen fehlen und die schulische Versorgung ebenfalls jeder Beschreibung spottet, müssen Eltern vielfach ihre behinderten Kinder in Heime einweisen lassen, weil sie der pflegerischen oder nervlichen Belastung nicht gewachsen sind oder weil am Ort keine schulische oder berufliche Ausbildung möglich ist. Aber auch Behinderte, die bei einer entsprechenden Infrastruktur alleine leben könnten, müssen in die Heime, da sie sich, allein gelassen, nicht helfen können. Sie landen in Alters- und Pflegeheimen, wo Behinderte mit 30 Jahren in einem Zimmer mit 80jährigen liegen, wo geistig rege Behinderte mit Altersdemenzen zusammen wohnen. Da sie keine sozialen Kontakte haben, werden sie letztlich selbst so gestört und geistig eingeengt, daß sie wie Debile wirken.

Es gibt Heime mit einer Warteliste von zweitausend Kindern. Allein zehntausend Kinder sollen deshalb im benachbarten Ausland untergebracht sein. Man rechnet damit, »daß im Laufe der nächsten Jahre der unerträgliche Druck auf die Heime nachlassen wird«.[1] Voraussetzung dafür aber ist, daß die Behindertenarbeit besser strukturiert, daß die offene und halboffene Arbeit (wie weiter unten noch auszuführen) ausgebaut wird. Daß dabei z. B. eine Einrichtung fehlt, die auch einmal vorübergehend einen Behinderten aufnehmen kann, damit die Eltern mal drei Wochen Urlaub nehmen können, erscheint schon selbstverständlich. Daß Personal fehlt und vorhandenes Personal nicht jenen Anforderungen an die Ausbildung genügt, die für eine annehmbare Rehabilitation notwendig wären, bedarf nicht mehr großer Ausführungen.

Doch auch die bestehenden Heime bedürfen dringend einer

baulichen Sanierung und einer den neuen Anforderungen entsprechenden Umstrukturierung. Medizinische und therapeutische Einrichtungen müssen erneuert und ergänzt werden. Die notwendige schulische Ausbildung ist nicht gewährleistet. Die Liga der freien Wohlfahrtsverbände in Baden-Württemberg hielt in einem Memorandum 1970 ein Drittel der vorhandenen Plätze für geistig Behinderte für erneuerungsbedürftig. Die Situation dürfte auch für andere Bereiche ähnlich liegen.
Spezialheime wie Blindenanstalten oder Heime für Taubstumme sind noch am ehesten dem Bedarf entsprechend vorhanden. Doch die Mehrfachbehinderten finden in der Regel keinen angemessenen Platz. Blinde etwa mit einer zusätzlichen Körperbehinderung werden nicht mehr aufgenommen. Und wohin kommt ein blindes Kind mit einer geistigen Behinderung? Vielfach helfen sich die Eltern, indem sie eine Behinderung besonders herausstellen. Damit ist dann das Kind zwar vielleicht untergebracht, doch die Folgen sind Dauerschäden wegen falscher bzw. undifferenzierter Behandlung.
Schlimmste Folge des Platzbedarfs einerseits und der mangelnden Auswahlkriterien andererseits ist die Lage der Jugendlichen und älteren Heimbehinderten. Da werden geistig Behinderte in geschlossenen Abteilungen psychiatrischer Anstalten untergebracht, schlimmer noch: Da sind in Essen ein Drittel mit einem durchschnittlichen IQ ausgestattete Kinder durch fachärztliche Gutachten in ein Heim für Schwachsinnige eingeliefert worden.
Spastiker etwa, deren skurrile Bewegungen den Laien oftmals eine geistige Behinderung vermuten lassen, sind mehrfach in »Idiotenanstalten« eingewiesen worden, bis sie schließlich tatsächlich wie Schwachsinnige agierten. Wie viele solcher bedauernswerten Geschöpfe durch den unverantwortlichen Leichtsinn der Einweisenden und Verwahrenden in Häusern für Schwachsinnige dahinvegetieren, weiß niemand.
Behinderte Heimbewohner berichten fast einhellig, nicht menschenwürdig behandelt zu werden. Sie werden als Pflegeobjekte versorgt, nicht für ein eventuelles Leben »draußen« vorbereitet. Bei Führungen hören die Behinderten oft ohnmächtig, wie glücklich sie hier wären und sehen zu, wie der Besucherpulk selbstzufrieden weiterzieht. Der Behinderte Horst Elsner, ein spastisch Gelähmter, den man in ein Heim

für geistig- und lernbehinderte Kinder einwies und der erst später den Volksschulabschluß und eine kaufmännische Lehre abschließen konnte, berichtete Pfingsten 1971 auf einer Tagung von den Gefängnisstrukturen seines Heimes:
»Sicher waren in Neuendettelsau fast alles lern- und geistigbehinderte Kinder. Das rechtfertigt aber noch nicht das Aufmachen der Briefe und Pakete, bevor der Empfänger etwas davon sieht. Manchmal wurde die Ware sogar an andere verteilt, ohne uns zu fragen. Jeder ausgehende Brief mußte im Büro abgegeben werden, aber ohne Umschlag, damit man ja nicht was heimschreiben konnte, was der Anstalt nicht gefällt. Jeder Mensch freut sich, wenn er etwas bekommt, das ihm allein gehört, auch Geistigbehinderte. Man kann dann immer noch die Sachen aufheben, wenn es nicht anders geht.«

Wir sind kein Zoo!
Darum fordern wir: Ohne Wissen der Schüler ist kein Besuch erwünscht. Gruppen, die uns besuchen wollen, lassen wir nur zu, wenn sie ein berufliches Interesse vorweisen können.
Merksatz für Anfänger:
Man kann sogar mit Körperbehinderten reden! Versuchen Sie's mal.④

Die Heime als reine Verwahranstalten machen die Heimbewohner zu »Pfleglingen«, womit der passive Status hinreichend definiert ist. Das fängt bei den Gemeinschaftszimmern an (man darf zuweilen keinen Zimmerschmuck aufhängen), wo es keinen privaten Bereich gibt. Hinzu kommt, daß das Personal vorm Eintreten ins Zimmer nicht einmal anklopft, daß man mit einem Taschengeld zum Nutzlosen degradiert ist und daß überhaupt so wenig Personal vorhanden ist, daß ein Behinderter auch mal in voller Kleidung im Rollstuhl übernachten muß, weil er nach Dienstschluß nicht versorgt war. Und wenn Behinderte, die wohl im Rollstuhl wegkön-

④ Kellerschlüssel 3/1970

nen, sich aber nicht ohne Hilfe auszuziehen vermögen, ein Theaterstück ansehen wollen, muß das ausfallen, weil sie zu spät zurückkehren. Und wer sich einmal mit einem andersgeschlechtlichen Partner trifft und sich sogar küßt, muß damit rechnen, daß die Bevölkerung die Anstalt benachrichtigt.

Die Angst der Anstalten, gleich ob es nun neue oder alte Bauten sind, Behinderten eine Freizügigkeit einzuräumen, wie sie nichtbehinderten Altersgenossen selbstverständlich ist, ist weit verbreitet. Die Behinderung sozialer Umwelterfahrungen macht jedoch den körperlich Behinderten zusätzlich zu einem Sozialbehinderten, der einem normalen Kontakt kaum gewachsen ist.

2. Das Heim als Behinderungsursache

Medizinaldirektor J. Pechstein[2] bemerkte bei Untersuchungen an mehr als 300 Heimkindern in der Massenpflege, daß sie zu 71% nicht ehelich geboren waren. 11,5% stammten aus gescheiterten Ehen, und nur 17,5% waren ehelich geboren und damit zumindest formal aus einer intakten Familie. Betroffen von der Massenpflege sind die Kinder meist durch soziale Mißstände: milieugeschädigte Erzeuger, mangelndes Wissen über Schwangerschaftsverhütung, fehlender Wohnraum, der eine Eheschließung nicht zuläßt, die Notwendigkeit für Mütter mit Kindern unter drei Jahren, arbeiten zu müssen einerseits, und der Mangel an geeigneten Unterbringungsmöglichkeiten andererseits (z. B. durch den Betrieben angegliederte Kindergärten). Die Mütterarbeit stieg zwischen 1962 und 1967 um 214 Prozent.
Kinder in der Massenpflege unterliegen dem »Verkümmerungs-Syndrom« (v. Pfaundler), bedingt durch die mangelnde Zuwendung durch die Beziehungspersonen. Nach Hetzer und Rheingold liegen die Sozialkontakte bei Kindern in der Heimpflege fünf- bis sechsmal niedriger als bei Kindern, die bei der Mutter aufwachsen. Die Folgen der »Beraubung« der Mutter (der Bezugsperson): Nach einem Halbjahres-Aufenthalt sind drei Viertel der Kinder in Sozial- und Sprachentwicklung um 50% zurück, die motorische Geschicklichkeit ist um 20% zurückgeblieben.

Nach zwei Jahren sind die Schäden meist manifest: Schwierigkeiten beim Stehen und Gehen, bei Nahrungsaufnahme von fester Speise, Abwehr von Zuwendung und soziale Beziehungslosigkeit. Die Verhaltensstörungen sind angelegt. Ursache: die Heimpflege.
Kinder mit dem »Verkümmerungs-Syndrom« haben oft ein größeres Interesse für Dinge als für Menschen. Sie sind vielfach passiv, kontaktbehindert. Oder sie werden aggressiv, sadistisch, werden Tierquäler, quälen Kameraden. Nach dem dritten Lebensjahr sind die Schäden kaum noch rückgängig zu machen, dauerhafte Defektzustände sind die Folgen, neurotisches Verhalten. Das Fatale: Die eigene erfahrene Schädigung überträgt sich auf die Kinder weiter. Verhaltensstörungen, großenteils in Heimen erworben, sollen dann wieder in Heimen behoben werden. Die Diskussion kann heute nicht mehr darum gehen, wie können Heime verbessert werden, sondern: welche Alternativen gibt es.

3. Alternativen zum Heim

a) Die Körperbehindertensiedlung

Es gibt Überlegungen, den zwangsläufigen Gettocharakter von Heimen aufzuheben. Eine Lösungsmöglichkeit ist die *Körperbehindertensiedlung* wie z. B. das bekannteste Modell »Het Dorp« am Rand des niederländischen Ortes Arnheim.
Het Dorp ist eine eigene Stadt für Behinderte: Sporthalle, Bibliothek, Restaurant, Einkaufszentrum, Tankstelle, Post und Rathaus. Die Wohngruppen wurden so angeordnet, daß sich Straßen und Versammlungsplätze als Kommunikationsorte bilden. Der ganze Ort ist für die Bedürfnisse von Körperbehinderten zugeschnitten, alle Wege sind überdacht, die Übergänge sind stufenlos. Die Gemeinschaftseinrichtungen in Het Dorp sollen auch von den Arnheimer Anwohnern mitbenutzt werden, doch der Gettocharakter einer so großen reinen Behindertensiedlung scheint sich nicht vermeiden zu lassen. Het Dorp ist als Alternativ-Modell heute nicht mehr im Gespräch.

b) Kostenrechnung: private Unterbringung billiger als Heimplätze

Marianne Fritsch[3], vom Senator-Neumann-Heim in Hamburg, rechnet nach, daß der tägliche Pflegesatz bei 54,60 DM monatlich 1700 DM ausmacht. Davon wären 96 DM (bei einer privaten Unterbringung) für Medikamente und Pflegemittel abzuziehen. Zuzurechnen sind dagegen 15 % Wertverzehr der Anlagen, denn die Erhaltung muß aus Mitteln der Institution getragen werden. So kommt Fritsch, nach Abzug der Medikamente, auf einen Heimpflegesatz von monatlich 1860 DM (die Zahlen sind überholt, aber nicht die Kostenrechnung!).

Nimmt man dagegen ein Appartementhaus, in der Nähe einer Klinik angesiedelt, so errechnet sich eine Kostenersparnis von etwa 1000 (eintausend) Mark pro Mann und Monat. In dieser Rechnung sind 30 Behindertenwohnungen von je 30 qm kalkuliert und 1000 qm für Nebenräume wie Küche, Gemeinschaftsräume, Rollstuhlgarage usw. Einbezogen sind Wertverzehr und eine Renovierungsrücklage, Bewirtschaftungskosten allgemeiner (Heizung, Wäsche, Verpflegung) und personeller Art (Hausmeister, Pflegeservice). Die monatlichen Kosten kämen in diesem Fall auf 890 DM. Nicht einkalkuliert in dieser Hamburger Rechnung ist dabei ein weiterer Gewinn: Behinderte in Heimen werden kaum jemals den Selbständigkeitsgrad von privat lebenden Behinderten erreichen. Behinderte, die selbständig, wenn auch pflegeabhängig, leben, werden eher berufstätig sein und damit aus dem Status des »Pfleglings« in den des »Erwerbstätigen« überwechseln. Das heißt: Aus den Bezuschußten werden Selbstversorger, Rentenversicherte.

c) Service-Häuser

Genau dies besagen jedenfalls skandinavische Untersuchungen, wonach die in Pflegeheimen oder zu Hause Arbeitslosen durch die Überwechslung ins Service-Haus zu 80 % in einem Lohnverhältnis stehen.

In den niederländischen »Multi-Purpose-Residential-Centres«, den dänischen »Kollektivhäusern« und den schwedischen »Fokus-Hochhäusern«[4] wird ein Konzept der Mischung von Alten und Jungen, Behinderten und Nichtbehinderten beachtet, wobei natürlich – um den Pflegekostengesichtspunkt nicht zu vergessen – Behinderte ein größeres Kontingent stellen. Üblicherweise rechnet man mit rund 30 Wohnungen pro Fokus-Haus. Die Service-Einrichtungen (Speisesaal, kulturelle und therapeutische Einrichtungen) können von der Nachbarschaft oder von in der Nachbarschaft wohnenden Behinderten mitbenutzt werden. Die Einrichtung wird nicht als optimale Lösung angesehen, weil hier immer noch stark Behinderte konzentriert sind. So erreichen die dänischen Kollektiv-Häuser aus Kostengründen zu große Dimensionen: In Aalborg mit über 210 Wohneinheiten, wobei immer noch ein Drittel Behinderte sein müssen, prägen die Behinderten dann noch so stark das Leben, daß sich der Anstaltscharakter nicht ganz vermeiden läßt. Aber für Schwerstbehinderte, die stark auf den pflegerischen Service angewiesen sind, bildet sich hier eine Alternative zum Heimgetto. Die Häuser haben immer Restaurants, Hobbyeinrichtungen, Spielzimmer, ambulanten Mahlzeitenservice, Zentralwäscherei, Garagen, Gästezimmer.

d) Das Wohngruppengebäude

In Anlehnung an skandinavische Vorbilder propagiert der deutsche Architekt H. E. Kuldschun das Wohngruppengebäude für Schwerkörperbehinderte. Im Wohngruppengebäude zentrieren sich zwischen sechs und acht abgeschlossenen Einzimmerwohnungen um den Gemeinschaftsbereich der Gesamtwohnung. Hinzu kommen Bade- und Therapieeinrichtungen sowie Pflegerwohnungen. Maximal sechs solcher Wohngruppen könnten zu einer Wohneinheit zusammengefaßt werden.

e) Eingestreute Wohneinheiten

In der Bundesrepublik leben etwa 300 000 auf den Rollstuhl angewiesene Behinderte. Alleine für die Rollstuhlfahrer errechnete das »Städtebauinstitut-Forschungsgesellschaft« in Nürnberg einen Spezialwohnungsbedarf von 65 000 Wohnungen. Auf jeweils 333 Wohnungen müßte eine behindertengerechte Wohnung kommen. Behindertengerecht, das heißt zum Beispiel: Das Erdgeschoß muß stufenlos zu erreichen sein, Lift mit Platz für einen Rollstuhl, Rampen mit

Die Stiftung Rehabilitation handelt

100 Wohnungen für Schwerbehinderte werden nach Plänen der »Stiftung Rehabilitation« in Heidelberg im Rahmen eines 1000 Wohnungen umfassenden Großprojekts des Städtebaus von der Stiftung, der Stadt und anderen Bauträgern errichtet.
Sämtliche Gemeinschaftsanlagen, Arztpraxen Sport- und Freizeitanlagen, Therapiezentren und Begegnungszentren werden behinderten und nichtbehinderten Bewohnern gleichermaßen zugänglich sein.
Wo andere seit Jahren klagen, hier wird – endlich – gehandelt.
Nach Fertigstellung dieses Projektes bliebe nur noch ein Fehlbedarf von rund 590 900 Wohnungen für Schwerbehinderte. ⑤

einer maximalen Steigung von 6%, gleitsicherer Boden, Waschbecken, Armaturen in (vom Rollstuhl) erreichbarer Höhe, Toiletten mit Wendemöglichkeit, Einbauschränke in entsprechender Höhe und Erreichbarkeit. Für Querschnittsgelähmte, die heiß und kalt nicht unterscheiden können, müssen die Heizkörper verkleidet und die Heißwassertemperaturen reguliert sein, um Verbrennungen zu vermeiden. Für Prothesenträger ist ein schallschluckender Boden wünschenswert, um den Krach der Prothesen zu mildern usw. Genaueres läßt sich dem Deutschen-Normen-Blatt DIN 18025, Blatt 1, ablesen. Die praktische Umsetzung ist noch mangelhaft.
Die Einzelwohnungen können nun einem Service-Center zugeordnet sein. Das ist ein gut erreichbares Zentrum, das nicht nur Behinderten, sondern auch älteren Bürgern oder

⑤ Ce Be eF 5/7 1972

anderen Bevölkerungsgruppen zugute kommen könnte. Dort könnten angesiedelt sein: Reinigungsdienste, Wäscherei, ambulante Nahrungsversorgung, Pflegedienste, Therapieräume, Beratung, Reparaturwerkstätten für Rollstühle und Prothesen, Abholdienste zu Veranstaltungen und Besuchen, überhaupt die Organisierung von verschiedenen Diensten wie Behinderten-Selbsthilfe oder -Selbsterfahrungsgruppen, Nachbarschaftsveranstaltungen, Fortbildungsseminaren und schließlich die Organisation von geselligen Feiern und Kontakten.

Eine Utopie sozialen Wohnens und gemeinsamer Umweltbewältigung entwirft Klaus von Lüpke für die »Lebenshilfe für geistig Behinderte«: Die Wohnheim-Empfehlung der Lebenshilfe sieht neben Wohnheimen mit je zwei Wohneinheiten für jeweils acht bis zehn Behinderte Gruppen- und Einzelwohnungen vor. Ein regionaler Wohnstättenverbund soll – zusammen mit den Werkstätten für Behinderte – »eine dezentralisierte, in städtische Wohnbereiche eingestreute, doch in sich koordinierte Großeinrichtung darstellen«.[5] Von den eingestreuten Wohnstätten aus sollen Kontakte zu anderen Interessengruppen stattfinden. Dabei sollen Bürgerinitiativen eine bessere Stadtgestaltung und -planung erreichen. Das würde bedeuten: Spielplätze und Spazierwege, Verkehrseindämmung, damit verbunden eine Aufteilung der Straßen in Fußgängerbereiche, Einbeziehung von Einkaufszentren, Kultur- und Freizeiteinrichtungen, Verbesserung dieser Kommunikationszonen durch Aufstellen von Parkbänken, Anlagen zum Verweilen, Aufstellen von architektonischen Attributen wie Springbrunnen, Plastiken. Weiterhin eine Einbeziehung der benachbarten Viertel durch ein verbessertes Nahverkehrsnetz. Dabei käme den Wohnstätten der Behinderten und den Wohngruppen eine aktivierende Bedeutung zu. Sie könnten zum Ausgangspunkt umweltgestaltender Aktivitäten werden, zum Zentrum sozialer Begegnung durch gemeinsame Feiern, Veranstaltungen.

Das Bundeswohnungsbauministerium beteuert, daß der Errichtung zweckmäßigen Wohnraums für Behinderte eine besondere Bedeutung zukommt. Innerhalb des sozialen Wohnungsbaus können zusätzlich Mittel beigesteuert werden, um notwendige bauliche Änderungen einzuplanen. Doch: Ein Rechtsanspruch auf Bereitstellung von Bundesmitteln besteht nicht. Wie heuchlerisch die Diskussion um die

Wohnsituation der Behinderten geführt wird, zeigt eine Sitzung im Hessischen Landtag am 7. März 1972, »betreffend Integration behinderter Mitbürger«:
Da machte der damalige Sozialminister, ein Mediziner, dem Landtag weis: »Der Landesregierung sind keine Fälle bekannt, in denen die Unterbringung Behinderter in Anstalten, Heimen und gleichartigen Einrichtungen nur deshalb notwendig ist, weil keine behindertengerecht gebauten Wohnungen zur Verfügung stehen.«[6] Das muß in Ohren von Behinderten, die trotz ihrer Jugend im Altersheim wohnen, zynisch klingen. Ebenso zynisch muß es klingen, wenn eine Behinderte dem Sozialminister schreibt und eben diese Sachverhalte vorträgt, und dafür einen herablassenden Brief zurück bekommt, ihre Angaben beruhten wohl auf Aussagen Dritter, sie solle sich nicht so »beschweren«, immer vertrauensvoll ans Sozialamt wenden und überhaupt die Befürchtungen um die Zukunft fahren lassen, da wir in einem sozialen Rechtsstaat leben.[7]
Wieweit sich ein Behinderter auf Angaben aus Ministerien verlassen sollte, zeigt die Debatte im Hessischen Landtag: Der Sozialminister gibt an, die Stadt Frankfurt habe 252 behindertengerechte Wohnungen. Der Abgeordnete Krüger (FDP) in einer Antwort darauf: »Herr Sozialminister, die Stadt Frankfurt hat 10 oder 12 behindertengerechte Wohnungen.«[8] Und auch hier, wie in anderen Bereichen der Behinderten: Man verschafft sich keine Unterlagen über den Bedarf an behindertengerechten Wohnungen und fängt dann erst mal gar nicht an zu planen und zu bauen, weil ja kein Bedarf ermittelt ist. In der Debatte im Hessischen Landtag, die bewies, wie ahnungslos selbst die Fachreferenten sind, zeigte der Landtagsabgeordnete Krüger, wie die Angaben eines Fachministers zustande kommen: »Wenn der Herr hessische Sozialminister – ich hätte das an seiner Stelle auch so gemacht – beim Herrn hessischen Kultusminister anfragt, der seinerseits wiederum bei der Technischen Hochschule und bei der Fachhochschule für Bauwesen anfragt, ob die denn auch auf solche Probleme Rücksicht nähmen – na, was werden die dann antworten? Genau das: Natürlich nehmen wir darauf Rücksicht! Nein, sie tun es nicht, weil es offenbar viel zu beschwerlich ist und weil dieses Problem im Bewußtsein schon verdrängt wird...«[9]
Die Verdrängung der Behinderung aus dem öffentlichen

Bewußtsein ist im Bereich des Architektonischen, der öffentlichen Verkehrsmittel, der öffentlichen Gebäude noch immer abzulesen. Selbst auf Veranstaltungen der Aktion »Sorgenkind« zugunsten der Behinderten mußten Behinderte draußen bleiben, weil Rollstuhlfahrer keinen Zugang hatten, selbst zum Amtsarzt, der den Behinderten sarkastischerweise auch noch bestellt hat, hat der Rollstuhlfahrer unter Umständen keinen Zutritt, weil das Gesundheitsamt für Rollstuhlinhaber nicht zu bezwingen ist. 1972 wurde in Rummelsberg die Gemeindeakademie für Mitarbeiter in Kirche und Diakonie eröffnet, die Menschen dient, »die die Wahrheit und Lebensmitte suchen, Hilfe zu geben, die Wahrheit zu finden«, wie Landesbischof Dietzfelbinger bei der Eröffnung sagte. Das Haus, »ein brauchbarer Arbeitsraum in Gottes Werkstatt«, sperrt jedoch Körperbehinderte architektonisch aus,[10] obgleich in den Rummelsberger Anstalten wiederum Körperbehinderte leben. Aber die brauchen keine Wahrheitssuche und keine Fortbildung.
Noch gibt es zu wenig Stadtführer für Behinderte, in denen zugängliche Kinos, Ämter, Hotels, Verkehrsmittel und Einkaufsmöglichkeiten aufgezeigt sind. Noch ist die Baupraxis nicht auf Behinderte orientiert. Das ist nur logisch: Wer Behinderte aus dem Bewußtsein verdrängt, wird keine Möglichkeit schaffen, ihnen ein normales Leben zu ermöglichen und ihnen in der Öffentlichkeit begegnen zu müssen. Die Vertreibung des Behinderten aus dem öffentlichen und produktiven Sektor geschieht nicht, wie so gern beteuert wird, ahnungslos. Man stellt sich nur ahnungslos, um nicht Ernst machen zu müssen. Das beste Beispiel ist das sog. Behinderten-Taxi, ein spezieller Fahrdienst für Behinderte. Statt die öffentlichen Verkehrsmittel behindertengerecht zu machen, verpaßt man dem Behinderten wieder einmal eine Sonderbehandlung, einen Sondertransport, und schreibt auch noch vor, wie oft (besser: wie selten!) er fahren darf.

Im Irrenhaus

Eines Abends, beim Abendessen, sagte Mutter: »Jürgen, ich muß einmal unter vier Augen mit dir sprechen. Du weißt«, begann sie, »Vater kommt nicht wieder. Ich muß arbeiten.«
Ich sah sie an. »Und ich bleibe bei Oma?«
»Nein«, Mutter schüttelte den Kopf. »Du mußt fort. Oma ist krank.«
Entgeistert blickte ich an ihr hoch. »Und wohin komme ich?«
»Ich will dich ins Annastift bringen. Dort hat es dir doch so gut gefallen.« Ich nickte. »Jürgenlein«, sie drückte mich an sich, »wenn wir genug zum Leben haben, kommst du wieder nach Hause.«
In dieser Nacht wälzte ich mich hin und her. Ich sollte fort von der Ilme, von den Kindern, der Wiese, nein, ich wollte nicht unter fremde Menschen! Aber hatte nicht meine Mutter alles für mich getan? Hatte sie mich nicht damals auf der Flucht beschützt, für mich gekämpft? Erst am Morgen schlief ich ein.
Beim Aufstehen fühlte ich mich schwach, leise sagte ich: »Du hast recht, Mutter, ich muß fort.«
Fräulein Krause, unsere Fürsorgerin, erzählte mir, sie habe an das Annastift geschrieben. So warteten wir geduldig auf eine Nachricht. Endlich schien es soweit, Fräulein Krause besuchte uns zu ungewöhnlicher Stunde. »Ich habe soeben Nachricht vom Annastift. Ja Jürgen, **das Annastift nimmt Menschen, wie du es bist, nicht auf.«**
»Und nun?« fragte meine Großmutter.
»Ja, ich sehe, wir können Jürgen nur noch nach N. bringen.«
Ich kostete das Leben noch einmal richtig aus. Dann hieß es, nächsten Montag gehe es nach N. Mir blieb das Herz fast stehen. Bald wußte die ganze Straße, daß ich fortging. Frau Bern, eine Nachbarin, hatte gesammelt und bereitete mir ein kleines Abschiedsfest. Wenn auch die Lampions leuchteten, Märchenstücke und Volkstänze aufgeführt wurden, so sagte ich meiner Mutter: »Ich will nicht fort!«
Sie sah mich an. »Gut, dann kann ich nicht mehr arbeiten.« Ich weiß nicht, wie ich dazu kam, ich schrie sie an: »Du willst mich ja nur los sein.«
In einem neuen Anzug wartete ich am anderen Morgen auf den

Krankenwagen. Ich blickte alle an. Meine Großmutter schien ruhig. Meine Schwestern machten sich zur Schule fertig. Es war eine eigenartige Stimmung. Alle wollten mir Mut machen, doch das mißlang. Das Klingeln des Fahrers wirkte wie eine Erlösung.

Ich saß neben meiner Mutter und hielt krampfhaft ihre Hände. Dann hatten wir das Ziel erreicht. Wir standen in einem großen, grauen Gebäude. Ängstlich sah ich mich um. In dem Raum, in den uns eine alte Schwester geführt hatte, saß ein Junge und stieß unmenschliche Laute aus. Ein anderer schlug mit dem Kopf gegen die Wand.

»Mutti«, rief ich voll Angst, »ich will nicht hierbleiben.« Ich sah, sie weinte. »Ich habe schon mit dem Doktor gesprochen, du kommst auf eine andere Station, morgen.« Damit verabschiedete sie sich.

Die Kinder umringten mich. Sie plapperten wirres Zeug. Ein großer Junge irrte in der Stube umher. Dabei kam er am Kalender vorbei und deutete immer auf ein bestimmtes Datum. Er nahm den Kalender von der Wand und kam zu mir, schlug den Monat Dezember auf und zeigte auf den Sechsten. »Hier Mutter!« sagte er.

»Am sechsten Dezember kommt seine Mutter«, erklärte die Schwester.

Um der ungewohnten Umgebung etwas zu entkommen, ließ ich mich auf den Balkon bringen. Hier schien die Sonne. Leichter Wind strich durch die Krone eines alten Nußbaumes. Ich dachte an Einbeck. Dort spielten die Kinder jetzt auf der Wiese.

Mir kamen die Worte von Fräulein Krause ins Gedächtnis: »Solche Menschen wie dich, Jürgen, nimmt das Annastift nicht auf!« Nun wußte ich, was mit dem Satz gemeint war. Sie hielt mich für schwachsinnig.

Eine ohnmächtige Wut überkam mich. Doch dann zogen die Zweifel ein: Was konnte ich denn? Alle Jungen in meinem Alter waren sieben Jahre zur Schule gegangen. Ich konnte nur stümperhaft lesen, ein paar Sätze schreiben und etwas rechnen. War ich nicht selbst schuld, wenn man mich für schwachsinnig hielt?

Ich schwor mir zu lernen, bis ich sagen könnte: Ihr habt euch getäuscht! Ich kann! –

Am anderen Morgen stellte mir der Arzt Rechenaufgaben. Ich wußte, worauf es jetzt ankam.

Die Aufgaben waren einfach. Mutter hatte mir oft schwerere gestellt. Ich versuchte zu antworten, doch es drangen nur undeutliche Laute aus meinem Mund. Vergeblich zwang ich mich zur Ruhe. Könnte ich nur fünf Minuten wie ein Gesunder sprechen! Wie gern hätte ich dem fremden Doktor meine Not erzählt. Doch die gelähmte Zunge hinderte mich daran. Sie war wie ein Wächter,

der aufpaßt, daß die Wahrheit nicht ans Tageslicht gelangt. Nie habe ich die Kluft zwischen gesunden Menschen und mir so stark gefühlt wie in diesem Augenblick.
»Gut«, sagte der Arzt, »wir haben noch einen Jungen, der an der gleichen Krankheit leidet wie du, wir werden dich auch dorthin verlegen.« Ich hätte den Arzt umarmen mögen. Genauso wie ich sollte er sein? Dann hatte ich ja jemanden, mit dem ich spielen konnte.

Sie machen sich Gedanken über das spätere Schicksal einiger anderer namentlich genannter Behinderter. Diese Sorgen sollten Sie nicht allzu sehr beschweren. Ich kann Ihnen versichern, daß mit den Leistungen nach dem Bundessozialhilfegesetz ausreichende Hilfen für den Fall sichergestellt sind, daß die Kräfte oder Mittel des einzelnen nicht ausreichen. Allen Behinderten kann nur empfohlen werden, sich vertrauensvoll an das zuständige Sozialamt zu wenden. Ihre Befürchtungen für die Zukunft der Behinderten dürften unbegründet sein. Das Grundgesetz garantiert, daß die Bundesrepublik Deutschland ein sozialer Rechtsstaat ist und bleibt, in dem für die Behinderten nicht weniger als bisher, sondern in Zukunft mit Sicherheit noch mehr und Besseres geleistet werden kann. ⑥

Ich wurde in einen großen Saal gebracht, in dessen Mitte lange Tische standen, an denen mit großem Lärm Jungen im Alter von sechs bis vierzehn Jahren saßen und spielten. Ich erhielt einen Platz zugewiesen.
Mir gegenüber saß der Junge, von dem der Arzt mir schon berichtet hatte. »Schau, Hermann, ich bringe dir einen Spielkamera-

⑥ Aus einem Brief des hessischen Sozialministers an die Behinderte Christa Schlett.

den.« Ich war gespannt. Würden wir uns gut vertragen? Freude und Leid miteinander teilen können? Aber Hermann schien mich gar nicht zu verstehen. Ich stutzte. Sprach ich denn so undeutlich? Bei gutem Hinhören verstanden mich doch alle?
Hermann war wie alle anderen in diesem Heim. Wenn er auch nicht biß wie manche der Jungens, so sprach er doch mit seinen zwölf Jahren noch wie ein Sechsjähriger. Ich aber erschrak: War er vielleicht durch diese Umgebung so schwachsinnig geworden?
In dieser Nacht konnte ich wiederum nicht einschlafen. Ich mußte mir sagen: Eines Tages wirst du auch so sein wie Hermann. Welchen Sinn hatte das Leben dann noch für mich? Ich würde so leben wie die anderen, die Tag für Tag stumm dasitzen und dahindämmern. Mir wurde alles gleichgültig. Der Schwur, den ich am Vorabend getan hatte, schlug in den Wind. Wozu lesen und lernen, wenn selbst der Arzt schon meint, man sei schwachsinnig.
So vergingen die Tage. Ich machte bald alles nach, was die anderen Jungen auch taten. Die Folgen wurde ich erst gewahr, als mich meine Mutter besuchte. Sie war sehr ernst: »Der Arzt hat mir geschrieben, daß du nach seinen Beobachtungen schwachsinnig seist. Aber ich werde kämpfen, daß du in ein Heim kommst, wo du hinpaßt.«
Ich sah betroffen zu Boden. »Was ist, Jürgen?«
Ich erzählte alles, was ich erlebt hatte, wie ich mein Leben fortwerfen wollte, wie ich abgestumpft war. Sie sagte nur eines: »Gut, wenn du aufgeben willst, werde ich eben allein kämpfen!«
Als mich meine Mutter im Juni besuchte, zeigte sie mir einen Brief, in dem ihr der Arzt mitteilte, daß ich nicht schwachsinnig sei. Sie solle versuchen, mich in einem Heim unterzubringen, wo ich in besserer Umgebung sei.
An diesem Abend war ich überglücklich. Die letzte Unsicherheit, daß ich doch schwachsinnig sein könnte, war von mir gewichen.

Jürgen Knop

V Behinderte als Almosen-Proletariat

1. Festrednerschwulst und Almosengebaren

Behinderte sind ebenso eine Randgruppe wie Strafgefangene, psychisch Kranke und Obdachlose. Doch eines hebt sie hervor: Während andere Randgruppenprobleme heute politisch diskutiert werden, während vereinzelt politische Lösungen gesucht werden, fällt für Behinderte nur Mitleid ab, werden lediglich Almosen verabreicht. Da werden seit einem Jahrzehnt auf allen Tagungen, Kongressen und Festtagen die Versprechungslitaneien heruntergebetet und statt von der Durchsetzung von Rechten wird die Nächstenliebe und Barmherzigkeit herbeigefleht: So der niedersächsische Sozialminister Kurt Partzsch, der auf einer Tagung des Sozialwerks für Multiple Sklerose erklärte, der Staat bringe schon erhebliche Mittel auf, aber: »Das ist vielmehr ein Problem der Nächstenliebe und der Mitmenschlichkeit.«[1] So ähnlich sagt's der Pfarrer auch.
Bundesminister Walter Arendt hat nicht nur davon gesprochen, daß Rehabilitation eine Herzensangelegenheit der gesamten Gesellschaft sei, sondern konnte sich auch sonst sehr pastoral ausdrücken, wenn er erbaulich wie eine Betschwester meinte: »Dort in den Einrichtungen (d. h. Heimen und Anstalten) werden – vielfach im stillen und verborgenen – von Ärzten, Pflegern, Helfern, Erziehern und Ausbildern die wirklichen Heldentaten unserer Zeit vollbracht.«[2] Wie weiland Jesus Christus ging es Bundeskanzler Willy Brandt in seiner Regierungserklärung 1973 »um die alte Wahrheit, daß der Mensch nicht vom Brot allein lebt« (obgleich der höchste Pflegesatz für Schwerstbehinderte 1973 mit 225 Mark die Wurst auf dem Brot kaum ermöglichte), hohepriesterlich verkündete Brandt weiterhin die »Solidarität gegenüber dem Nächsten«, die »Bereitschaft zum Mitleiden« und: »Vergessen wir nicht: Die unheilbar Kranken brauchen unsere Barmherzigkeit mehr als alle anderen.« Nichts gegen Barmherzigkeit und Nächstenliebe, es sind selten genug geübte Tugenden, aber, statt zu predigen, hätten die Politiker bessere

Rechte durchsetzen sollen. Angesichts der katastrophalen Situation der Behinderten, die einen Teil zwangsverarmen läßt, einen anderen Teil von versteckt gehaltenen Behinderten überhaupt nicht kennt, könnten solche Predigereien als zynisch verstanden werden.
Da existierte 1972 schon einmal ein »Jahr der Behinderten«, ausgerufen vom VdK. Da gab es unter Leitung von Bundesminister Arendt einen »Ideenwettbewerb des guten Willens«, eine Ablenkungsveranstaltung, die von den eigentlichen Bedürfnissen wegführt und den Almosenstatus verfestigt, wie die »Aktion Sorgenkind« im ZDF mit ihrer »Bilanz der guten Taten«. Wenn es um Gelder geht, wird die Barmherzigkeitsplatte aufgelegt. Die Gründe liegen darin, daß die Prioritäten anders gesetzt wurden, die Behinderten alleine aber zu schwach sind, Rechte einzuklagen. Als Staatssekretär im Gesundheitsministerium schrieb Heinz Westphal einer Behindertenvereinigung: »Auch ich bedauere, daß es Behandlungszentren gibt, die organisatorisch und ausstattungsmäßig noch nicht dem günstigen Stand der therapeutischen Möglichkeiten angepaßt sind. Dies liegt wohl nicht so sehr, wie Sie meinen, an einer Mißachtung der Gesellschaft gegenüber diesen Kindern, sondern leider an den beschränkten Mitteln, die nur einen Ausbau und Aufbau nach Prioritäten erlauben.«[3] Für neue Autobahnkilometer war immer Geld da.

Der Höhepunkt der Fahrt war der Besuch des Gesundheitsministers Frau Käthe Strobel! Sie hinterließ für jeden Passagier eine Apfelsine!

Anmerkung: Wer zum Zoo geht, nimmt für die Affen auch eine Banane mit! ⑦

Als 1972 die Weltspiele der Gelähmten in Heidelberg veranstaltet wurden, die in den Jahren der Olympischen Spiele stets an olympischer Wettkampfstätte stattfinden, wollte Mün-

⑦ Nachsatz zu einem Artikel »Einmal am Rhein«. Bericht einer Schiffahrt von Patienten des Anna-Stifts in Hannover und der Orthopädischen Anstalten Volmarstein in: Heimzeitung Haus Roderbruch, Juli 1972.

chen die behinderten Sportler nicht (Moskau wollte die Behinderten auch nicht, so daß die Behinderten-Olympiade 1980 in Arnheim in den Niederlanden stattfand). So mußten die Gelähmten nach Heidelberg ausweichen. An Kosten steuerte der Bund nach schwierigen Verhandlungen 1,5 Millionen Mark bei, und da man zum politischen Endspurt zu den vorgezogenen Bundestagswahlen antrat, ließen sich dort gerne auch die Politiker sehen und ob ihrer menschlichen Anteilnahme für das Fernsehen filmen. Die Weltspiele der Gelähmten, populär Olympiade der Rollstuhlfahrer apostrophiert, kosteten den Bund 1,5 Millionen. Allein das Olympia-Dach in München verursachte Kosten von etwa 200 Millionen Mark.
Die Behinderten sind meist noch dankbar, wenn überhaupt ein Politiker von ihnen Notiz nimmt. Von einem Besuch einer Gruppe von Behinderten aus verschiedenen hessischen Werkstätten für Behinderte im Hessischen Landtag heißt es in der Verbandszeitung: »Höhepunkt jedoch war der große Sitzungssaal des Landtags: Die Teilnehmer der Besichtigung nahmen auf den Sitzen der Abgeordneten Platz und wurden von dem Referenten für Eingliederungshilfe im hessischen Sozialministerium, Herrn Brassel, begrüßt. Es kam sogar (!) zu einem Gespräch zwischen den Teilnehmern und dem Referenten, der auf Fragen der Behinderten bereitwillig einging.«[4]

2. Behinderte in der Klassengesellschaft

Für die Behindertenminderheit von Rentenversicherten, Unfallversicherten und Kriegsopfern wenden die gesetzlichen Träger der Rehabilitation 3,7 Milliarden Mark auf, für die Behindertenminderheit, die an die Sozialhilfe verwiesen sind, genügen 423 Millionen Mark.[5]
Je höher das Individualeinkommen ist, desto höher liegt die Quote der behandelten Kinder,[6] je höher die Einkommensstufe, desto größer die Wahrscheinlichkeit, daß der Arzt die Eltern in der Behandlung ihrer Kinder anleitet: die Quote steigt von 46,7% in der Einkommensstufe bis 749 DM netto auf 62,9% für die mehr als 1500-DM-Verdiener.[7] Schon groteske Züge nimmt die Behindertenhilfe an, wenn man weiß, daß 41,8% der Familien aus der untersten Einkom-

mensstufe überhaupt keine Hilfe bekommen, während es in der höchsten Stufe lediglich 9,9% sind, die keine Unterstützung in Anspruch nehmen. Die reichen Familien beziehen sogar 7,7% mehr Beihilfen zu Fahrtkosten als die ärmeren. In der Ausnutzung der Steuererleichterungen wird es noch absurder: Nur 29,5% der Familien aus der unteren Einkommensstufe nutzen die gebotenen Steuererleichterungen, während es in der oberen Stufe 82,6% sind.[8] Nun kommt natürlich hinzu, daß die oberste Einkommensstufe weitaus mehr Möglichkeiten bietet, Steuervorteile auszunutzen, als dies in der unteren Einkommensstufe möglich ist, aber neben der materiellen Bevorteilung der Reichen kommt die Hilflosigkeit im Umgang mit Behörden und Hilfen zum Tragen, die die Armen arm läßt.

Die auf Sozialhilfe angewiesenen Familien werden finanziell auf reichlich unsoziale Weise herangezogen. Wer *Hilfe zum Lebensunterhalt* beantragt, muß sein gesamtes Vermögen bis auf einen Restbetrag von 2000 Mark eingesetzt haben (Stand 1980), das ist angesichts der Preisentwicklung nicht mehr als ein Notgroschen, der verbleibt. Wer *Hilfe in besonderen Lebenslagen* beantragt (darunter fällt die Eingliederungshilfe und die Pflege für Schwerbehinderte), muß sich vorher bis auf einen Restbetrag von 4000 DM finanziell entblößen. Für die Blinden, die eine Privilegierung unter Behinderten genießen, gelten doppelt so hohe Beträge, die nicht als verwertbares Vermögen eingesetzt werden müssen.

Was ein Bundesdeutscher erleiden muß, um überhaupt in den Besitz des erhöhten Pflegegeldes zu gelangen, beschreibt die Verordnung zur Durchführung des § 24 Abs. 2 Satz 2 des BSHG.* Neben den Blinden, die grundsätzlich erhöhtes Pflegegeld erhalten, können andere Behinderte gleichgestellt werden. Dazu muß das Schicksal jedoch besonders hart zugeschlagen haben, denn Behinderte im Sinne des § 24 Abs. 2 Satz 2 des Gesetzes sind:

1. Personen mit Verlust beider Beine im Oberschenkel, bei denen eine prothetische Versorgung nicht möglich ist oder die eine weitere wesentliche Behinderung haben,
2. Ohnhänder,

* Pflegegeld wird nur gewährt, wenn die im BSHG festgelegten Einkommens- und Vermögensgrenzen nicht überschritten werden.

3. Personen mit Verlust dreier Gliedmaßen,
4. Personen mit Lähmungen oder sonstigen Bewegungsbehinderungen, wenn diese Behinderungen denjenigen der in den Nummern 1 bis 3 genannten Personen gleichkommen,
5. Hirnbeschädigte mit schweren körperlichen und schweren geistigen oder seelischen Störungen und Gebrauchsbehinderung mehrerer Gliedmaßen,
6. Personen mit schweren geistigen oder seelischen Behinderungen, die wegen dauernder und außergewöhnlicher motorischer Unruhe ständiger Aufsicht bedürfen,
7. andere Personen, deren dauerndes Krankenlager erfordernder Leidenszustand oder deren Pflegebedürftigkeit so außergewöhnlich ist, daß ihre Behinderung der in den Nummern 1 bis 5 genannten Personen vergleichbar ist.

Als Gliedmaße gilt mindestens die ganze Hand oder der ganze Fuß.
Um statt der üblichen 255 Mark Pflegegeld (die Sätze differieren von Bundesland zu Bundesland) die mindestens 716 Mark für erhöhtes Pflegegeld zu erlangen, darf jedoch die Einkommensgrenze einen Grundbetrag von 992 Mark nicht übersteigen (Blinde das Doppelte). Stand: 1980.

3. Anerkennung der Pflegebedürftigkeit

Die Pflegebedürftigkeit ist nur beim Blinden prinzipiell anerkannt. Um Pflegegeld, steuerfreie Pauschalbeträge für Behinderte oder unentgeltliche Beförderung im Nahverkehr zu erreichen, muß die *Minderung der Erwerbsfähigkeit (MdE)* festgestellt werden.
Die Behörden, die die MdE feststellen, sind meist mit Orthopäden besetzt. Für Körperbehinderte müßten sie damit ausreichend qualifiziert sein. Doch um Spastiker zu beurteilen, dürften die Orthopäden bereits weniger qualifiziert sein. Bei Behinderungen wie Autismus oder Mucoviscidose, die den Ärzten ohnedies kaum bekannt sind und deren Krankheitsbilder nicht zum Erfahrungsbereich der Ämter gehören, sind Orthopäden glatt überfordert. Die Wahrscheinlichkeit, daß ihre Einschätzung falsch ist, liegt nahe und hat sich bereits bei der Begutachtung der Totalschäden von Impfgeschädigten erwiesen.
Die Überforderung der diagnostizierenden Ärzte beklagen

vor allem die Eltern geistig behinderter Kinder.[9] Die Kriterien zu einer Beurteilung erscheinen unzulänglich. Den Behinderungsgrad eines geistig Behinderten können sie nicht einschätzen, weil bis dahin der Gesetzgeber weitgehend nur körperliche Leiden im Blick hatte. Mit dem Kriterium, wieweit ein Behinderter die »gewöhnlichen und regelmäßig wiederkehrenden Verrichtungen« alleine ausüben kann, sind geistig Behinderte kaum zu begutachten, denn sie können unter Umständen eben diese »Verrichtungen« durchaus bewerkstelligen und dennoch erhöhte pflegerische Ansprüche stellen, weil sie die ständige Gegenwart (Omnipräsenz) der Beziehungsperson erfordern. Doch die Mängel in der Begutachtung der MdE bestehen nicht nur darin, daß Leiden vorrangig als körperliches (und nicht seelisches, psychosomatisches) Leiden verstanden werden, sondern man hat auch kaum Erfahrungen mit der Begutachtung von *Kindern*, da die Ärzte vorrangig Kriegsschäden zu diagnostizieren hatten.
Nicht mehr mit mangelnder Qualifikation kann jedoch entschuldigt werden, wenn ein Amtsarzt eine Spastikerin, ohne sie gesehen zu haben, für debil (leicht schwachsinnig) erklärt und sie dann, als der Fall in der Presse aufgegriffen wird, für eine »Spastikerin« erklärt, wiederum ohne sie gesehen zu haben. Nicht mehr entschuldigt ist ein Arzt auch dann, was des öfteren vorkommt, daß ein Amtsarzt einem Behinderten bei der Verlängerung des Schwerbehindertenausweises eine geringere Minderung der Erwerbsfähigkeit attestiert, also eine geringere Behinderung, ohne den plötzlich medizinisch »Gebesserten« gesehen zu haben. Dies ist mir mehrmals bei Behinderten mit Muskelschwund bekanntgeworden, Behinderungen also, die sich kaum jemals verbessern, sondern in der Regel verschlechtern, weil sie fortschreitend (progressiv) sind.
Der Verdacht liegt nahe, daß in diesen Fällen sich der Amtsarzt tatsächlich als »Amtsarzt« versteht, das heißt, im Interesse der Ämter handelt, denn wer geringer behindert ist, hat weniger Rechte, bekommt weniger Leistungen. Gradraus gesagt: über Diagnosen können Kosten gespart werden.
Unglaubliches stehen Tausende von Unfallverletzten durch, wenn es darum geht, die Schuldfrage zu klären, um einen Kostenträger zu finden. Der Bund hirnverletzter Kriegs- und Arbeitsopfer in einem Merkblatt: »Selbst, wenn die Schuldfrage geklärt ist, gestalten sich die Verhandlungen mit den

Versicherungsgesellschaften oft zäh und schwierig. Sachverständigengutachten, die sich nicht selten widersprechen, werden in großer Zahl eingeholt, und die Hirngeschädigten des Verkehrs müssen oft wochenlang in Krankenhäusern verbringen, um sich beobachten und begutachten zu lassen. So kann sich ein Prozeß über viele Jahre durch mehrere Instanzen schleppen und dazu beitragen, den Gesundheitszustand der Hirnverletzten zu verschlechtern.«

Eines der Opfer berichtet: »Das Verfahren in meiner Unfallstreitsache, in dem die Versicherungsgesellschaft Revision beim Bundesgerichtshof eingelegt hat, dauert nunmehr über neun Jahre an. Vielleicht habe ich es als einer der wenigen noch überlebt, aber niemand weiß, wieviel diese gesundheitsschädigenden Prozesse auch für ein kürzeres Lebensalter auch bei mir der Anlaß sind.«[10] Derartiges Handeln von Versicherungsgesellschaften geschieht völlig im Rahmen der Legalität, weil die Haftpflichtgesetze die Betroffenen benachteiligen. Auch ködern die Versicherungsgesellschaften die Eltern hirnverletzter oder sonst verletzter Kinder gerne mit Abfindungen, um nicht für die Spätfolgen aufkommen zu müssen.

Nahezu hoffnungslos wird es, wenn Ärzten bei Operationen Fehler unterlaufen. Bekannt ist der Fall des Kunstturners Jürgen Bischof, der März 1969 in einem Münchener Krankenhaus an der Achillessehne operiert wurde, aber erst nach Monaten aus der Narkose erwachte. Bischof kann nicht mehr richtig sprechen, weil ein Teil des Gehirns tot ist, er ist auf den Rollstuhl angewiesen. Die Versicherung des Arztes kauft auf dem Gutachter- und Anwaltssektor das Beste und Teuerste ein. »Sie wollen um jeden Preis die Haftung von ihrem Arzt abwenden, um den Versicherungsfall nicht eintreten zu lassen. Es geht eher ein Kamel durchs Nadelöhr, als daß Ärzte bekennen, auch sie können Fehler machen und einmal versagen.« Die Operationsgeschädigten müssen sehen, wie sie einen Gutachter finden, der ihre Behinderung auf einen ärztlichen Fehler zurückführt, weil er gegen die Kollegen antreten muß und weil ein Gutachter eben vom Kläger bezahlt werden muß. Die Partei der Versicherung scheut nicht davor zurück, die Geschädigten als Querulanten abzuqualifizieren und so lange zu prozessieren, bis – wie es vorkommt – die Geschädigten tatsächlich wie Querulanten und Nörgler erscheinen.

4. Die Behindertenhierarchie

Vor dem Gesetz sind nicht einmal die Behinderten gleich. Im Behindertenbereich herrscht eine deutliche Diskriminierung, die per Gesetz einige privilegiert, während sich die anderen ihre Anerkennung quasi erbetteln müssen.

a) Unfallversicherte in der gewerblichen Wirtschaft

Träger der Unfallversicherung für die gewerbliche Wirtschaft (rund 1,6 Millionen Unternehmen) sind die gewerblichen Berufsgenossenschaften. Sie sind Selbstverwaltungs-Körperschaften des öffentlichen Rechts und unterstehen der staatlichen Aufsicht. Sie sind zuständig bei Arbeits- und Wegunfällen (zur Arbeit oder von der Arbeit) und bei anerkannten Berufskrankheiten. Um optimale Behandlungserfolge zu erzielen, kommen die Versicherten nicht in Allgemeinkrankenhäuser, sondern in Unfallkrankenhäuser oder Sonderstationen. Noch während des Klinikaufenthalts setzt die berufliche Rehabilitation ein. Die Berufsgenossenschaften haben ein sogenanntes D-Arzt-Verfahren (Durchgangsarztverfahren): Jeder arbeitsunfähig Verletzte wird dem D-Arzt zugeführt, der entscheidet, ob der Verletzte in kassenärztlicher Versorgung bleiben kann, oder ob ein berufsgenossenschaftliches Heilverfahren eingeleitet wird. Die Berufsgenossenschaften haben verschiedene Verletzungsarten festgelegt, bei denen Verletzte sofort in ein ausgewähltes Krankenhaus gebracht werden müssen. Der Übergang von medizinischer und arbeitstherapeutischer Rehabilitation gilt als optimal.

Musterbeispiel für die optimale Rehabilitation der Berufsgenossenschaften sind anerkanntermaßen die Einrichtungen für die Querschnittsgelähmten. Jährlich erleiden in der Bundesrepublik etwa 1000 Menschen Querschnittslähmungen: 160 durch Arbeitsunfälle, 640 durch andere Unfälle (z. B. durch Kopfsprünge beim Baden, Unfälle im Haushalt und Verkehr) und 200 durch Krankheiten. Die Bettenkapazität für Arbeitsunfälle erscheint ausreichend. Aber statt der erforderlichen 1500 Behandlungsplätze sollen bis 1981 – wenn die Planung Realität wird – nur 796 Plätze zur Verfügung stehen. Auffällig ist dabei, daß nach einem Bericht der Zeitschrift »Unfallheilkunde« (Bd. 81, S. 596) Versorgungs- und Sozialämter prak-

tisch keine Querschnittsgelähmten in den speziellen Behandlungszentren unterbringen. Zwischen August 1976 und August 1977 waren bei 650 aufgenommenen Querschnittsgelähmten nur in 7 Fällen das Versorgungsamt und in 2 Fällen das Sozialamt Rehabilitationsträger.
Es leben zwei Klassen von Querschnittsgelähmten: Die Mehrheit kann nicht rehabilitiert werden, wie es den Einrichtungen nach möglich wäre.

b) Kriegsversehrte – Zivilbehinderte

»Wir stehen vor der Tatsache«, schreibt 1967 ein Zivilbehinderter, »daß alle Körperbehinderten, die als Kriegsopfer gelten, vorbildlich versorgt sind. Man hat diese vorbildliche Versorgung sogar auf die SS ausgedehnt, und sogar den Henker des KZ-Lagers Buchenwald, Martin Sommer, nicht ausgenommen. Da war man wirklich überwältigend großzügig. Nur bei den armen unschuldigen Opfern der Kinderlähmung und sonstigen Schwer-Zivil-Gelähmten verweigert man die Gleichberechtigung mit den Kriegsopfern.« Und abschließend meint der Schreiber: »Ich bin überzeugt, daß auch in der Bundesrepublik eine gerechte Versorgung jener Mitbürger zum Durchbruch gelangt, die das harte Zufallslos der Lähmung getroffen hat. Bis dahin aber geht die Zwangsverelendung weiter.«[11]
Der Autor hat sich getäuscht – an der Sonderstellung der Kriegsversehrten hat sich wenig geändert. Nach dem Bundesversorgungsgesetz sind den Kriegsopfern, sofern sie von der Verwaltung anerkannt wurden, Rechtsansprüche zugesichert ohne Rücksicht auf Einkommen und Vermögen (im Gegensatz zum nachrangig gewährten BSHG). Schwerkriegsbeschädigte, Schwerwehrdienstbeschädigte und schwerbeschädigte rassisch/politisch Verfolgte können im innerdeutschen Flugverkehr eine Flugpreisermäßigung von 30% in Anspruch nehmen. Zivilbehinderte bekommen das nicht. Schwerkriegsbeschädigte können mit einem Fahrtausweis der 2. Klasse die Wagen der 1. Klasse benutzen, Zivilbehinderte nicht. (Die Vergünstigungen werden je nach dem Besitz verschiedener Schwerbehindertenausweise verteilt, deren Differenzierung hier aufzuzeigen zu weit führt.)

Die Bundesregierung hält die Zivilbehinderten nicht schon deshalb für benachteiligt, weil ihnen im Hinblick auf die Ursache der Behinderung keine Renten- und Versorgungsansprüche nach sozialen Entschädigungsgesetzen, wie zum Beispiel dem Bundesversorgungsgesetz, zustehen. Soziale Entschädigungsansprüche können nur entstehen, wenn besondere Opfer für die Allgemeinheit erbracht worden sind. Aus diesem Grund sind Ansprüche nach dem Bundesversorgungsgesetz an bestimmte ursächliche Zusammenhänge gebunden. Die Bundesregierung sieht sich daher nicht in der Lage, die Leistungen nach dem Bundesversorgungsgesetz ohne Rücksicht auf die Ursache der Behinderung allen Schwerbehinderten in Aussicht zu stellen.

Mit freundlichen Grüßen
gez.: Hermann Buschfort, Staatssekretär

an den Bundestagsabgeordneten
Dr. Philipp Jenninger⑧

Eine bevorzugte Stellung nehmen neben den Kriegsversehrten vor allem die Blinden ein. Die Kriegsblinden haben diese starke Bevorzugung für ihre Gruppe errungen, die Zivilblinden sind mit dem Hinweis, blind sei blind, nachgezogen. (Nur die Zivilbehinderten konnten noch nicht überzeugen, behindert sei behindert.) Die Einkommensgrenze ist für Blinde nach dem BSHG doppelt so großzügig bemessen wie für andere Behinderte. Das BSHG läßt den Bundesländern spezielle Regelungen offen. So beschlossen die Länder in einem sogenannten Landesblindengesetz, daß das Blindengeld unabhängig von Einkommen und Vermögen gezahlt

⑧ Leben und Weg, Nr. 1/77

wird, so daß der Blinde Einkommen plus Blindengeld haben kann. Blinden wird im Postversand ebenfalls die unentgeltliche Beförderung von Blindensendungen (Blindenschrift-Druckwerke, auch Tonbänder, wenn Absender oder Empfänger eine anerkannte Blindenanstalt ist) zugestanden.
Daß sich die Klassenunterschiede auch im Lebensstandard bemerkbar machen, zeigt die Kölner Studie* über die Situation von Familien mit behinderten Kindern: Während die in der Behindertenhierarchie unten rangierenden Familien mit Geistigbehinderten nur zu 40% Besitzer eines Wagens sind, haben Familien mit blinden Kindern zu 70% einen Wagen.[12] Während bei Familien mit geistigbehinderten Kindern der Anteil der Hauseigentümer mit 11,2% am niedrigsten liegt, ist er mit 30,3% bei Familien mit blinden Kindern bemerkenswert hoch![13]
Die Behinderten haben ihre eigene Rangordnung. Oben stehen die Unfallversicherten, die Kriegsopfer und die Blinden. Sie sind die Günstlinge eines Staates, der treu seinen moralischen Gesetzen jene bevorzugt, die einmal arbeiten konnten und zum Profit wieder ertüchtigt werden können. Dann folgen jene, die sich um ihr Vaterland verdient gemacht haben. Für jene, die infolge ihrer Behinderung nie arbeiten konnten, bleiben die Almosen der Sozialhilfe. Wie sich Musterknaben um die Gunst beim allmächtigen Vater beliebt machen, so wehren sich einzelne Behindertengruppen, eben die Privilegierten, daß die anderen Behinderten die gleichen Rechte bekommen sollen. Bei den Hearings zur Novellierung des Schwerbeschädigtengesetzes fochten die Berufsgenossenschaften und Rentenversicherungsträger für ihre besseren Leistungen. Und als es vor Jahren darum ging, daß auch die Vergünstigungen (für Blinde, für Kriegsopfer) harmonisiert werden sollten, daß auch hier die Leistungen angeglichen werden sollten, vereitelte dies der VdK mit rechtssystematischen Argumenten, da diese Bestimmung in einem verkehrten Gesetz (Arbeitsschutzgesetz) verankert worden wäre, obgleich er seinem Bekenntnis nach inzwischen doch auch die Zivilbehinderten vertritt. Inzwischen haben sich Bremen, Berlin und Rheinland-Pfalz dazu bekannt, daß die Pflegegelder für Blinde auch für die Schwerstbehinderten zu zahlen sind, und zwar ohne Rücksicht auf Einkommen und Vermögen.

* Die Studie wurde von der Bundesarbeitsgemeinschaft »Hilfe für Behinderte« in Auftrag gegeben.

Gusti Steiner schreibt in einem Aufsatz (Publik-Forum Nr. 18/76), wie die ungleiche Behandlung Behinderter munter weitergeht:
»Alle Menschen sind vor dem Gesetz gleich«, besagt Artikel 3 des Grundgesetzes. Ungleich aber scheinen die Gesetze, die für einzelne Gruppen in der Bundesrepublik gelten. Ein Beispiel: Am 1. Oktober vorletzten Jahres trat das Gesetz über die *»Angleichung der Leistung zur Rehabilitation«* in Kraft. Rehabilitation versteht sich in diesem Zusammenhang als die Summe der Maßnahmen, die der »Eingliederung und Wiedereingliederung« Behinderter in »Arbeit und Beruf« dienen. Angleichung oder Harmonisierung der Leistung zur Rehabilitation deshalb, weil unterschiedliche Rehabilitationsträger – gemeint sind diejenigen Einrichtungen, die die Kosten der Eingliederung und Wiedereingliederung übernehmen – mit unterschiedlichen Leistungen Rehabilitation betreiben, je nach Behinderungsart und Situation, die die Behinderung verursacht hat: *Rentenversicherungen, Unfallversicherungen, Kriegsopferversorgung,* die *Bundesanstalt für Arbeit* und die *Sozialhilfe* zum Beispiel.
Der »Arbeitsbericht '74« der Bundesregierung feiert dieses Gesetz unter der Überschrift: »Gleiche Hilfe für alle Behinderten.« Dazu heißt es: »Es macht Schluß mit der ungleichen Behandlung von Behinderten.« Und: »Das Gesetz wird sicherstellen, daß allen Behinderten – unabhängig von der Ursache ihrer Behinderung – schnell und unbürokratisch geholfen wird. Bei gleicher Behinderung sind grundsätzlich gleiche Leistungen zu gewähren. Die soziale Sicherung während der Rehabilitation soll gewährleistet werden.«
Und: »Der Lebensunterhalt der Behinderten und ihrer Familien soll während der Gesamtdauer der Rehabilitation durch ein einheitliches Übergangs- und Krankengeld sichergestellt werden, das 80 Prozent des früheren Bruttoarbeitsentgelts beträgt und wie die Rentenversicherung dynamisiert wird.«
Die Euphorie, die in diesen Sätzen anklingt, beeindruckt den nicht direkt Betroffenen, bestärkt ihn in dem Glauben an den »Sozialen Rechtsstaat«, in dem alle Menschen vor dem Gesetz gleich sind. Für den Betroffenen selbst stellt sich die Lage etwas anders dar.

Er stellt zwar fest, daß eine Reihe von Gesetzen durch die neuen Bestimmungen zur Angleichung der Leistungen berührt werden: *Reichsversicherungsordnung, Angestelltenversicherungsgesetz, Reichsknappschaftsgesetz, Krankenversicherungsgesetz der Landwirte, Altershilfegesetz für Landwirte, Handwerkerversicherungsgesetz, Bundesversorgungsgesetz* und andere mehr. Doch die Bemessungsgrundlagen für die Berechnung des Übergangsgeldes weichen bei den genannten Rehabilitationsträgern auch zukünftig voneinander ab. Vor allem vermißt man in dieser Aufzählung das *Bundessozialhilfegesetz.*

Konkret bedeutet das für den Betroffenen: Ist er von Geburt an behindert und war nie berufstätig, muß er sich sagen lassen: »Ja, mein Lieber, du hast nie etwas geleistet, deshalb gilt für dich die Angleichung nicht!« In der Anlage zum Gesetz kann er das mit anderen Worten auch nachlesen: Der Gesetzentwurf beschränkt die Angleichung auf die Leistungen der Träger der Sozialversicherung, des Arbeitsförderungsgesetzes und der Kriegsopferversorgung/Kriegsopferfürsorge (§ 2). *Anknüpfungspunkte für die Rehabilitationsleistungen der Träger sind Beitragszahlungen oder Vorleistungen der Behinderten* selbst. Die Rehabilitationsleistungen der Sozialhilfe (Eingliederungshilfe) werden nach anderen Gesichtspunkten gewährt: »... gilt bei der Bemessung der Geldleistungen für den laufenden Lebensunterhalt nicht das bisherige Einkommen des Behinderten, vielmehr gelten die am Bedarf orientierten Regelsätze und Leistungen für die Unterkunft. Die Leistungen der Sozialhilfe werden deshalb durch den Gesetzentwurf nicht berührt.«

Angenommen, der von Geburt an Behinderte kommt in eines der Berufsförderungswerke der Bundesrepublik (Ausbildungsstätten für Rehabilitanten) zur Berufsausbildung. Sein Kostenträger ist das Bundessozialhilfegesetz. Dann steht ihm während der Ausbildung kein Übergangsgeld von 80 Prozent des früheren Bruttoarbeitsentgeltes zu, denn er hatte ja als »Unproduktiver« nie ein Einkommen, hatte ja nie für die Sozialversicherung bezahlt.

Trotz des schönen Titels »Gesetz über die Angleichung der Leistung zur Rehabilitation« werden auch in Zukunft in den Rehabilitationszentren Behinderte nebeneinander die Schulbank drücken, von denen ein Teil finanziell sichergestellt ist, während andere Almosenempfänger bleiben. Der Satz »Das Gesetz macht Schluß mit der ungleichen Behandlung von Behinderten« stimmt nicht.

Behindertensport

Der deutsche Versehrtensport steht der Mitgliederzahl nach international an der Spitze. Doch von den rund 91000 sporttreibenden Behinderten sind nur etwa 16000 Frauen und nur 6500 Kinder (Quelle: »Übersicht über die Entwicklung der Versehrtenleibesübungen bis Ende 1980«, hrg. vom Arbeitsministerium). Der Versehrtensport entstand in den Lazaretten der Weltkriege, und noch heute stellen die Kriegsversehrten mit 44000 Sportlern das Hauptkontingent der Mitglieder. Es folgen »andere Körperbehinderte« mit 35000, Behinderte der Kranken-, Invaliden- und Angestelltenversicherung mit 6550 und »Unfallbeschädigte« mit 5040 Sporttreibenden.

Das verantwortliche Bundesministerium des Innern unterscheidet »zwischen Sport als Behandlung im Sinne einer aktiven Bewegungstherapie unter ärztlicher Betreuung im Rahmen der Rehabilitation und dem Behindertensport, der außerhalb dieser Bereiche als Freizeit-, Breiten- und Leistungssport in den Sportgemeinschaften und Vereinen des Deutschen Behinderten-Sportverbandes, des Deutschen Gehörlosen-Sportverbandes und des Deutschen Blindenschachbundes oder der übrigen Sportverbände betrieben wird.« (Bundestagsdrucksache 8/3574 vom 18. 1. 80.)

Für die Förderung und Ausgestaltung des Sports im Rahmen der Rehabilitation sind die Rehabilitationsträger (Rentenversicherung, Unfallversicherung, Krankenversicherung, Sozialhilfe, Kriegsopferversorgung einschl. Kriegsopferfürsorge) zuständig (Quelle: wie oben). Für die Förderung des Behindertensports als Sport sind dagegen die Bundesländer zuständig.

Zwischen »normalen« Spitzensportlern und behinderten Spitzensportlern wird in der Förderung unterschieden:

»Der gesamte Zuschlagerlös der Sportbriefmarken fließt der Stiftung Deutsche Sporthilfe zu. Nach der Verfassung (Stiftungsurkunde vom Mai 1967) dient die Stiftung »ausschließlich und unmittelbar dem gemeinnützigen Zweck, Spitzensportler und Spitzensportlerinnen zum Ausgleich für ihre Inanspruchnahme durch die Gesellschaft und bei der nationalen Repräsentation zu fördern«. Das Schwergewicht der Förderung liegt dabei im Bereich der sozialen Betreuung der Spitzensportler. Obgleich der Stiftungszweck den Kreis der von der Förderung erfaßten Athleten

eng begrenzt, hat die Stiftung bereits 1976 in Gesprächen mit dem Deutschen Behindertensport-Verband geprüft, ob behinderte Leistungssportler eine individuelle Förderung benötigen. Das war seinerzeit nicht der Fall. Der Bundesminister des Innern hat in seiner Ansprache bei der 8. Kuratoriumssitzung erneut um Prüfung gebeten, ob und inwieweit behinderte Leistungssportler in die Förderung der Sporthilfe einbezogen werden können. Nach vorheriger Fühlungnahme der Stiftung mit dem Deutschen Behindertensport-Verband hat der Stiftungsvorstand im April 1979 beschlossen, behinderte Leistungssportler nicht generell in die Förderung einzubeziehen, sich jedoch für eine Förderung aus sozialen Gesichtspunkten im Einzelfall ausgesprochen.« (Quelle: wie oben.)
Die therapeutische wie gesellschaftspolitische Bedeutung des Sports wird vom zuständigen Innenministerium gern beteuert. Doch die jährlich 300 000 durch Unfall, Krankheit, Streß Behinderten finden nicht ausreichend den Weg zum Behindertensport. Die Schuld daran tragen nicht zuletzt mehr als kuriose und veraltete Richtlinien: Den Kriegsbeschädigten (zuständig: Arbeitsministerium) steht nach dem »Bundesversorgungsgesetz« alles zur Verfügung: Miete von Turnhallen, Kauf von Sportgeräten, Sportkleidung usw. Die Unfallbehinderten behindert dagegen die Bürokratie: Der als therapeutisch gepriesene Sport muß ihnen eigens »verordnet« werden. Dies darf jedoch nicht der behandelnde Kassenarzt oder einer der mehr als 1500 Sportärzte, die im Verband mitarbeiten. Nur von der Berufsgenossenschaft akzeptierte Ärzte dürfen den Unfallgeschädigten Sport verschreiben.
Streng nach Vorschrift darf ein Zivilbehinderter nicht an den vom Arbeitsministerium bezahlten Ball greifen. Die vom Gesetzgeber verordneten Spielregeln unterscheiden zwischen zivil-, unfall- und kriegsversehrten Bällen. So spaltet selbst der Sport noch die Behinderten in verschiedene Behinderten-Klassen, macht der Gesetzgeber den Behindertensport zum Klassenkampf. Die Idee, daß ein Behinderter nicht wieder in einem Sonder-Sportverein Sport treiben sollte, sondern in einem ganz »normalen« Sportverein, hat sich überhaupt noch nicht durchgesetzt.

VI Geplante Mißstände

1. Rehabilitation

Helmut von Bracken schreibt zum Begriff »Rehabilitation«: »Rehabilitation bedeutete ›Wiedereinsetzung in den frühen Stand‹, mit ›sich rehabilitieren‹ meinte man ›seinen guten Ruf wiederherstellen‹. In diesem Sinne wurde das Wort Rehabilitation früher vor allem in den oberen Schichten unseres Volkes benutzt. Jetzt soll das vornehme Wort gebraucht werden für *Maßnahmen, die gerade den Ärmsten, den Geschädigten und Benachteiligten zugute kommen.* Darin liegt nicht nur ein gewisser Trost für die Geschädigten und Benachteiligten selbst, sondern auch eine verdiente Anerkennung für alle, die sich bemühen, ihnen zu helfen. Sozusagen ›*Rehabilitation der Rehabilitation*‹! Man sollte dies sozialpsychologische Moment nicht unterschätzen. Rehabilitation klingt besser als ›Wiederherstellung der Arbeitskraft‹, wie Weisbach jetzt noch ein Buch überschreibt, oder Hoskes ›Wiederherstellung der Lebenstüchtigkeit geschädigter Menschen‹.«[1]

Das lateinische Kunstwort (habilitare = geeignet, fähig machen) wird auch mit »Anpassung« übersetzt, das heißt, der Aus-der-Norm-Gefallene soll offensichtlich der Mehrheitsnorm angepaßt werden. Eine Aktivität der Betroffenen wird dabei nicht angenommen. Die Definition von Brackens zeigt sehr drastisch, daß der Behinderte aus der Gemeinschaft erst einmal ausgeschlossen ist. Wer die juristische Vokabel »Rehabilitation« benutzt, unterstellt, daß der zu Rehabilitierende seinen Ruf wiederherstellen muß. Heute wird unter Rehabilitation, in Anlehnung an den angelsächsischen Sprachgebrauch meist die Wiederherstellung verlorener Fähigkeiten verstanden. An erster Stelle werden stets Maßnahmen genannt, die eine Wiedereingliederung in das Berufsleben, in den Arbeitsprozeß ermöglichen.

Wer noch etwas zum Sozialprodukt beisteuern kann, hat die besten Aussichten auf Rehabilitation. So greift die Rentenversicherung ein, »wenn die Erwerbsfähigkeit ... gefährdet oder

gemindert ist« und die Arbeitskraft »voraussichtlich erhalten, wesentlich gebessert oder wiederhergestellt werden kann«. Wer dagegen überhaupt noch nicht im Produktionsprozeß stand, weil er von Geburt an behindert ist, wird an die Fürsorge, die aus dem Armenrecht entstanden ist, verwiesen. Das ist eine Rehabilitation vierter Klasse. Die Rehabilitation vierter Klasse (nach den privilegierten Unfall- und Rentenversicherten sowie den Kriegsbeschädigten) trifft die Mehrheit, denn 51% sind Nichtversicherte[2] (Kinder, Frauen, Nichterwerbstätige infolge ihrer Behinderung). Ihre Rehabilitation ist ins Ermessen des Sozialamts gestellt.
Eine weitere Dimension der Rehabilitation entdeckte Sozialminister Walter Arendt: »Rehabilitation läßt sich auch nicht durch Gesetze allein erreichen, sie muß vielmehr ständig geübt und gelebt werden. Rehabilitation muß eine Herzensangelegenheit der gesamten Gesellschaft sein.«[3] Nachdem sich kirchliche Verbände langsam die Barmherzigkeitsterminologie abzugewöhnen beginnen, greifen jetzt die Politiker in die Kiste mit den triefenden Vokabeln. Sicher aus Hilflosigkeit.

2. Organisation und Rechtsgrundlagen der Rehabilitation

Regierungs-Medizinal-Direktor Erne Meier aus der Gesundheitsabteilung des Innenministeriums des Landes Schleswig-Holstein rechnete Ende 1969 die Rechtsgrundlagen in der Rehabilitation zusammen. Er führte auf: Im Bundesrecht 22 Gesetze und Verordnungen, ohne Neufassungen und Änderungen, 131 verschiedene Ländergesetze, das heißt im Schnitt pro Bundesland 12 verschiedene Gesetze und Verordnungen (wobei Hamburg mit drei Gesetzen die wenigsten und Bayern mit 18 die meisten Gesetzestexte und Verordnungen hatte.)[4]
Die bundesdeutsche Rehabilitation ist in erster Linie gekennzeichnet durch ihren Mangel an Koordination und einen für die Betroffenen undurchdringbaren Kompetenzdschungel. Es existiert keine zentrale Zuständigkeit, sondern nur ein Wirrwarr von Zuständigkeiten. Einen Verwirr-Überblick bietet E. Meier: Da sind zuständig niedergelassene Ärzte, Kliniken, Gesundheitsamt, Sozialamt, Jugendamt, Schulamt,

Arbeitsamt, Finanzamt. Die Handlungsfreiheit wird weiterhin durch die verschiedenen Zuständigkeitsebenen eingeschränkt: Gemeinde, Kreis, Regierungsbezirk, Land und Bund. Eingliederungshilfe gewähren überörtliche und örtliche Träger. Örtliche Träger: Landkreise und kreisfreie Städte. Die überörtlichen Träger werden vom Land bestimmt, das waren Ende 1969 27 überörtliche Träger in 11 Bundesländern einschließlich West-Berlin. Die Arbeits- und Berufsförderung liegt bei den Arbeitsämtern. Doch auch die freien Wohlfahrtsverbände sind Träger der Eingliederungshilfe: Arbeiterwohlfahrt, Deutscher Caritasverband, Deutscher Paritätischer Wohlfahrtsverband, Rotes Kreuz, Diakonisches Werk, Zentralwohlfahrtsstelle der Juden. Hinzu kommen Elternvereinigungen und Selbsthilfeorganisationen der Behinderten.[5]

Bundespräsident Gustav Heinemann beklagte März 1971 zum 12. Welttag der Invaliden, daß sich 141 Einrichtungen mit mehr als 1500 Kostenträgern zum Teil nebeneinander (und man wird hinzufügen müssen: gegeneinander) und unabhängig voneinander an die Rehabilitation machen. Die Süddeutsche Zeitung errechnete 1979 rund 3000 verschiedene Leistungsträger.[6]

3. Gesetzliche Träger der Rehabilitation

In der Bundesrepublik gibt es sechs verschiedene gesetzliche Träger der Rehabilitation:

1. die Rentenversicherung
2. die Unfallversicherung
3. die Kriegsopferversicherung, die Kriegsopfer- und Schwerbeschädigtenfürsorge
4. die Bundesanstalt für Arbeit
5. die Sozialhilfe
6. die Krankenkassen.

Die Zuordnung beruht auf dem sogenannten Kausalitätsprinzip, d. h. die Ursache der Behinderung entscheidet über den jeweiligen Rehabilitationsträger. Ein Beispiel: Bricht sich eine Person während der Arbeitszeit ein Bein, ist die Berufsgenossenschaft zuständig, zum Beispiel bei einem komplizierten Bruch zur Umschulung für eine sitzende Tätigkeit.

Passiert der Bruch derselben Person an einem Wochenende, außerhalb der Arbeitszeit, dann ist zur Umschulung die Rentenversicherung zuständig. Geschieht das Unglück jedoch einer nicht im Erwerbsleben stehenden Person, könnte das Arbeitsamt in Frage kommen. Geschieht dasselbe jedoch einer nichterwerbstätigen Person, die nicht mehr ins Erwerbsleben eingegliedert werden kann, zum Beispiel, weil sie zu alt ist, dann wäre das Sozialamt zuständig, wenn keine Angehörigen zur Kasse gebeten werden können.
Im einzelnen gibt es die folgenden Zuordnungen:

1. Die Rentenversicherungsträger (Landesversicherungsanstalten, Bundesversicherungsanstalt für Angestellte, Bundesknappschaft) helfen den bei ihnen Versicherten, eine Berufs- oder Erwerbsunfähigkeit abzuwenden oder zu beheben. Nichtversicherte Ehegatten und Kinder von Versicherten und Rentnern werden bei Tuberkulose rehabilitiert. Die 41 Rentenversicherungsträger[7] werden vor allem bei chronischen Krankheiten und Verschleißerscheinungen zuständig.
2. Die 95 Unfallversicherungsträger (Berufsgenossenschaften) sind nach einem Berufsunfall oder nach Eintritt der Berufskrankheit zuständig.
3. Die 104 Träger der Versorgungsverwaltung (Versorgungsämter) und die rund 580 Träger der Kriegsopferfürsorge (Hauptfürsorgestellen) sind zuständig für Kriegsbeschädigte und Kriegshinterbliebene, beschädigte ehemalige Bundeswehrsoldaten, Zivildienstleistende, Beschädigte im Sinne des Häftlingshilfegesetzes (keine Strafgefangenen!) und ihre Hinterbliebenen, Angehörige von Kriegsgefangenen, Impfgeschädigte und Opfer von Gewalttaten.*
4. Die Bundesanstalt für Arbeit mit ihren mehr als 700 weiteren Leistungsträgern (Arbeitsämtern) »gewährt« körperlich, geistig und seelisch Behinderten Rehabilitationsmaßnahmen zur beruflichen Eingliederung, soweit kein anderer Träger zuständig ist.
5. Die Sozialhilfe mit ihren 550 örtlichen und 22 überörtlichen Trägern hilft Personen, die sich nicht selbst helfen können und die eine Hilfe weder von anderen, insbesondere Angehörigen, noch von anderen Sozialleistungsträgern

* Versorgungsämter sind für alle Behinderten z.B. bei der Ausstellung des Schwerbehindertenausweises zuständig. Die Hauptfürsorgestellen wachen auch über die Einhaltung des Schwerbehindertengesetzes.

erhalten und ein so geringes Einkommen haben, daß die Sozialhilfe einspringt.

6. Die Träger der gesetzlichen Krankenversicherung (Ortskrankenkassen, Landes-, Betriebs-, Innungs-, Angestelltenkrankenkassen, Arbeiterersatzkassen, Seekrankenkassen und die knappschaftliche Krankenversicherung, alles in allem an die 1900) gewähren (auch für die mitversicherten Angehörigen) die Leistungen für die *medizinische* Rehabilitation.

4. Kompetenzwirrwarr beim Bund

In der Regierungserklärung vom 28. Oktober 1969 sind – in einer pseudopoetischen Umschreibung – Behinderte als besondere Aufgabe der Bundesregierung herausgestellt worden: Denen, die im Schatten leben, sollten mehr und bessere Chancen eingeräumt werden. Als erste Maßnahme erfolgte 1970 ein Aktionsprogramm der Bundesregierung, ein programmatisches Papier.

Für das Aktionsprogramm der Bundesregierung war das Arbeits- und Sozialministerium zwar federführend, jedoch für die Rehabilitation überhaupt nicht zuständig. Zuständig sind mehrere Ministerien des Bundes und der Länder. Das Arbeits- und Sozialministerium teilt sich die Kompetenzen mit dem Bundesministerium für Jugend, Familie und Gesundheit, jedoch der Schulsektor, Ausbildung der Sonderschullehrer, Behindertensport etc. liegen auch nicht in ihrem Kompetenzbereich. Ein interministerieller Ausschuß sollte »sicherstellen, daß nicht das eine Ministerium zu weit zurückbleibt«. 1971 holte das Arbeitsministerium alle, die mit der Rehabilitation zu tun haben, an einen Tisch, um den Bedarf an Umschulungs- und Arbeitsplätzen zu decken. 1971 kam es auch zu ersten (!) Kontakten zur Kultusministerkonferenz. 1973 begann auch das Familienministerium ernsthaft mit der Planung.

Von Koordination und Planung ist indes zu allen Zeiten gesprochen worden. Ministerialrat Herbert Groß[8] berichtete schon 1967, daß am 27. 5. 1960 ein »Ausschuß für die Eingliederung Behinderter in Arbeit, Beruf und Gesellschaft« gegründet worden war, der die Erfahrungen der Rehabilitationsträger auswerten, die Maßnahmen koordinieren, neue

Wege aufzeigen, eine möglichst frühzeitige Rehabilitation einleiten und die Fachkräfte und Öffentlichkeit informieren sollte. Vertreten waren: die Ministerien, die Renten- und Unfallversicherungsträger, Krankenhäuser, Ärztekammern und kassenärztliche Vereinigungen, Arbeitsbehörden, kommunale Spitzenverbände, die Spitzenverbände der Freien Wohlfahrt, Gewerkschaften und Arbeitgeber sowie die Vertreter der Rehabilitationseinrichtungen. Am 12. 1. 1966 gründete man wiederum einen Unterausschuß »Koordinierung der Rehabilitationsmaßnahmen«, der koordinieren und für eine Vergabe der Mittel sorgen sollte. Zu diesem Zeitpunkt war der Wissenschaftsrat, zuständig für die Ausbildung von Fachkräften und für die Forschung, überhaupt noch nicht tätig geworden.

Der Europarat hat in seinen 1950 vorgelegten und 1958 revidierten »Grundsätzen und Richtlinien für die Rehabilitation der Behinderten« eine Zentrale Koordinierungsstelle vorgeschlagen. 1962 wurde eine Nationale Zentrale für die Gesundheitserziehung empfohlen. Der Ausschuß für Kriegsopfer und Heimkehrerfragen des Deutschen Bundestages hat am 6. 5. 1960 eine »Bundesanstalt für Rehabilitation« vorgeschlagen. Die Sozialenquete-Kommission schlug einen Aufgabenkatalog[9] vor:

1. Sammlung und Sichtung des in- und ausländischen Materials über die Rehabilitation (Rechtsvorschriften, Finanzierungsfragen, Statistiken, Fachliteratur, Filmmaterial, Übersetzungen etc.);
2. Koordinierung der Vorhaben der privaten und öffentlichrechtlichen Träger der Rehabilitation (Vermeidung von Überkapazitäten, Bildung einer Arbeitsgemeinschaft);
3. Anregung von Rehabilitationsmaßnahmen nach Bedarfsfeststellung (Vorsorgemaßnahmen, Frühbehandlung, Sondererziehung und -ausbildung);
4. Koordinierung und Förderung bereits berufstätiger Fachkräfte (Tagungen, Seminare, Kurse, Schrifttum etc.);
5. Ausarbeitung von Vorschlägen zur Ausbildung von Rehabilitationsfachkräften (Ärzte, Heilpädagogen, Psychologen, Fachkräfte für die berufliche Rehabilitation, Verwaltungsbeamte des gehobenen und höheren Dienstes, ärztliches und pädagogisches Hilfspersonal etc.);
6. Prüfung und Förderung von Forschungsvorhaben;
7. Koordinierung der Finanzierung;

8. Weiterentwicklung des Rehabilitationsrechts in Richtung auf eine möglichst weitgehende Vereinheitlichung;
9. Zusammenarbeit mit der Bundesanstalt für Arbeitsvermittlung und Arbeitslosenversicherung, der Ständigen Konferenz der Kultusminister der Länder, dem Wissenschaftsrat und dem Bundesausschuß der Kriegsbeschädigten- und Kriegshinterbliebenenfürsorge.

Die Bundesanstalt für Rehabilitation ist am Widerstand der Rehabilitationsträger, zum Beispiel der Rentenversicherungsträger, die auf einem stattlichen Geldberg sitzen, gescheitert. Die Bundesregierung und die Parteien haben sich auch nicht entschieden genug dafür eingesetzt. Auch ein *Rehabilitationsministerium* steht nicht mehr zur Debatte, so daß die Zersplitterung und Wirkungslosigkeit weiterhin vorprogrammiert bleibt. So ist weiterhin das Arbeits- und Sozialministerium lediglich für den Sozialversicherungsbereich, Berufsausbildung und die erwachsenen Behinderten zuständig. Beim Familien- und Gesundheitsministerium ist man für den medizinischen Bereich zuständig, für Früherkennung und Behandlung. Die Sozialhilfe wurde zusätzlich 1969 aus dem Innenministerium (!) abgegeben. Das Gesundheitsministerium müßte – müßte – zur Errichtung überregionaler Diagnose- und Behandlungszentren eigentlich – eigentlich – die Initiative ergreifen. Doch geschehen ist wenig.

Was auf der Bundesebene vorprogrammiert ist, setzt sich auf Länderebene fort: Auch dort sind mehrere Ministerien mit der Rehabilitation befaßt. Die Mißstände sind institutionalisiert.

5. Koordination zwischen Rehabilitationsträgern

Bei den Beratungen des Arbeitsförderungsgesetzes hat sich der Bundestag für die Beibehaltung des sogenannten »gegliederten Systems der Rehabilitation« ausgesprochen und sich gegen ein Rehabilitationsgesetz und gegen eine Bundesanstalt für Rehabilitation entschieden. Die Nachteile sind allen Beteiligten bekannt: Nur die Unfallversicherung und (sofern zuständig und sofern die Ermessensfrage geklärt ist) die Sozialhilfe umfassen Leistungen für *alle* Bereiche der Rehabilitation. Alle anderen gesetzlichen Rehabilitationsträger gewähren Teilhilfen (medizinische oder berufliche Rehabilitationsleistungen). Sie arbeiten nach unterschiedlichen Richtlinien, gebrauchen unterschiedliche Begriffe für gleiche Leistungen. Während etwa Renten- und Unfallversicherung von Maßnahmen zur Wiederherstellung der »Erwerbsfähigkeit« sprechen, gebraucht die Sozialhilfe den Terminus »Eingliederungshilfe«.

Bundesminister Arendt über die Nachteile des gegliederten Systems: »Die Vielfalt der Rehabilitationsstätten ... und ihre Zugehörigkeit zu den verschiedenen Trägern läßt die Schwierigkeit ahnen, die einem reibungslosen Zusammenspiel entgegensteht ... Nachteile entstehen dann, wenn die Ursache der Behinderung ungeklärt ist und der Behinderte den für ihn zuständigen Träger nicht sogleich herausfinden kann. Auch hat die Unterschiedlichkeit der historisch gewachsenen Rechtsvorschriften bei gleichem Sachverhalt zu unterschiedlichen Leistungen (insbesondere Barleistungen) geführt. Und was die Einrichtung für die Rehabilitation angeht, so hat es eine bundesweite Planung über die Zuständigkeiten der einzelnen Rehabilitationsträger hinweg bisher nicht gegeben.«[10]

Bislang sind die Kostenträger oft nicht bereit gewesen, Rehabilitationsmaßnahmen überhaupt zu beginnen, weil der zuständige Kostenträger nicht geklärt war. Die Folge: Behinderte mußten zusätzliche schwere Schäden und Invalidisierung hinnehmen, weil sich niemand für zuständig erklärte. Viele Behinderte sind über dem Kompetenzstreit gestorben.

Der Ruf nach einer Zentralisierung der Zuständigkeiten ist bisher nicht verstummt. Um gesetzlichen Eingriffen vorzubeugen, haben sich die gesetzlichen Rehabilitationsträger zur Zusammenarbeit entschlossen. In Frankfurt wurde die »Bundesarbeitsgemeinschaft für Rehabilitation« (BAR) 1969 gegründet. Die Rentenversicherungsträger und die Berufsgenossenschaften haben den (nach dem Bundeshaushalt) zweitgrößten Etat mit 80 Milliarden. Die BAR ist eine Vernunftehe, um Zwangsmaßnahmen zuvorzukommen, vor allem sollte damit eine Bundesanstalt für Rehabilitation verhindert werden, die die Macht der einzelnen Träger reduziert hätte.

Am 1. Oktober 1971 trat die »Vereinbarung über Zusammenarbeit und Verfahren bei der Arbeits- und Berufsförderung Behinderter (berufliche Rehabilitation)« in Kraft. Die Vereinbarung wird kurz als »Frankfurter Vereinbarung« bezeichnet. Zusätzlich zu den gesetzlichen Trägern haben die Bundesärztekammer und die kassenärztliche Vereinigung mitunterzeichnet. Darin verpflichteten sich die einzelnen Dienststellen, ratsuchenden Behinderten Auskünfte über Rehabilitationsmöglichkeiten zu geben und bei der Suche des zuständigen Trägers Hilfestellung zu leisten.

Beratung behinderter Personen

Nachdem das Sozialgesetzbuch 1976 in Kraft getreten ist, müssen nun alle Sozialleistungsträger (auch die Krankenkassen) Auskunft erteilen. Keine Stelle darf sich für nichtzuständig erklären, sondern muß den zuständigen Leistungsträger von sich aus ermitteln. Das Datum des Antrags gilt auch dann als Antragsdatum, wenn es bei einer nichtzuständigen Stelle gestellt wurde!

6. Gesetz über die Angleichung der Leistungen zur Rehabilitation

In einer Denkschrift »Rehabilitation. Eine Aufgabe sozialer Daseinsvorsorge« verwies vor Jahren ein Sozialminister auf das Sozialgesetzbuch, das einmal die gesetzliche Koordinierung regeln werde. Aber bereits jetzt verpflichtet § 1244 Abs. 2 RVO die Rehabilitationsträger zur Zusammenarbeit. Für den Bereich der beruflichen Rehabilitation bestimmte dies bereits § 59 Abs. 1 AFG. Nach § 1244 Abs. 3 RVO hatten auch bisher schon die übrigen Rehabilitationsträger den zuständigen Rentenversicherungsträger von Fällen zu unterrichten, in denen Maßnahmen zur Wiederherstellung der Erwerbstätigkeit angezeigt erschienen. Auch in § 126 Nr. 2 BSHG hatten die Gesundheitsämter »zur Einleitung der erforderlichen Eingliederungsmaßnahmen den zuständigen Sozialleistungsträger und, wenn berufliche Eingliederungsmaßnahmen in Betracht kommen, auch die Bundesanstalt für Arbeit mit Zustimmung des Behinderten oder des Personensorgeberechtigten zu verständigen«. Die Koordination in Form von Arbeitsgemeinschaften zwischen den Trägern der Sozialhilfe und den übrigen gesetzlich verpflichteten Stellen weist bereits § 95 BSHG aus. Die Erstellung eines Gesamtpla-

nes zu einer möglichst umfassenden und dauerhaften Eingliederung sieht bereits § 59 Abs. 3 AFG, § 1237 Abs. 5 RVO und § 46 BSHG vor.
Dennoch blieb alles ohne großen Erfolg: Die Leistungen für Behinderte sind in unterschiedlichen Gesetzeswerken aufgeführt. Man unterscheidet Behinderte nach ihrer Behinderungsursache (Kausalität) und sieht sie nicht im Blick auf das Ziel der Rehabilitation (Finalität). Die Leistungsunterschiede ergeben sich zum Teil auch daraus, daß nur Rahmenvorschriften vorliegen, die die Selbstverwaltungsorgane der Rehabilitationsträger mit ihren eigenen Richtlinien ausfüllen. Je nachdem, welchem Träger ein Behinderter gleichen Behinderungsgrades zugehört, danach empfängt er unterschiedliche Leistungen: z. B. in den Unterhaltsleistungen, der Anzahl von Familienheimfahrten bei Umschulungslehrgängen, beim Taschengeld.
Das Gesetz über die »Angleichung der Leistungen zur Rehabilitation« (BGBl., I/Nr. 92/1974), auch »Harmonisierungsgesetz« genannt, regelt, ähnlich wie die Frankfurter Vereinbarung, die Koordinierung der Rehabilitationsleistungen, gleicht die Terminologie der verschiedenen Träger und auch verschiedene Leistungen an. In der Begründung des Gesetzes heißt es jedoch: »Der Gesetzentwurf geht aus vom gegliederten System der Rehabilitation. Das bedeutet, daß auch künftig die Ursache der Behinderung über die Zuordnung des einzelnen Behinderten zu einem Rehabilitationsträger entscheidet.«[11] Dieses Gesetz ist auf heftigen Widerstand der Berufsgenossenschaften gestoßen.
Die Berufsgenossenschaften haben die mit Abstand besten Rehabilitationseinrichtungen und die besten Leistungen. In ihren Unfallkrankenhäusern werden alle medizinischen Möglichkeiten ausgeschöpft. Mit Recht verweist etwa der Direktor der Süddeutschen Eisen- und Stahl-Berufsgenossenschaft, Fritz Seidler, darauf, daß in den Unfallkrankenhäusern »heute Querschnittsgelähmte in einer Weise rehabilitiert werden, woran vor einigen Jahren kaum einer zu denken wagte«.[12] Seidler ist gegen die »Tendenz zur absoluten Gleichmacherei« und versteigt sich zu einer bemerkenswert offenen kapitalistischen Inhumanität, die in ihrer Brutalität vielleicht nicht ohne Grund im offiziellen Organ der Arbeitgeber abgedruckt ist: »Es ist doch wohl noch ein Unterschied, ob jemand nach einem Arbeitsunfall, nach einer

Kriegsverletzung oder Wehrdienstbeschädigung, oder aus einem sonstigen gleichwertigen Grunde der Rehabilitation bedarf, oder ob jemand z. B. bei einer strafbaren Handlung verletzt, durch Alkoholabusus krank oder aus sonstigen sehr subjektiven Gründen ein Rehabilitationsfall wird. Alle sollen und müssen wieder in die menschliche Gesellschaft voll integriert werden und müssen hierbei eine soziale Plattform haben, die einen ungestörten Ablauf des Rehabilitationsablaufes gewährleistet. Müssen aber alle die mit Recht so umfangreichen Leistungen erhalten, wie sie aufgrund eines moralisch hochwertigen Kausalverhältnisses zu erbringen sind?«[13]

Das Gesetz tastet die höheren Höchstbeträge für das Übergangsgeld und das Krankengeld der Unfallversicherung (Berufsgenossenschaften) nicht an. Es tastet auch nicht die höheren Leistungen für Umschüler aufgrund des BFG gegenüber den durch das Ausbildungsförderungsgesetz Geförderten an (die einen standen bereits im Beruf, die anderen konnten beispielsweise wegen ihrer Behinderung noch nicht berufstätig sein). Das Leistungsgefälle von den Privilegierten zu den Minderberechtigten wird also nicht aufgehoben.

Wichtigster Reformpunkt ist: die Krankenkassen sind seit dem 1. 10. 1974 zu Trägern der Rehabilitation erhoben worden. Sie wurden Träger der – medizinischen – Rehabilitation. Bisher zahlten die Kassen, wie seit 90 Jahren, nur Zuschüsse zu größeren Heilmitteln. Wesentlichster Punkt: Die Kassen sind jetzt auch für die Mitversicherten, Ehefrauen und Kinder, zuständig.

Frauen und Kinder, die bisher nicht selbst krankenversichert waren, mußten sich im Falle einer notwendigen Rehabilitation nahezu immer an die Sozialhilfe wenden. Nach dem neuen Gesetz haben sie nun einen Anspruch auf eine medizinische, aber nicht auf eine berufsfördernde Leistung. Hans Töns, Direktor im Bundesverband der Ortskrankenkassen, beschreibt, warum die Rehabilitation der Mitversicherten auch weiterhin eine minderwertige Rehabilitation bleibt und die Privilegierung derer, die noch einmal zur Produktivität mobilisiert werden können, nicht aufgehoben wird:

Die Berufsgenossenschaften haben das sogenannte Durchgangsarztverfahren entwickelt. Grundsatz: Der »Verunfallte« kommt sofort in die Hand eines besonders qualifizierten Unfallchirurgen, eines Vertragsarztes der Berufsgenossenschaft. Dadurch sind Dauerschäden und Verkrüppelungen stark zurückgedrängt worden. Dieses Vertragsarzt-System, nur Spezialisten heranzuziehen, wollten die Krankenkassen auch einführen. Die ärztlichen Organisationen bestanden jedoch auf dem kassenärztlichen Versorgungssystem (was schert die Berufsorganisation die Verkrüppelung eines Behinderten?). Der Gesetzgeber stellte sich gegen die Kassen-Vorschläge. Töns: »Ob die Rehabilitation unter diesen Bedingungen in der Krankenversicherung die gleiche segensreiche Wirkung wie etwa in der Unfallversicherung haben wird, halte ich für zu bezweifeln. Davon abgesehen besteht die Gefahr, daß sich eine Differenzierung entwickelt, die die Rehabilitationsleistung der Krankenversicherung gegenüber der Unfallversicherung zu einer minderen Leistung macht, wenn etwa der Unfallversicherte von dem spezialisierten Unfallarzt betreut wird, der mitversicherte Angehörige aber auf die Wahl unter den Kassenärzten beschränkt ist, wozu die Durchgangsärzte meistens nicht gehören.«[14]

Das Gesetz über die Angleichung der Leistungen zur Rehabilitation ist ein Gesetz, das den Privilegierten zugute kommt. Die anderen Behinderten, die der Sozialhilfe zugeschlagen werden, weil keiner der potenten Leistungsträger für sie aufkommt, werden ausdrücklich ausgeklammert. Die Leistungen der Sozialhilfe werden ausdrücklich nicht an die anderen Leistungen angeglichen, Koordination findet nicht statt. Der Gesetzgeber nimmt sich selber aus, um nicht in die Tasche greifen zu müssen.

Mein Spielraum beträgt zwei Quadratmeter

Bericht eines Heimbewohners, der aus Angst anonym bleiben möchte

Mein Tagesablauf ist wie ein Rondo: Tag für Tag wiederholt sich alles: Aufstehen, Essen, Schlafen.
Morgens um 6 Uhr wird die Zimmertür aufgerissen, und es ist vorbei mit dem Schlafen. Meine Kameraden stehen eher auf, ich erst um halb acht. Was soll ich auch so früh in meinem Rollstuhl? Keiner braucht mich. Meine Kameraden gehen zwar in die Beschäftigungstherapie, doch drei, vier Stunden eintönig den Faden durch die Webkette zu ziehen, habe ich keine Lust. Dabei muß ich an meine Schulzeit denken, wo wir zu guten Leistungen angespornt wurden mit der Bemerkung: Ihr wollt ja einen Beruf erlernen! Und wie sieht die Wirklichkeit aus?
Ich kam am Ende meiner Schulzeit zu einem sogenannten Teamwork, das sich aus Ärzten, Lehrern und Vertretern des Arbeitsamtes zusammensetzte. Als ich eineinhalb Stunden auf mein Schicksalsgericht gewartet hatte, wurde ich in den Tagesraum gefahren. Mir war, als würde mein Todesurteil gesprochen. Da saßen sie hinter dickem Zigarrenrauch versteckt. Also, Erwin, begann mein Lehrer, wir haben für dich keine Beschäftigung finden können. Ich brauchte sehr lange, um diesen Satz zu verdauen. Diese ganze Rederei von Rehabilitation ist für mich ein Hohn. Da liest und hört man imponierende Zahlen, doch von uns spricht kein Mensch. Sieht man heute Berichte über Schwerstbehinderte, so handelt es sich meist um Querschnittsgelähmte mit einem muskulösen Oberkörper.
Doch weiter in meinem Tageslauf: Ich bin in der Lage, mir meine Hosen mit Mühe selber anzuziehen. Doch wenn ich dann sehe, daß der Pfleger dann neben mir steht und Däumchen dreht, bekomme ich die Wut. Das Personal macht uns am meisten Sorgen: Wie oft hört man: Hoffentlich kommt bald ein Pfleger, ich muß so nötig! Und kommt dann endlich einer, heißt es, ich habe keine Zeit, du mußt später gehen. Meinem Kameraden wurde mal geantwortet: Du weißt doch, daß du nur vormittags zu gehen hast. Als ob einer eine Maschine wär, an der man seine Bedürfnisse einstellen kann. Das Stärkste, das ich mal hörte: Was, am Sonntag mußt du auch? Einer meiner Kameraden saß auf dem Abort und rief nach dem Pfleger. Als niemand kam, fuhr ich in den Tagesraum, wo ich Pfleger vermutete. Dort saßen drei Stück, als ich meine Bitte vorgetragen hatte, bekam ich zur Antwort: Nicht mal den Fernsehfilm kann man sich in Ruhe anschauen.

Da ich Spätaufsteher bin, bekomme ich mein Frühstück auf das Zimmer. Es besteht aus einer Kanne Milch oder Kaffee und aus einem Brötchen, das mit Wurst belegt ist, womit der gestrige Tag, sprich Abendbrot, geendet hat. Gewiß, man kann soviel essen, wie man will. Wenn man ein Allesesser ist, braucht man nicht zu hungern. Aber, man kennt hier zum Beispiel nur eine Soße zu jedem Braten. Ich las gerade in der Zeitung, daß es 1300 verschiedene Sorten Wurst gibt, doch unsere Auswahl besteht nur aus vier Sorten.
Wenn es das Wetter erlaubt, fahre ich nach dem Frühstück raus. Meistens fahre ich zum Einkaufen. Es ist mir dann, als ob ich dazugehörte. Ich versuche so zu sein wie die Passanten und fahre ganz langsam an den Schaufenstern entlang. Vor einem Lebensmittelgeschäft mache ich halt und schaue in die Geldbörse. Ich kämpfe mit mir: 60 Mark Taschengeld bekomme ich von der Behörde. Hiervon muß ich Haarschnitt, Toilettensachen bestreiten, und ich leiste mir den Luxus einer Tageszeitung. Ich muß mir lange überlegen, ob ich mal mit einem Bekannten in ein Café oder eine Gaststätte gehen kann. Es werden immer große Worte gesprochen. Ich, Behinderter, darf nicht abseits stehen, gehöre nicht in die Isolation. Wenn ich so etwas im Radio oder Fernsehen höre, stehen mir die Haare zu Berge.
Wie sieht die Wirklichkeit aus? Wenn ich mit meinem Begleiter eine Gaststätte gefunden habe, in die ich hineinkomme und in der der Ober mir nicht gleich die Tür weist, da er befürchtet, die anderen Gäste könnten an meinem verunstalteten Körper Anstoß nehmen, kommt gewöhnlich der Ober und fragt wie üblich meinen *Begleiter*, was ich haben möchte. Denn ich bin ja dumm, ich weiß ja nicht, was ich will. Wenn nun aber alles gut gelaufen ist und man sitzt gemütlich im Restaurant, schlackern einem die Knie, wenn man die Rechnung sieht. Jede Interessengruppe hat Mittel, ihre Forderungen durchzusetzen, sollen wir in den Hungerstreik treten? Wenn jemand noch raucht, kommt er mit seinem Taschengeld nie aus.
Doch zurück zum Einkaufen: An der Ladentür klebt ein Schildchen, das zwei Hunde zeigt und die Aufschrift trägt: »Ihr müßt draußen bleiben!« Ich möchte dann immer ein Schild mit einem Rollstuhl malen, das die Unterschrift trägt: »Wir auch!« Ich werde nämlich draußen vor der Tür bedient, da die meisten Geschäfte Stufen haben und auch die Supermärkte so voll mit Waren stehen, daß ich mit meinem Rollstuhl nicht durchkomme. So bleibt mir, mit dem vorliebzunehmen, was mir der Verkäufer herausbringt. Daß mich der Verkäufer mit »Du« anredet, fällt mir gar nicht mehr auf.
Wenn es regnet oder Winter ist, muß ich mich am Vormittag in unserem Tagesraum aufhalten, da unser Zimmer saubergemacht

wird. Ein paar Bilder schmücken diesen Raum. Rauchwolken durchziehen die Luft. An kleinen Tischen sitzen meine Kameraden. Aus einem Wandschrank dudelt ein Radio, es spuckt Schlager aus. Etliche lassen sich von diesen schwachsinnigen Texten berieseln, es ist ja auch herrlich, in diese verlogene Traumwelt einzutauchen und sich treiben zu lassen. Viele, die einen Rollstuhl mit Motor haben, fahren den langen Flur immer auf und ab. Sie kommen mir vor wie gefangene Tiere auf der Suche. Und nach was? Eine Beschäftigung, die sie ausfüllt.

Wenn sie einen Beruf haben, müssen sie zu ihrem Unterhalt beitragen. 100 bis 150 Mark dürfen sie für sich behalten. Ist es unter diesen Umständen erstrebenswert, unter viel Mühen und Enttäuschungen einen Beruf zu lernen? Kann man einigen Schwerstbehinderten verdenken, wenn sie sich dem süßen Nichtstun hingeben?

Ich glaube, nirgends entstehen so viele Gerüchte wie in Heimen, Altenclubs usw. Man ist unter sich, Kontakte mit »draußen« sind bescheiden. Die Kontakte mit Angehörigen sind schlecht. Hinzu kommt, daß Behinderte immer von ihren Eltern als Kinder behandelt werden. Wenn eine Mutter einen 30jährigen anzieht, wäscht und füttert, meint sie oft, noch ihr kleines Kind vor sich zu haben. Wir lernten hier im Heim eine gewisse Unselbständigkeit. Das beste Beispiel ist ein Kamerad, dessen Mutter hier in der Nähe wohnt und ihn besuchen kommt. Ich hatte mal mit ihm eine Meinungsverschiedenheit, da sagte mir doch der 53jährige: Wenn du nicht ruhig bist, sage ich es meiner Mutter, die gibt dir eine Ohrfeige.

Ich weiß, einige werden den Kopf schütteln und denken: wehrt euch doch. Schön, aber wie? Wenn man auf eine Pflegeperson so angewiesen ist, daß man nichts kann ohne sie? Als mich einmal morgens ein Pfleger anzog, und ich etwas gegen seine Meinung sagte, ließ er mich einfach stehen. Die Folge war eine schöne Erkältung. Sicher werde ich nächstesmal meine Schnauze halten.

Dann ist mir folgendes passiert: Ich kann noch alleine auf die Toilette gehen (der Leser weiß, was für einen Vorteil ich in diesem Punkt vor meinen Kameraden habe). Doch diesmal glitt ich aus und fiel in einen mit Wasser gefüllten Eimer. Ich fiel so, daß ich zwischen dem Becken und der Mauer eingeklemmt war. Obwohl ich laut schrie, wurde ich erst eine Viertelstunde später aus meinem Gefängnis befreit. Ich hatte Pech, denn im Fernsehen lief ein Fußballspiel.

Obwohl es erst um halb zwölf Mittagessen gibt, sitzen etliche schon Viertel vor elf am Tisch und warten, warten, warten. Nach dem Essen, wenn endlich die Zimmer sauber sind, können wir endlich »unser Reich« betreten. Unser Zimmer ist Schlaf-, Wohn- und Eßzimmer in einem. Unser Zimmer: vier Betten, vier Kommoden, zwei Schränke und vier Rollstühle. Jeder von uns hat »seine Ecke«, ein Stückchen Zimmer, begrenzt von einer Kommode und dem Bett. Mein Spielraum beträgt etwa zwei Quadratmeter. Wenn ich mal rausmöchte, muß mein Kamerad erst mal wegfahren.

Da wir leider mit unseren Rollstühlen (angeblich baupolizeilich verboten) in keinen Konzertsaal hineinkommen, haben wir uns mit Hilfe unserer Angehörigen in sieben Jahren eine Stereoanlage mit Tonbandgerät zusammengespart. Nun können wir unser Zimmer zu einem Konzertsaal machen. Das ist nicht ironisch gemeint, wie oft stehe ich vor einer Litfaßsäule und lese Namen, die ich verehre und denke, da möchtest du hin. Dann tröste ich mich: Nun hast du schon wieder 8 Mark Eintrittsgeld gespart.

Mein Freund und ich haben noch ein zweites Hobby, das ist die Religion. Es ist bei uns bestimmt nicht so, daß wir unser Schicksal in die Hand des »guten alten Mannes mit Bart« legen und denken, er wird schon für uns sorgen, und wenn man uns Unrecht tut, alles für Gottes Fügung halten. Wir haben uns etliche theologische Bücher gekauft, die uns weiterhelfen. Es ist klar, daß wir hier im Heim, wo es soviel Behinderungen und Schmerzen gibt, als komische Heilige gelten. Doch verspricht uns Christus mit keinem Wort ein Leben ohne Sorgen, im Gegenteil, er verheißt uns Tränen. Eigentlich müßt ihr doch gesund werden, da ihr glaubt, hört man oft von Kameraden.

Dank meiner Hobbys habe ich nie richtig Langeweile. Ich bin der Meinung, wenn ein Schulkind wegen seiner starken Behinderung keine Berufsaussichten hat, sollte man ihm Interesse für das wecken, woran es später Freude hat, und es nicht mit Wissen vollpumpen, das es doch nicht gebrauchen kann.

Am Abend wird natürlich Fernsehen großgeschrieben. Es kommt oft auf die Gnade unserer Pfleger an, ob man sich das Stück zu Ende anschauen darf. Manchmal hilft da eine Flasche Bier oder ein Päckchen Zigaretten. Dies geht natürlich auf Kosten der Kameraden, die dafür eher ins Bett müssen. Wir haben in der Woche zwei Fernsehabende, an denen wir uns das Programm, das wir uns selber ausgesucht haben, bis zum Schluß ansehen können. Doch diese Fernsehabende wollten sie uns jetzt auch noch streichen.

An den anderen Abenden müssen wir um neun Uhr ins Bett. Im Winter geht das noch, aber an einem warmen Sommerabend, wenn das Zimmer von der Tageshitze noch unerträglich warm ist, mutet man erwachsenen Menschen zu, mit den Hühnern ins Bett zu gehen. Dabei ist es bei uns noch human. Es gibt Pflegeheime, da geht man schon um acht Uhr ins Bett.

An warmen Sommerabenden fahre ich mit dem Rollstuhl durch unsere kleine Vorstadt. Da es eine vornehme Wohngegend ist, gibt es hier herrliche Villen. Ich schaue durch die hellerleuchteten

Fenster, sehe kostbare Teppiche und Bilder. Auf der Veranda sehe ich lachende Menschen beim Wein, sehe ihre schmucke Kleidung. Ich dagegen muß mit 200 Mark Kleidungsgeld im Jahr auskommen. An diesen Abenden fühle ich mich wie der Beckmann in Wolfgang Borcherts Stück »Draußen vor der Tür...«

7. Das Bundessozialhilfegesetz (BSHG)

Das BSHG definiert in der Fassung vom 25. März 1974 (textgleich mit der Fassung vom 3. 5. 1976) in den §§ 39 bis 47 die Eingliederungshilfe für Behinderte.*

a) Aufgabe der Eingliederungshilfe:

»Aufgabe der Eingliederungshilfe ist es, eine drohende Behinderung zu verhüten oder eine vorhandene Behinderung oder deren Folgen zu beseitigen oder zu mildern und den Behinderten in die Gesellschaft einzugliedern. Hierzu gehört vor allem, dem Behinderten die Teilnahme am Leben in der Gemeinschaft zu ermöglichen oder zu erleichtern, ihm die Ausübung eines angemessenen Berufs oder einer sonstigen angemessenen Tätigkeit zu ermöglichen oder ihn soweit wie möglich unabhängig von Pflege zu machen.« (§ 39 Abs. 3)*

b) Empfänger der Hilfe:

Personen, die nicht nur vorübergehend körperlich, geistig oder seelisch wesentlich behindert sind, ist Eingliederungshilfe zu gewähren. Personen mit einer anderen körperlichen, geistigen oder seelischen Behinderung kann sie gewährt werden. Den Behinderten stehen die von einer Behinderung Bedrohten gleich.

* Hier empfiehlt sich ein Vergleich mit dem § 39 in der alten Fassung vom 18. 9. 1969:
In dem neuen § 39 Abs. 4 BSHG ist vorgesehen, daß Voraussetzung für die Gewährung der Eingliederungshilfe deren Aussicht auf Erfolg sein soll. Obwohl dieser Zusatz angeblich nur in der Absicht eingefügt wurde, aussichtslose Fälle von altersbedingten Behinderungen, bei denen eine Eingliederung kaum möglich ist, auszuschalten, könnte die Bestimmung in der Hand des unkundigen oder bürokratischen Bearbeiters zu einer echten Bremse werden. Wer soll bestimmen, in welchen Fällen eine Eingliederungshilfe Aussicht auf Erfolg verspricht?
Was gestern noch aussichtslos erschien, ist schon heute aussichtsreich, z. B. die Eingliederung Mucoviscidosekranker. Der Novellierungsvorschlag brachte m. E. keine Verbesserung, sondern einen Rückschritt.

c) Maßnahmen der Eingliederungshilfe sind nach § 40 BSHG vor allem

1. ambulante oder stationäre Behandlung oder sonstige ärztliche oder ärztlich verordnete Maßnahmen zur Verhütung, Beseitigung oder Milderung der Behinderung.
2. Versorgung mit Körperersatzstücken sowie mit orthopädischen oder anderen Hilfsmitteln,

2a. heilpädagogische Maßnahmen für Kinder, die noch nicht im schulpflichtigen Alter sind,

3. Hilfe zu einer angemessenen Schulbildung, vor allem im Rahmen der allgemeinen Schulpflicht und durch Hilfe zum Besuch weiterführender Schulen, einschließlich der Vorbereitung hierzu; die Bestimmungen über die Ermöglichung der Schulbildung im Rahmen der allgemeinen Schulpflicht bleiben unberührt.
4. Hilfe zur Ausbildung für einen angemessenen Beruf oder für eine sonstige angemessene Tätigkeit,
5. Hilfe zur Fortbildung im früheren oder einem diesem verwandten Beruf oder zur Umschulung für einen angemessenen Beruf oder eine angemessene Tätigkeit; Hilfe kann auch zum Aufstieg im Berufsleben gewährt werden, wenn die Besonderheit des Einzelfalles dies rechtfertigt,
6. Hilfe zur Erlangung eines geeigneten Platzes im Arbeitsleben,

6a. Hilfe bei der Beschaffung und Erhaltung einer Wohnung, die den besonderen Bedürfnissen des Behinderten entspricht,

7. nachgehende Hilfe zur Sicherung der Wirksamkeit der ärztlichen oder ärztlich verordneten Maßnahmen und zur Sicherung der Eingliederung des Behinderten in das Arbeitsleben,
8. Hilfe zur Teilnahme am Leben in der Gemeinschaft.

Behinderten, bei denen wegen der Schwere ihrer Behinderung arbeits- und berufsfördernde Maßnahmen nach Abs. 1 nicht möglich sind, soll nach Möglichkeit Gelegenheit zur Ausübung einer der Behinderung entsprechenden Tätigkeit (insbesondere in einer Werkstatt für Behinderte) gegeben werden.

Soweit es im Einzelfall gerechtfertigt ist, können Beihilfen an den Behinderten oder seine Angehörigen zum Besuch während der Durchführung der Maßnahmen der Eingliederungs-

hilfe in einer Anstalt, einem Heim oder einer gleichartigen Einrichtung gewährt werden.
Die Hilfe nach § 40 Abs. 1 Nr. 3–5 umfaßt auch den Lebensunterhalt des Behinderten (vgl. § 41 BSHG) und – im Falle stationärer Behandlung oder arbeits- und berufsfördernder Maßnahmen – in gewissem Umfang auch den Lebensunterhalt für bisher vom Behinderten überwiegend unterhaltene Personen (vgl. § 42 BSHG).
Die Durchführung der Eingliederungshilfe wurde durch die Eingliederungs-Verordnung vom 28. 5. 1971 (BGBl. I, S. 731) geregelt.
§ 5 dieser Verordnung bestimmt, daß *von einer Behinderung bedroht* im Sinne des § 39 Abs. 1 Satz I Nr. 1 bis 5 BSHG Personen sind, »bei denen der Eintritt einer Behinderung nach allgemeiner ärztlicher oder sonstiger fachlicher Erkenntnis mit hoher Wahrscheinlichkeit zu erwarten ist«.

d) Nachrang der Sozialhilfe

§ 2 BSHG Abs. 1: »Sozialhilfe erhält nicht, wer sich selbst helfen kann oder wer die erforderliche Hilfe von anderen, besonders von Angehörigen oder von Trägern anderer Sozialleistungen, erhält.« Mit diesem Prinzip, daß Sozialhilfe nachrangig gewährt wird, behindert sich die Behindertenhilfe. Denn alle, die meinen, einen Rechtsanspruch auf Hilfe zu haben, müssen erst einmal ihre Bedürftigkeit nachweisen. Fragebögen liegen bereit, die persönlichen und wirtschaftlichen Verhältnisse des Antragstellers und seiner Angehörigen auszuforschen. In der Begründung zum Dritten Änderungsgesetz zum Bundessozialhilfegesetz meinte der Bundesrat: (Drucksache 228/72): »Die bisher mögliche Inanspruchnahme auch entfernter Verwandter (Großeltern und Enkel; Urgroßeltern und Urenkel) entspricht nicht mehr den gewandelten gesellschaftlichen Anschauungen... In der Praxis kommt es immer wieder vor, daß ältere Menschen auf Sozialhilfe verzichten, weil sie befürchten, daß ihre Kinder oder Enkel zum Ausgleich der Sozialhilfeleistungen in Anspruch genommen werden.«
Vom 1. April 1974 an werden deshalb nur noch Verwandte ersten Grades und unterhaltspflichtige Ehegatten in Pflicht genommen. Eine Unterstützung gewährte der Gesetzgeber nur jenen Hilfesuchenden, deren Einkommensgrenze einen

Grundbetrag von 992 Mark für den Haushaltsvorstand nicht übersteigt, zuzüglich eines Betrages für jedes weitere zu unterhaltende Familienmitglied zuzüglich der angemessenen Mietkosten. Das Pflegegeld für Hilflose beträgt monatlich 255, für Schwerstbehinderte 716 Mark.* (1980)
Kennzeichnendes für die Bedeutung des Dritten Änderungsgesetzes zum Bundessozialhilfegesetz steht in der Begründung. Sie markiert die Einschätzung des federführenden Ausschusses des Deutschen Bundestages mit dem Satz: »Die Lage der öffentlichen Haushalte in Bund, Ländern und Gemeinden erfordert eine Beschränkung von Leistungsverbesserungen auf das sozialpolitisch unbedingt Notwendige.« Die Armen, die keine Lobby haben, und deshalb ohnedies seit Jahren gerade die Brosamen an Sozialleistungen erhalten, werden wieder einmal betrogen. Die Gelder für sie auf das »unbedingt Notwendige« zu beschränken, wird ebenso einhellig beschlossen, wie die Gelder für den Rüstungsetat nicht einzuschränken. Es gibt nun einmal Prioritäten, sei die Regierung nun christdemokratisch oder sozial-liberal.

e) Die Untauglichkeit der Ämter

Die Eltern behinderter Kinder scheuen in der Regel den Weg zur Sozialhilfe, weil ihr der Almosengeruch anhaftet. Groß kritisiert dies: »Überwiegend haben die kreisfreien Städte und Landkreise ihre Sozialämter zu Trägern der Sozialhilfe bestimmt, nicht, wie es auch möglich gewesen wäre, die Jugendämter, Schulämter oder Gesundheitsämter. Hierüber herrscht weitgehend Unbehagen. Die Behinderten und ihre Angehörigen sind gegenüber den Sozialämtern zurückhaltend. Sie wollen nicht zum Fürsorgeempfänger werden und empfinden die Bedürfnisprüfung als eine weitere ihnen zugemutete Demütigung. Größer noch sind indes die Bedenken, daß die in den Sozialämtern eingesetzten Kräfte zu Fragen der

* Hier ist ein Hinweis auf die unterschiedliche Belastung der Sozialhilfeträger beim Verbleib des Behinderten in der Familie (geringes Pflegegeld) oder seiner Unterbringung in Einrichtungen und Anstalten mit sehr hohen Pflegesätzen zweckmäßig. Während der Sozialhilfeträger sehr hohe Pflegesätze bezahlen muß, ist er bei der Gewährung des für ihn wesentlich niedrigeren Pflegegeldes oft sehr kleinlich und trägt damit dazu bei, daß Angehörige von Behinderten, um ihrer doppelten pflegerischen und finanziellen Belastung zu entgehen, für den Behinderten einen Heimplatz suchen, was zu einem vermehrten Bedarf an Pflegepersonal und Unterbringungsplätzen führt, die dann wieder aus öffentlichen Mitteln finanziert werden müssen.

Rehabilitation nicht das richtige Verhältnis gefunden haben, daß ihnen das therapeutische und erzieherische Denken fehlt, daß die Rehabilitation Behinderter hier nur eine unter vielen Aufgaben ist, und daß sie sich im wesentlichen darauf beschränken, die im Rahmen der Eingliederungshilfe angefallenen notwendigen Aufwendungen zu erstatten oder Rückgriff zu nehmen, wie sie es auch bei Unterstützungen im Falle der Armut tun.«[15]

Ein weiterer Vorwurf ist der, daß man das BSHG im Rahmen der Eingliederungshilfe kleinlich handhabt und praktisch nie von sich aus aktiv wird. Die Untersuchung über die Situation von Familien mit behinderten Kindern und Jugendlichen zeigt, wie wenig die Behindertenhilfe wirklich ausgenutzt wird (wenn man die Steuererleichterungen abzieht). Beachtenswert an der Statistik über die Ausnutzung ist dabei, daß die Zahl derer, die Hilfe in Anspruch nehmen, niedriger ist als die Zahl derer, die die Hilfsmöglichkeiten kennen[16]: (Mehrfachnennungen möglich)

Steuererleichterungen	58,6
Beihilfen zu Fahrtkosten	32,9
Beihilfen zur angemessenen Schulausbildung	15,0
... stationären bzw. ambulanten Behandlung	8,0
... Versorgung mit Hilfsmitteln	7,6
... Versorgung mit Körperersatzstücken	3,8
... Instandhaltung und Änderung der Körperersatzstücke und Hilfsmittel	2,7
... Unterweisung zum Gebrauch der Hilfsmittel und Körperersatzstücke	1,6
... Verbesserung der wohnungsmäßigen Unterbringung	1,5
... Schulung der Personen, die den Behinderten betreuen	1,4
... Ausbildung für einen Beruf oder sonstige Tätigkeit	1,2
... allgemeinen Ausbildung	0,3

Warum die Eltern nicht gerne die Sozialämter aufsuchen? Das liegt nach der sozialen Deklassierung, die darin besteht, überhaupt dem Sozialamt zugeordnet zu sein, in der oft diskriminierenden Behandlung: »Ein Hilfsplan oder Ausbildungsplan wurde bisher bei keiner Stelle für uns aufgestellt. Ich erhalte lediglich das Pflegegeld laut Bundessozialhilfegesetz. Dabei gibt es auch jedes Jahr neue Schwierigkeiten, da es immer nur für ein Jahr genehmigt wird, also stets von neuem

beantragt werden muß. Das Sozialamt stellt immer erst den Antrag, wenn das Jahr bereits abgelaufen ist.* Alle Sozialhilfeempfänger können zweimal im Jahr einen Antrag auf die notwendige Bekleidung stellen. Die Bearbeitung dauert sehr lange. Dann muß man bis mitten in die Stadt fahren, und zwar vormittags, wenn die Kinder Schule haben, und Wartezeiten von zwei bis drei Stunden in einem fensterlosen Flur in Kauf nehmen. Oft ist auch gar nicht da, was man wirklich braucht. Und wenn man den Mund aufmacht, heißt es einfach: ›Wenn es Ihnen nicht paßt, brauchen Sie es ja nicht zu nehmen.‹ Viel ratsamer wäre es, wenn man eine finanzielle Zuwendung bekäme und selbst kaufen könnte, was nötig ist.«[17]
Josef J. Kopp, spastisch gelähmt, fragt sich, wieweit diese Behörden von ihren Organisationsstrukturen her überhaupt in der Lage sind, einen Rehabilitationsprozeß fördernd zu beeinflussen. Geht der vorgetragene Fall über das routinemäßig zu Erledigende hinaus, versuchen die Behörden abzuwimmeln. Der Antragsteller jedoch, uninformiert und im Umgang mit Behörden unerfahren, dringt nicht zu den besser informierten höheren Dienststellen durch. Kopp: »So ist es mir mehrmals geschehen, daß eine Dienststelle, mit der ich Differenzen in der Auslegung von Ermessensfragen hatte, mir zumutete, dies vor einem Sozialausschuß oder vor dem Sozialgericht auszutragen, während sich gangbare Lösungen anstehender Fragen simpel ein Stockwerk höher bei einer anderen Dienststelle angeboten hätten, wie sich im nachhinein herausstellte, aber nicht aufgrund einer Initiative der verhandelnden Dienststelle, sondern durch eigene Recherchen. Die Erniedrigung, die darin steckt, als Behinderter der Phantasielosigkeit eines nur legalistischen Vorschriftenrechts ausgesetzt zu sein, möchte ich nicht noch besonders erwähnen. Schon der Soziologe Max Weber hat darauf hingewiesen, daß sich Rechtsgleichheit bei fehlender Statusgleichheit als Fiktion erweist. Besorgt ist hier die Frage zu stellen, wie weit das Maß an Ausgeliefertsein an eine dem legalistischen Vorschriftdenken verhaftete Sozialbehörde zu gehen vermag, wenn nicht Eigeninitiative des Behinderten selbst gangbare

* »Das Sozialamt stellt immer erst den Antrag, wenn das Jahr bereits abgelaufen ist.« – Hier ist nicht erkennbar, was gemeint sein könnte, zumal Sozialämter von sich aus keine Anträge stellen, sondern nur zuerkennen oder ablehnen. Richtig ist lediglich, daß Sozialämter die Pflicht haben, Leistungen auch ohne Antrag zu gewähren, falls ihnen ein Anspruchsrecht bekannt wird.

Lösungen zu finden imstande ist, zumal hier keine mächtige Standesvertretung schützend eingreift.«[28]
Theorie und Praxis in der Auslegung und Handhabung des BSHG zeigt die folgende Dokumentation: Nach der Eingliederungshilfe-Verordnung § 9 nach § 47 des BSHG in der Fassung vom 28. 5. 71 wird Hilfe zur Beschaffung eines Kraftfahrzeuges »gewährt«, wenn der Behinderte »zum Zwecke seiner Eingliederung, vor allem in das Arbeitsleben, auf die Benutzung eines Kraftfahrzeuges angewiesen ist«. Der Vater des berufstätigen Behinderten Werner Ließ stellt deshalb, unter Berufung auf das BSHG, einen Antrag auf Förderung.
Der Antrag an das Sozialamt wird Frühjahr 1970 gestellt.
Am 3. Dezember 1970 schreibt der Vater an das Sozialamt, warum er bisher noch keinen Bescheid bekommen hat.
Am 11. Dezember 1970 antwortet das Sozialamt, es läge kein Antrag vor. Jedoch sei auch der Arbeitgeber tätig geworden und wolle die notwendigen Unterlagen beschaffen. »Von uns können Sie dann mit zügiger Bearbeitung rechnen. Hochachtungsvoll ...«
Am 29. Dezember 1970 teil das Sozialamt mit, die Unterlagen seien eingetroffen. »Wir weisen Sie darauf hin, daß *vor* Abschluß eines Kaufvertrages über das Kraftfahrzeug unbedingt die Entscheidung des Landessozialhilfeamtes abgewartet werden muß ...«
Am 24. Februar 1971 meldet sich die Landesversicherungsanstalt und übersendet die notwendigen Antragsvordrucke.
Am 6. April 1971 meldet sich die Landesversicherungsanstalt wieder und schreibt dem Behinderten: »Zu Ihrem Antrag vom 2. 3. 1970 (also war der erste Antrag doch eingetroffen!) auf Gewährung eines Zuschusses zur Anschaffung eines Kraftfahrzeuges müssen wir Ihnen zu unserem Bedauern mitteilen, daß im gegenwärtigen Zeitpunkt eine abschließende Entscheidung noch nicht getroffen werden kann ... Zu gegebener Zeit werden wir erneut in dieser Angelegenheit berichten.«
Am 7. Dezember 1971, bald zwei Jahre nach dem ersten schriftlichen Antrag, entscheidet der Präsident des niedersächsischen Verwaltungsbezirks, das Landessozialamt. Das Schreiben beginnt mit einem für Laien völlig unverständlichen Paragraphen-Wirrwarr: »Die Hilfe zur Beschaffung eines Kraftfahrzeuges gilt nach § 9 der Verordnung nach § 47

des Bundessozialhilfegesetzes (Eingliederungshilfe-Verordnung) in der Fassung vom 28. 5. 1971 (Bundesgesetzblatt I S. 731) als Hilfe im Sinne des § 40 Abs. 1 Nr. 2 des Gesetzes, für die der überörtliche Träger der Sozialhilfe nach § 100 Abs. 1 Nr. 2 BSHG sachlich zuständig ist. Die Stadt Braunschweig hat mir daher Ihren Antrag zur zuständigen Entscheidung übersandt.«
Nach einer weiteren Rechtsmittelbelehrung wird der behinderte Antragsteller aufgeklärt, »daß zunächst die Ansprüche gegen die Träger anderer Sozialleistungen (Rentenversicherungsträger, Bundesanstalt für Arbeit) im Hinblick auf den absoluten Nachrang der Sozialhilfe zu verfolgen sind. Insbesondere ist die Bundesanstalt für Arbeit – hier: Arbeitsamt Braunschweig – gemäß § 53 Arbeitsförderungsgesetz (AFG) in Verbindung mit § 86 der Anordnung des Verwaltungsrates der Bundesanstalt für Arbeit für die Arbeits- und Berufsförderung Behinderter (AReha) vom 2. 7. 1970 vorrangig leistungspflichtig. Auch der zuständige Rentenversicherungsträger – LVA Braunschweig – hat vorrangig zu entscheiden, ob im Rahmen der Erhaltung, Besserung und Wiederherstellung der Erwerbsfähigkeit (§ 1226 RVO) eine Leistung zu gewähren ist.«
Eine weitere Aufzählung von Paragraphen folgt. Dann kommt die Behörde zur Sache: »Es ist zweifelhaft, daß durch ein Kraftfahrzeug besonders bei Berücksichtigung der Wege von und zu dem jeweiligen Abstellplatz der Arbeitsweg wesentlich erleichtert und damit die Eingliederung besser erreicht werden kann. Ein Kraftfahrzeug ist somit zur Eingliederung in das Erwerbsleben nicht erforderlich. Auch notwendige Arztbesuche oder die Teilnahme an kulturellen Veranstaltungen, soweit öffentliche Verkehrsmittel wegen der Behinderung nicht genutzt werden können, und Ihnen auch die Benutzung des Krankenfahrstuhles nicht zuzumuten ist, rechtfertigt im Hinblick auf das notwendige Maß der Sozialhilfe nicht die Beschaffung eines Kraftfahrzeuges aus Sozialhilfemitteln. In diesen Fällen kann Ihnen nötigenfalls die Benutzung eines Mietwagens zugemutet werden. Gegen diesen Bescheid kann innerhalb eines Monats nach Bekanntgabe Widerspruch erhoben werden. Der Widerspruch wäre schriftlich oder zur Niederschrift bei mir einzulegen.«
Die bürokratische Hierarchie läßt den Bittsteller seine Abhängigkeit deutlich merken, sie gibt Gunstbeweise je nach

Laune und demonstriert damit das Abhängigkeitverhältnis. Der Beamte, der unter dem Signum »Der Präsident des ...« in diesem Fall seine Gunst verweigert, illustriert mit jedem Wort Alexander Mitscherlichs Behauptung, der Vertreter der Administration genieße seine Potenz-Gefühle, wenn er mit den ›Bittstellern‹ verhandelt.[19]

Der Instanzenweg zermürbt, führt dazu, daß die Antragsberechtigten verzichten.

Zum Duzen die Genehmigung des Anstaltsleiters gebraucht

Tonbandprotokoll aus einem Heim

Ja natürlich, von der Persönlichkeit her hat jeder anzuklopfen. Das ist ganz logisch.

Das fällt einem schon gar nicht mehr auf, das fällt einem nur noch auf, wenn einer anklopft, dann fällt es einem auf.

Als sehr angenehm.

Ja eben, dann fällt es einem auf. Im positiven Sinne, man sagt, es gibt noch Leute, die anklopfen, wenn sie reinkommen. Es kann natürlich passieren, daß das nicht der Fall ist.

Aber das macht nicht nur das Pflegepersonal, das machen auch die führenden Personen hier.

Ich glaube, in so einem Haus ist das schon ein Zugehörigkeitsbereich, man empfindet das schon gar nicht mehr als einen Eingriff in die persönliche Atmosphäre. Man achtet nicht mehr, daß man **anklopft**. Das geht im ganzen eben unter.

Es ist doch bemerkenswert: Es wird bei uns in der Regel nicht angeklopft. Jetzt sitz' ich mit Besuch im Zimmer. Ich habe also männlichen Besuch. Jetzt, der erste stürzt rein: O Gott, Verzeihung, hätt ich gewußt. – Macht nichts, kommen Sie ruhig rein, bitte schön. So, jetzt geht er wieder raus. Nach einer Weile muß wieder einer rein. Man hört's schon draußen vor der Tür krummeln, es wird also angeklopft. Herein! Ich muß leider wieder stören. Bitte schön! Er kommt auch noch ein drittes Mal, er kommt immer wieder. Und da, in dem Moment, stößt es einem so angenehm auf, wie schön es ist, wenn angeklopft wird. Vorher, beim ersten Mal, na ja, man verjagt sich, und es gibt Situationen, wo es einem absolut nicht angenehm ist, daß man überrascht wird, aber ... ich finde, man sollte doch wirklich dahinkommen, daß angeklopft wird, egal, wer da reinkommt. Wenn wir die Zimmer unserer Kolleginnen besuchen, dann klopf ich auch an.

Wenn Sie in das Zimmer vom Pflegepersonal reinwollen? Klopfen Sie da an?

Natürlich würd' ich anklopfen, nur klopf ich überall an.

Ja es ist uns ja unmöglich gemacht, die Zimmer des Pflegepersonals zu besuchen, man hat wohlweislich den Fahrstuhl nicht höher gebaut, sonst hätten wir ja womöglich hinaufgekonnt. Und das wollte man doch unterbinden. Denn irgendwo muß ja die Grenze sein. Das Personal muß seine persönliche Sphäre wahren können.

Dieses Verbot, daß wir nicht in den Wohnbereich dürfen, ja immer wieder damit in Zusammenhang zu bringen ist, daß der Betreuer und der Betreute nicht in einen persönlichen Kontakt kommen sollen. Und deshalb bemerkte ich, daß man mir noch keinen Strick daraus gedreht hat, daß ich eine persönliche Beziehung zu einem Betreuer habe.

Ja, das war schon soweit, daß man es nicht einmal gern sah, wenn zwischen den Männern, also einem Pfleger und uns, eine Freundschaft oder eine gute Beziehung zueinander bestand. Das war gar nicht gern gesehen. Also am liebsten mit »Sie« und immer auf Distanz. Es war eine Zeit, da wurde es ganz streng angesprochen.

Ja, und daß der **Pfleger** in seiner Freizeit nichts auf den Stationen zu suchen hat.

Wenn er Feierabend hat, soll er die Station verlassen und nur dann wiederkommen, wenn er Dienst hat. Ja, also jeden Kontakt mit den Leuten, die er zu betreuen hat, ausschalten. Aber ich glaube, davon ist man in der Zwischenzeit abgegangen.

Ja, ich habe mal vor mehreren Jahren die Genehmigung des Vorstehers, sprich des Anstaltsleiters gebraucht, um mich mit einem Pfleger duzen zu dürfen. Es wird nicht gern gesehen, aber es wird trotzdem gemacht.

Ja, eigentlich ist das ja schon ein Eingriff in das private Leben. Das ist ja eigentlich schon verfassungswidrig, das ist ja ein Eingriff in die Grundrechte des Bürgers. Wenn man ihm das verbietet. Aber bei uns darf man es.

Ja, daran sieht man wieder immer noch die Abhängigkeit des Behinderten, daß man ihm entgegen der Grundrechte etwas verbietet. Das kann man nur mit Behinderten tun.

VII Berufliche Rehabilitation zwischen Anspruch und Wirklichkeit

1. Propaganda und Wirklichkeit

Bei einem Arbeitsamt, dessen Beratungsstelle für Rollstuhlfahrer lediglich über einen komplizierten Weg durch Garage und Keller zu erreichen ist und dessen Toiletten von Rollstuhlfahrern nicht benutzt werden können, da die Türen zu schmal sind, drückt mir 1973 der zuständige Referent einen leinengebundenen Prachtband in die Hand: »Berufliche Rehabilitation Behinderter« von der Bundesanstalt für Arbeit. Dort heißt es zur Einführung, und damit wird der Behinderte in erster Linie für das Gelingen der Rehabilitation selbst verantwortlich gemacht: »Behinderte in früheren Zeiten trugen die Last ihres Schicksals oft allein; heute finden sie dagegen mannigfache Hilfen. Im Mittelpunkt vielfältiger beruflicher Hilfen steht das menschliche Einzelschicksal. Entscheidend für den Erfolg ist der mitgehende Wille, die gebotene berufliche Aus- und Weiterbildung in Rehabilitationsstätten, Lehrgängen und Schulen zu nützen und sich an den Arbeitsplätzen zu bewähren.«[1] 1973 standen den jährlich 200000 Neubehinderten etwa 10000 Ausbildungs-/Umschulungsplätze zur Verfügung. Doch weiter: »Im Beruf verwirklicht der Mensch sich selbst; Arbeit gibt dem Leben Inhalt und Richtung.«[2] Deshalb wollen die Behinderten, so die Bundesanstalt, »nicht außerhalb der Gemeinschaft der Schaffenden stehen«[3], wollen auch in die »Schaffensgemeinschaft«[4] aufgenommen werden.
Angesichts der totalen Verdrängung der Behinderten aus dem öffentlichen Leben sind Verbesserungen für die Betroffenen selbst wenig spürbar. Da müssen die behinderten Schüler der Bochumer Körperbehindertenschule selbst aktiv werden, weil nicht einer ihrer Schulabgänger nach der Schule einen Arbeitsplatz fand. Da berichtet ein Behinderter über seine Ausbildung in einer Anstalt: »Daß ich trotz meines Kaufmannsgehilfenbriefes ein halbes Jahr warten mußte, bis ich Arbeit fand, zeigt wieder, daß draußen Ausbildung und Prüfungen in Anstalten nicht viel Wert haben. Ich wurde als

ungelernter Arbeiter eingestuft ...« Und über die Behandlung durch die Behörden schreibt der gleiche Autor: »Sie sollen nicht immer so tun, als schenkten sie uns etwas! Was habe ich alles einschalten müssen, um einen zinslosen Kredit durch den Landkreis zu bekommen. Was hat meine Mutter alles durchmachen müssen, bis die Finanzierung des Anstaltsaufenthaltes sichergestellt war. Wenn man nun einen Arbeitsplatz hat und sich aber noch weiterbilden will, wird einem gesagt: Seien Sie froh, daß Sie überhaupt untergekommen sind!«[5]

Und immer noch gilt, was Oberregierungsrat Heinrich Oels (Bundesministerium für Arbeit) vor mehr als zwei Jahrzehnten kurz auf die Formel brachte: »Häufig steht der geschädigte Jugendliche vor der Tatsache, sich für einen Beruf entscheiden zu müssen, zu dem er innerlich keine Bindung spürt«.[6]

Von den Blinden ist bekannt, daß sie im Vergleich zu anderen Behinderten ein hohes berufliches Niveau erreichen. Da arbeiten blinde Juristen, Verwaltungsbeamte, Organisten. Doch auch bei dieser (den anderen gegenüber privilegierten) Gruppe stimmt das Image nicht mit der Realität überein. Immerhin hat nur ein Bruchteil der Blinden Arbeit gefunden. Einen ungefähren Einblick gibt eine Übersicht der Kriegsblinden: Danach arbeiteten von rund 6000 Kriegsblinden 3260. Von diesen sind 885 »Handwerker, also Bürstenmacher, Korbflechter, Mattenflechter, Klammermacher, Weber, Stricker und sonstige Handwerker. 89 unserer Kameraden sind Landwirte, 349 Masseure. Selbständige Gewerbetreibende im Groß- und Einzelhandel und im ambulanten Gewerbe gibt es 154. Unter unseren Mitgliedern sind 103 kriegsblinde Juristen, 18 Dozenten und Lehrer, 12 Geistliche, 22 sonstige Akademiker, 303 Beamte des gehobenen und mittleren Dienstes sowie Angestellte in vergleichbaren Stellungen, 234 Schreibkräfte, 615 Telefonisten, 16 Künstler (Organisten, Rezitatoren, Musiker), 391 Industriearbeiter und 70 Kameraden sind in anderen Berufen tätig.«[7] Und während in der Öffentlichkeit von den attraktiven Blinden die Rede ist, wandern immer noch Vertreter der Kriegsblinden von Tür zu Tür, um Bürsten, Schrubber, Fußmatten und Wäscheklammern wie Hausierer an den Mann zu bringen: »Bitte schenken Sie uns Ihr Vertrauen«, heißt es in einem vom Geschäftsführer der Kriegsblinden-Handwerker-Fürsorge unterzeichneten Blatt, »Sie helfen mit, dem Kriegsblinden

sein Dasein in ewiger Dunkelheit lebenswert zu gestalten. Weisen Sie bitte unseren Vertreter nicht ab. Derselbe nimmt auch den kleinsten Auftrag gerne entgegen.« Wer so um Almosen bitten muß, ist nicht rehabilitiert.
Über die berufliche Situation der Gehörlosen gibt eine Untersuchung der Universität Bochum Aufschluß.[8] Danach erreichen die 45 000 erwachsenen Gehörlosen in ihrer Arbeit fast ausnahmslos nur Tätigkeiten in der Sozialschicht I und II (Sozial Verachtete/Unten und unterste Mitte/oberes Unten). Zwar wurden einige Gehörlose mit einer Meisterausbildung gefunden, doch arbeiteten sie nicht in Meisterpositionen. Der Meistertitel diente lediglich dazu, die gegebene Berufsposition zu halten. Nach der Statistik hätten 13 gehörlose Meister erwartet werden müssen, es waren jedoch nur vier. Fortbildungs- und Aufstiegsmöglichkeiten entfallen. Nicht *ein* Gehörloser erreichte die Hochschulreife. Doppelt so viele Gehörlose sind mit ihrer Ausbildung unzufrieden wie in der berufstätigen vergleichbaren Gesamtbevölkerung. Der gehörlose Goldschmied, Zahntechniker, technische Zeichner wird nicht voll in seinem Beruf eingesetzt, sondern nur mit Marginalfunktionen: Der gehörlose Goldschmied macht ausschließlich Reparaturen, Schneiderinnen nähen ausschließlich Knopflöcher oder sind als Büglerinnen beschäftigt. Gehörlose, so das Fazit, sind infolge ihrer Hör-Sprachbehinderung auf den unteren Randpositionen angesiedelt worden.
Eine Denkschrift des baden-württembergischen Innenministeriums schreibt: »Nach dem Abschluß einer Berufsausbildung bereitet bei der heutigen Arbeitsmarktlage auch die Arbeitsvermittlung für Behinderte keinerlei Schwierigkeiten. In nahezu allen Fällen ist heute eine berufliche Eingliederung Behinderter nach erfolgreichem Abschluß einer Rehabilitationsmaßnahme möglich.« Das Institut für Arbeitsmarkt- und Berufsforschung der Bundesanstalt für Arbeit (IAB) hat 1970 eine Repräsentativerhebung über die Berufsverläufe behinderter männlicher Erwerbspersonen vorgenommen. Christian Brinkmann hat in einem Aufsatz »Minderung der Erwerbsfähigkeit (Behinderung) und Berufsverlauf« (in: Mitteilungen aus der Arbeitsmarkt- und Berufsforschung, Nr. 1/1973) wichtige Daten zusammengetragen:
Danach sind mehr als ein Drittel der Behinderten nicht ihrer Ausbildung entsprechend beschäftigt. Bei behinderten Absolventen der Mittleren Reife mit Lehre sind es mehr als die

Hälfte. Doppelt so viele behinderte Facharbeiter sind lediglich als un- und angelernte Arbeiter beschäftigt als nichtbehinderte Facharbeiter. Behinderte steigen um die Hälfte weniger in mittlere oder gehobene Posten auf als Nichtbehinderte. Die Behinderung also, und nicht die fachliche Qualifikation, bestimmen den Berufsverlauf rehabilitierter Behinderter.

2. Arbeits- und Berufsförderung durch das Arbeitsamt – Arbeitsförderungsgesetz

Das »Arbeitsförderungsgesetz«, am 1. Juli 1969 in Kraft getreten (hierzu wurden von der Bundesanstalt für Arbeit am 2. Juli 1970 Verwaltungs-Anordnungen erlassen), ließ die Inanspruchnahme der Arbeits- und Berufsförderung durch Behinderte deutlich ansteigen:

Abschließend bearbeitete Einzelfälle der beruflichen Rehabilitation[9]

Kalenderjahr	Abschließend bearbeitete Einzelfälle	Mehr (+) oder weniger (−) gegenüber dem Vorjahr in %	Abschließend bearbeitete Reha-Fälle auf 10000 unselbständige Erwerbstätige
1959	33 937		16,9
1960	41 332	+21,8	20,1
1961	45 753	+10,7	21,9
1962	48 751	+ 6,6	23,1
1963	50 839	+ 4,3	23,7
1964	50 693	− 0,3	23,6
1965	54 204	+ 6,9	24,9
1966	54 838	+ 1,2	25,0
1967	56 013	+ 2,1	26,8
1968	67 559	+20,6	32,3
1969	73 478	+ 8,8	34,4
1970	80 090	+ 9,0	36,9
1971	89 312	+11,5	41,0

Das AFG widmet der beruflichen Rehabilitation Behinderter in den §§ 56–62 ein besonderes Kapitel. § 56 bestimmt den Personenkreis, der gefördert werden kann. In Anlehnung an § 39 BSHG fallen darunter neben den körperlich und geistig Behinderten nun auch seelisch Behinderte. Gewährt werden

Maßnahmen zur beruflichen Ausbildung, Fortbildung und Umschulung. Doch dürfen die Arbeitsämter nach einem Urteil des Bundessozialgerichts (Aktenz.: 7 RAr 12/72) nur kurzfristige Umschulungsmaßnahmen finanziell fördern, die maximal drei Jahre nicht übersteigen. Längerfristige Förderung ist abzulehnen. Ein Hochschulstudium darf nicht finanziert werden. (Das Arbeitsförderungsgesetz sieht neben der individuellen Förderung Behinderter auch die institutionelle Förderung vor. Die Arbeitsverwaltung beteiligt sich z. B. finanziell an der Erstellung und Ausrüstung von Behinderten-Werkstätten. Für die institutionelle Förderung stehen – gemessen am Bedarf – nur unzureichende Mittel zur Verfügung. Für die Förderung eines Hochschulstudiums Behinderter gelten die allgemeinen Bestimmungen des Bundesausbildungsförderungsgesetzes.)
Anders als früher *kann* die Bundesanstalt ihre Maßnahmen bereits einleiten, wenn eine Behinderung droht. Es muß also nicht mehr der Invaliditätsfall erst eingetreten und der Arbeitsplatz bereits verloren sein. Wie bei den sogenannten Gesunden hat der Behinderte einen Rechtsanspruch auf *angemessene* Leistungen, wenn er im Arbeitsleben gestanden hat, dorthin zurückkehren oder zum erstenmal für eine versicherungspflichtige Tätigkeit ausgebildet werden will. Doch dieser Rechtsanspruch wird zugleich eingeschränkt: Denn nach § 36 AFG dürfen Leistungen zur individuellen Arbeits- und Berufsförderung nur *gewährt* werden, wenn die Förderung unter Berücksichtigung der Lage und der Entwicklung des Arbeitsmarktes sowie der beruflichen Eignung *zweckmäßig* erscheint. Außerdem werden nur Personen gefördert, die eine die Beitragspflicht begründende Tätigkeit ausüben wollen und deren Fähigkeiten und bisherige berufliche Tätigkeiten erwarten lassen, daß sie an den Fortbildungsmaßnahmen mit Erfolg teilnehmen werden. Damit entfallen Schwerstbehinderte und diejenigen Behinderten, die aufgrund des katastrophalen Zustands von Frühdiagnostik, Frühbehandlung, Vorschuleinrichtungen, Heimen und Sonderschulen nicht die Voraussetzungen für berufsfördernde Maßnahmen mitbringen. Solange die Rehabilitations-Basis fehlt, zielen die Paragraphen ins Leere.

Art und Ursache der Behinderung von Rehabilitanden (in %) 1971

Art der Behinderung	Krankheiten	angeborene Leiden	Arbeitsunfälle	andere Unfälle	Kriegs- und Wehrdienstbeschädigungen	sonstige Ursachen
Verlust von Gliedmaßen	11,5	2,1	27,6	24,3	32,7	1,8
Sonstige Schäden und Erkrankungen des Stütz- u. Bewegungsapparates	70,3	8,1	7,4	6,8	3,4	4,0
Querschnittslähmungen	23,3	10,1	16,7	46,3	2,0	1,6
Folgezustände nach spinaler Kinderlähmung	93,4	5,1	0,2	0,5	0,2	0,6
Hirnschädigungen	34,6	23,9	10,9	20,1	8,4	2,1
Störungen der Sehfähigkeit	47,1	26,4	9,4	8,9	4,2	4,0
Störungen der Hörfähigkeit	37,1	53,0	1,5	1,9	2,4	4,1
Tuberkulose der Atmungsorgane	89,9	0,3	1,7	0,3	6,6	1,2
Herz- u. Kreislauferkrankungen	90,7	5,0	0,4	0,6	0,9	2,4
Andere innere Krankheiten	89,9	2,1	3,4	1,2	1,7	1,7
Organische Nervenschäden, geistige Defektzustände, geistige und nervöse Störungen	24,1	33,3	0,2	0,7	0,2	41,5
Sonstige Erkrankungen oder Schäden	48,6	9,2	17,6	11,6	5,5	7,5
Insgesamt	57,2	13,3	7,9	6,7	4,3	10,6

Eine Aufschlüsselung der Bundesanstalt für Arbeit zeigt, daß die während der Berufszeit verursachten Behinderungen (im Gegensatz zu den angeborenen Behinderungen) im Vordergrund der Förderung stehen (s. vorstehende Tabelle).
Zum Kapitel über die Rehabilitationsleistungen nach Art der Behinderungen bemerkt die Bundesanstalt, daß sich die Rehabilitation auf zweckmäßige berufliche *Umstellungen* beziehe, um die Leistungsfähigkeit auf einem anderen Tätigkeitsgebiet möglichst zu erhalten (siehe Tab. S. 127):
In welchem Ausmaße die besonders benachteiligten Behinderten aus den Förderungsmaßnahmen ausgeklammert sind, zeigt die Tabelle über die Schulbildung. Es gibt keinerlei Hinweise, ob und wieweit etwa die Absolventen der Sonderschulen gefördert wurden. Und die Tatsache, daß das Heer jener Behinderten, die niemals eine Schule besuchen konnten (weil sie entweder nicht in die Grundschule aufgenommen wurden und es andererseits keine Sonderschulen gab), überhaupt nicht in der Statistik auftaucht, auch nicht bruchstückhaft, zeigt wiederum, daß das AFG eben der Umschulung bereits im Erwerbsleben Stehender dient, aber nicht der Heranführung der vom Berufsleben Ausgesperrten (siehe Tab. S. 128):

Abschließend bearbeitete Einzelfälle der beruflichen Rehabilitation nach der Art der Behinderung

Art der Behinderung	1971 absolut	1971 %	Mehr (+) oder weniger (−) gegenüber dem Vorjahr absolut	Mehr (+) oder weniger (−) gegenüber dem Vorjahr %
Verlust von Gliedmaßen	3 433	3,8	+ 335	+10,8
Sonstige Schäden und Erkrankungen des Stütz- und Bewegungsapparates	19 534	21,9	+ 47	+ 0,2
Querschnittslähmungen	744	0,8	+ 161	+27,6
Folgezustände nach spinaler Kinderlähmung	1 702	1,9	+ 309	+22,2
Hirnschädigungen	2 869	3,2	+ 434	+17,8
Störungen der Sehfähigkeit	3 333	3,7	+ 290	+ 9,5
Störungen der Hörfähigkeit	1 685	1,9	+ 332	+24,5
Tuberkulose der Atmungsorgane	4 021	4,5	− 414	− 9,3
Herz- und Kreislauferkrankungen	5 998	6,7	− 94	− 1,5
Andere innere Krankheiten	10 788	12,1	+1 061	+10,9
Organische Nervenschäden, geistige Defektzustände, geistige und nervöse Störungen	15 678	17,6	+1 792	+12,9
Sonstige Erkrankungen oder Schäden	19 527	21,9	+4 969	+34,1
Insgesamt	89 312	100,0	+9 222	+11,5

Sieht man sich die Statistik über die »abschließend bearbeiteten Einzelfälle« näher an, fällt auf, daß lediglich 37,8% abschließend bearbeitet wurden, wovon wiederum ein Drittel der Behinderten sich selbst einen Arbeitsplatz oder eine Ausbildungsstelle suchten oder suchen mußten. Auffällig hoch liegt auch der Anteil jener Behinderten, denen eine fehlende Bereitschaft bescheinigt wird: jedem achten Behinderten fehlt also die Bereitschaft.

Die Dienststellen der Bundesanstalt für Arbeit *können* von sich aus die Initiative ergreifen, wenn die Notwendigkeit rehabilitativer Maßnahmen erkannt ist. Sie übernehmen dabei die Kosten unter dem Vorbehalt, sie bei dem vorrangig verpflichteten Kostenträger später wieder einzuziehen. An die Sozialhilfe können keine Kosten verwiesen werden. Findet sich kein anderer Kostenträger, ist die Bundesanstalt zur Zahlung verpflichtet. Mit dieser Regelung soll die frühere Praxis verhindert werden, daß ein Hilfesuchender von einer zur anderen Stelle gehetzt wird, ohne daß die Rehabilitation begonnen wurde, da die Trägerschaft ungeklärt blieb. Als Kostenträger treten auf (siehe Tab. S. 129):

Abschließend bearbeitete Einzelfälle der beruflichen Rehabilitation nach der Schulbildung der Behinderten

Schulbildung	absolut	%
Hauptschulbildung	78 519	87,9
darunter ohne Abschluß	*19 561*	*21,9*
ohne mittleren Bildungsabschluß	1 655	1,9
mit mittlerem Bildungsabschluß	4 301	4,8
Abitur	701	0,8
Fachschule	529	0,6
Hochschule	129	0,1
Schulbildung unbekannt	3 478	3,9
Insgesamt	89 312	100,0

Abschließend bearbeitete Einzelfälle der beruflichen Rehabilitation des Jahres 1971 nach Art des Abschlusses

		Fälle	%
1. *Abgeschlossen durch:*			
Vermittlung in Arbeit	13 992		
darunter			
nach berufsfördernden Maßnahmen	3 098		
mit finanzieller Förderung durch BA	4 192		
mit weiteren Hilfen	1 031		
Vermittlung in Berufsbildungsstellen	4 527		
darunter			
nach berufsfördernden Maßnahmen	498		
mit finanzieller Förderung durch BA	1 298		
mit weiteren Hilfen	155		
Aufnahme selbst gesuchter Arbeit oder Berufsausbildung	10 132		
darunter			
nach berufsfördernden Maßnahmen	1 233		
mit finanzieller Förderung durch BA	778		
mit weiteren Hilfen	355		
Innerbetriebliche Regelung unter Mitwirkung des Arbeitsamtes	5 115	33 766	37,8
2. *Vorläufig abgeschlossen durch:*			
Besuch berufsbildender Schulen	2 609		
Teilnahme an berufsfördernden Maßnahmen (1 Jahr und länger)	14 655	17 264	19,3
3. *Anderweitig abgeschlossen durch:*			
Eingehende Raterteilung	8 800		
Medizinische Maßnahmen	3 448		
Maßnahmen der Sozialhilfe	942		
Mangelnde Eignung für Reha-Maßnahmen	4 439		
Fehlende Bereitschaft des Behinderten zu Reha-Maßnahmen	11 082		
Sonstige Erledigung (Änderung der persönlichen Verhältnisse und andere Gründe)*	9 571	38 282	42,9
Insgesamt abgeschlossen		89 312	100,0

* z. B. durch Verschlechterung des Gesundheitszustandes

Kostenträger für vorbereitende berufsfördernde Maßnahmen* zur beruflichen Eingliederung von Rehabilitanden

Kostenträger	1966	1967	1968	1969	1970	1971
		(in % aller Fälle)				
Rentenversicherungsträger	49,8	50,8	44,3	46,8	45,3	45,1
Bundesanstalt für Arbeit	13,4	16,5	29,6	28,8	34,9	41,6
Berufsgenossenschaften	8,8	8,5	7,4	8,1	7,0	5,5
Sozialhilfe	13,0	11,4	9,7	6,1	4,0	2,0
Versorgungsämter und Hauptfürsorgestellen	11,0	9,0	6,1	5,2	3,6	2,5
Sonstige	4,0	3,8	2,9	5,0	5,2	3,3

* soweit sie finanzielle Aufwendungen verursachten

Die Bundesanstalt für Arbeit als Träger der (allein) beruflichen Rehabilitation soll mit ihrem Netz von Arbeitsämtern die zentrale Beratungsstelle für Behinderte sein (sofern nicht Stufen den Zugang verwehren). Die Beratung *kann* schon am Krankenbett beginnen. Die Maßnahmen *sollen* eingeleitet werden, sobald es der Zustand des Behinderten oder Kranken erlaubt. Ohne Verzögerung *sollen* sie im Rahmen eines zwischen den beteiligten Stellen abgestimmten *Gesamtplans* ineinandergreifen und zu einer möglichst vollständigen wie dauerhaften Eingliederung führen.
Die Bundesanstalt hat die notwendigen Maßnahmen vorzuschlagen. »Die Bestrebungen«, so Ministerialrat K. Jung, »hier der Bundesanstalt eine noch stärkere Stellung etwa in dem Sinne zu geben, daß sie zu Lasten der anderen Träger Maßnahmen ›veranlassen‹ oder ›einleiten‹ kann – haben sich nicht durchgesetzt.«[10] Hier tauchen plötzlich wieder die Nachteile des sogenannten gegliederten Systems auf, daß die Vielfalt der Träger eine Koordination zugunsten der Behinderten behindert. Es fehlt eine Bundesanstalt für Rehabilitation, die einheitliche Regelungen ohne Rücksichtnahme auf Institutionsegoismus treffen kann.*

* Wie das AFG sieht das BSHG (§ 46) die Aufstellung eines Gesamtplanes für den Rehabilitanden vor. Rückfragen betreffend den Gesamtplan nach dem BSHG haben ergeben, daß ein solcher in der Mehrzahl der Fälle nicht erstellt wird. Verschiedene Behörden haben dies offen bekannt. Die Auskünfte der übrigen ließen erkennen, daß die Behörden wegen fehlender Sachkunde oder Koordination unvollkommene oder unbrauchbare »Pläne« erstellen. Ein »Gesamtplan« bestand lediglich in dem Vermerk, daß dem Behinderten ein Paar orthopädische Schuhe verschrieben wurden.
Es ist anzunehmen, daß auch von der Arbeitsverwaltung die nach dem AFG vorgeschriebenen Gesamtpläne entweder gar nicht oder nur unzureichend aufgestellt werden.

3. Die Beschäftigung Schwerbehinderter – das Schwerbehindertengesetz

Das Schwerbeschädigtengesetz in der Fassung vom 14. August 1961 (BGBl. I S. 1233), zuletzt geändert durch das Zweite Gesetz zur Änderung des Bundesseuchengesetzes vom 25. August 1971 (BGBl. I S. 1401) sollte Schwerbeschädigten und ihnen Gleichgestellten Arbeitsplätze sichern. Schwerbeschädigte waren (§ 1) vor allem Deutsche, die nicht nur vorübergehend um wenigstens 50 von Hundert in ihrer Erwerbsfähigkeit gemindert sind. Danach mußten die Verwaltungen des Bundes (z. B. Verwaltung des Bundestages und -rates, Bundespräsidialamt, Bundesbahn), der Länder, der Gemeinden und der sonstigen Körperschaften, Stiftungen und Anstalten des öffentlichen Rechts auf »wenigstens« zehn von hundert und die öffentlichen und privaten Betriebe auf *»wenigstens«* 6 von hundert Arbeitsplätzen Schwerbeschädigte beschäftigen (§ 3). Wer dabei Kriegsblinde und sonstige Empfänger von Pflegezulage nach dem Bundesversorgungsgesetz (Kriegsbeschädigte) oder Empfänger von Pflegegeld nach der gesetzlichen Unfallversicherung sowie Blinde beschäftigte, bekam zwei Pflichtplätze angerechnet. Im Klartext: Ein Kriegsblinder war zwei andere Schwerbeschädigte wert, womit der Privilegierung der Kriegs- und Arbeitsopfer und der Blinden Rechnung getragen wurde. Firmen, die keine Schwerbeschädigten einstellten, hatten pro Arbeitsplatz und Monat eine Ausgleichszahlung von 50 DM zu zahlen.
Nur – die Firmen hielten sich nicht daran. Da behalf man sich mit Härteklauseln und allerlei Paragraphen- und Verfahrenstricks. Und vor allem: Die Firmen zahlten lieber als Behinderte einzustellen. Deshalb legte die Bundesregierung März 1973 eine Reform des Behindertenrechts vor, deren Verbesserungen von allen, außer von den Arbeitgebern, begrüßt wurden.
Das neue Gesetz, in seiner Fassung vom 24. April 1974, hat einen programmatischen Namen bekommen und heißt: »Gesetz zur Sicherung der Eingliederung Schwerbehinderter in Arbeit, Beruf und Gesellschaft (Schwerbehindertengesetz – SchwbG).« (Die neueste Fassung ist vom 8. 10. 79!)
Schwerbehinderte im Sinne dieses Gesetzes sind (seit Mai 1974) Personen, die körperlich, geistig oder seelisch behindert und infolge ihrer Behinderung in ihrer Erwerbsfähigkeit

nicht nur vorübergehend um wenigstens 50 von Hundert gemindert sind, sofern sie rechtmäßig im Geltungsbereich dieses Gesetzes wohnen, sich gewöhnlich aufhalten oder eine Beschäftigung als Arbeitnehmer ausüben. Soweit die offizielle Definition. Damit ist erstmals die Privilegierung von Kriegs- und Arbeitsopfern durchbrochen worden. *Alle* Behinderten, gleich durch welche Ursache sie behindert wurden, fallen unter den Schutz des Gesetzes. Auch müssen die öffentlichen Arbeitgeber erstmals eine Ausgleichsabgabe (s.o.) zahlen, wenn sie nicht die Beschäftigungsquote erfüllen. Ebenso wird die Stellung des Vertrauensmannes der Behinderten im Betrieb gestärkt. Der Kündigungsschutz wird verbessert, der Jahresurlaub um sechs Tage erweitert. Alle Arbeitgeber, öffentliche Dienststellen wie private Betriebe mit mehr als 15 Arbeitsplätzen, müssen sechs Prozent aller Plätze für Schwerbehinderte bereitstellen (Ausnahmen: Klein- und Mittelbetriebe bis 30 Mann, wenn eine besondere Härte vorliegt). Die Ausgleichszahlung wurde von 50 auf 100 DM erhöht.*

Doch die Behinderten müssen befürchten, daß die Arbeitgeber sich wieder drücken werden. So jedenfalls sieht es Helmut Peter, ein bei der Post beschäftigter Rollstuhlfahrer und Redakteur der Behindertenzeitung *Unser Lebenskreis*: »... dem Verfasser hat einmal ein Vertreter eines Arbeitgeberfachverbandes im Vertrauen gesagt, daß er seinen Mitgliedsfirmen davon abrät, schwerbehinderte Bewerber einzustellen, da man sie im Fall einer eventuell irgendwann einmal einsetzenden wirtschaftlichen Flaute nur schlecht wieder entlassen könne. Geschrieben wurde das natürlich nie, nur so unter vier Augen gesagt ...«

Befremdend mutet es allerdings an, daß das Reformwerk die Bundesministerien und Bundesverwaltungsstellen begünstigt. Man reformiert in die eigenen Taschen: Nach dem alten Gesetz waren alle öffentlichen Arbeitgeber verpflichtet, 10 von hundert Plätzen mit Schwerbehinderten zu besetzen. Doch sie scherten sich um das Gesetz ebensowenig wie die Vertreter der privaten Wirtschaft. Das Bundesministerium

* § 38 c. Verrechnung von Aufträgen auf die Ausgleichsabgabe: Arbeitgeber, die an Werkstätten für Behinderte Aufträge erteilen, können 30 vom Hundert des Rechnungsbetrages auf die jeweils zu zahlende Ausgleichsabgabe anrechnen. Die ordnungsgemäße Abwicklung der Lieferaufträge ist vom Arbeitgeber gegenüber der Hauptfürsorgestelle nachzuweisen.

für innerdeutsche Beziehungen erfüllte zwar mit 11,8% ein Übersoll, doch das Innenministerium etwa kam mit 8,8% der Gesetzesauflage ebensowenig nach wie das zuständige Fachministerium: Beim Arbeitsministerium arbeiteten lediglich 7,4% Schwerbehinderte. Bei der Bundeshauptkasse, der Bundesforschungsanstalt für Hauswirtschaft und dem Bundesinstitut für Sportwissenschaft (das vielleicht noch nichts vom Behindertensport gehört hatte?) sah man überhaupt keinen Schwerbehinderten (Zahlen 1971). Doch plötzlich sind die Bundesstellen, die das 10-Prozent-Soll nicht erfüllten, mit dem gesetzgeberischen Trick, die Quote auf 6% herunterzuschrauben, erstmals gesetzestreu geworden.

Mit welchen formaljuristischen Tricks sich der öffentliche Dienst vor der Beschäftigung Behinderter drücken kann, zeigt ein Urteil des Hessischen Verwaltungsgerichtshofs vom 22. 12. 1971 (I O E 22/71): Danach stellt die in § 3 des Gesetzes statuierte Beschäftigungspflicht lediglich eine verpflichtende Anweisung des Gesetzgebers an den öffentlichen Dienst dar, der keinen privatrechtlichen oder subjektiv-öffentlichen Anspruch des Schwerbeschädigten auf Einstellung begründet. Zwar soll die Einstellung und Beschäftigung Schwerbeschädigter gefördert und ein angemessener Anteil Schwerbeschädigter unter den Beamten erreicht werden, doch die Personalhoheit der Länder verhindert, daß (trotz der Rahmengesetzgebungsbefugnis des Bundes) der Bundesgesetzgeber verbindliche Regelungen vorschreiben kann.

Dann folgt ein Husarenstreich juristischer Auslegungskünste: In § 11 der Bundeslaufbahnverordnung (BLV) ist bestimmt worden, daß bei der Einstellung von Schwerbeschädigten nur das Mindestmaß körperlicher Rüstigkeit verlangt werden darf. Abgesehen von der körperlichen Eignung sollen jedoch die sonstigen Grundsätze, die bei der Einstellung von Beamten zu beachten sind, maßgebend bleiben. Dazu gehört aber, daß dem einzelnen Bewerber grundsätzlich ein Rechtsanspruch auf Einstellung selbst dann nicht zuerkannt werden kann, wenn die Voraussetzungen hierfür vorliegen, daß es vielmehr dem freien Ermessen des Dienstherrn überlassen ist.

Wer will da den Verdacht entkräften, daß angesichts dieser juristischen Auslegungsakrobatik das Gesetz, ob man es nun Schwerbeschädigten- oder Schwerbehindertengesetz nennt, nichts anderes ist als ein schönes Stück Papier.* Dem abgelehnten Beamtenbewerber kann es gleich sein, ob er nun abgelehnt wird, weil er behindert ist, oder formal abgelehnt wird, weil die Ablehnung im Ermessen des Dienstherrn steht. Abgelehnt ist abgelehnt, und Arbeit findet er keine. Reformen und Gesetze, die eine Beschäftigungs*pflicht* definieren, aber Leerformeln bleiben, sind – so zynisch das klingt – in der Tat Reformen, die nichts kosten. Die Arbeitslosigkeit Schwerbehinderter ist jedenfalls seit Inkrafttreten des Schwerbehindertengesetzes gestiegen.

4. Werkstätten für Behinderte

Etwa 60% der körperbehinderten Jugendlichen im Alter zwischen 18 und 24 Jahren steht kein Arbeitsplatz zur Verfügung. Und viele der Behinderten, die einem Arbeitsversuch in der freien Wirtschaft nicht gewachsen waren (aus welchen Gründen auch immer), finden nicht einmal in einer Einrichtung Platz, die für sie geschaffen sein sollte: in den »Werkstätten für Behinderte«, früher »beschützende Werkstätten« genannt. Sie vegetieren dann beschäftigungslos zu Hause herum oder in Alters- und Siechenheimen. Die Zahl der in den Werkstätten Beschäftigten liegt bei etwa 30000 in 230 Einrichtungen. Es wird gerechnet, daß weitere 60000 Plätze benötigt werden.
Die Werkstatt für Behinderte ist (so das Schwerbehindertengesetz vom 24. April 1974 in einer viele Interpretationsmöglichkeiten offenlassenden Definition; § 38 b ff) eine Einrichtung zur Eingliederung Behinderter in das Arbeitsleben. Sie bietet denjenigen Behinderten, die wegen Art oder Schwere der Behinderung nicht, noch nicht oder noch nicht wieder auf dem allgemeinen Arbeitsmarkt tätig sein können, einen Arbeitsplatz oder Gelegenheit zur Ausübung einer geeigneten Tätigkeit. Zur Zeit beherbergen die Werkstätten zu 70% geistig Behinderte, zu 20% mehrfach Behinderte und zu 10% Körperbehinderte. Da die Werkstätten vorwiegend geistig Behinderte beschäftigen und in der Regel von der Lebenshilfe

* Der Bundesarbeitsgemeinschaft für Behinderte in Düsseldorf sind Fälle bekannt, in denen Blutern durch den Amtsarzt bescheinigt wurde, daß sie als Widerrufsbeamte eingestellt werden können (zu Ausbildungszwecken), für eine endgültige Verbeamtung jedoch nicht in Frage kämen.

für geistig Behinderte gegründet wurden, sind die Werkstätten unter den Behinderten selbst diskriminiert. Die gemeinsame Beschäftigung von geistig Behinderten und Blinden wird von deren Verbänden mit dem Hinweis abgelehnt, man wolle keinen »Behinderteneintopf«.

Die Tendenz geht zur Zeit dahin, die Werkstätten nach zwei Klassen von Behinderten aufzuspalten: einmal die schwächeren Behinderten zusammenzufassen in einer »beschützenden Werkstatt« und sie der Sozialhilfe zuzuordnen. Zum anderen den leistungsstärkeren Teil der Behinderten unter der Zuständigkeit der Arbeitsverwaltung zusammenzufassen in sogenannten Werkstätten für Behinderte. Diese Werkstätten werden als »ein an den Forderungen der modernen Leistungsgesellschaft orientierter Produktionsbetrieb vorgestellt, in dem sich der Behinderte ›ohne Rücksicht auf berechtigte Ansprüche und Bedürfnisse anzupassen hat‹ (Aussage eines Vertreters der Arbeitsverwaltung)«.[11] Mit dem am 1. Mai 1974 in Kraft getretenen neuen Schwerbehindertengesetz hat sich das Arbeitsministerium durchgesetzt: § 38b (3) besagt, daß Behinderte aufgenommen werden, »sofern sie in der Lage sind, ein Mindestmaß *wirtschaftlich verwertbarer Arbeitsleistung* zu erbringen«. Damit ist die Verwertbarkeit als Arbeitskraft zum Kriterium erhoben, pädagogische, therapeutische Aspekte sind zurückgestellt worden. Man scheute sich nicht, das vier Wochen (!) zuvor geänderte BSHG wiederum zugunsten des Produktivitätsgedankens zu ändern. Während das BSHG den Eingliederungsgedanken voranstellte, sperren Definitionen, wie oben zitiert, die vollends Leistungsschwachen mehr und mehr aus. Da die Werkstätten zur institutionellen Förderung anerkannt werden müssen, hat der Staat alle finanziellen Druckmittel in der Hand. Unter der einleuchtend erscheinenden Parole, den Werkstattbegriff vereinheitlichen zu wollen, entwickelt sich für den leistungsschwachen Behinderten eine gefährliche Tendenz.

Einen sehr drastischen Einblick in die Entlohnung und Ausbeutung der Behinderten gibt unfreiwillig der Bericht des Berliner Senats über die geistig Behinderten. In diesem Bericht ist deshalb auch schamhaft nicht von arbeitenden, sondern von *anwesenden* Behinderten die Rede. Denn es ist ja nicht so, daß die Behinderten nichts produzieren würden, sonst gäbe die Industrie den Werkstätten kaum Aufträge. Der Senator in Berlin: »Den bis zu 40 Stunden in der Woche im

Jugendwerkheim anwesenden Behinderten wird täglich eine warme Mahlzeit gegeben. Für allgemeine Aufwendungen, aber auch zum Ansporn, erhalten sie monatlich eine Beihilfe, die bei regelmäßiger Anwesenheit für über 14 Jahre, aber noch nicht 18 Jahre alte Personen 30,– DM, für mindestens 18 Jahre alte 45,– DM beträgt.«[12] Wer einmal nachrechnet, wird feststellen, daß ein 17jähriger bei 40 Stunden pro Woche auf einen Stundenlohn von rund 20 Pfennigen kommt. Da in »Jugendwerkheimen« auch über 26jährige Erwachsene arbeiten, kommen diese bei 40 Stunden Arbeitszeit auf rund 30 Pfennige Stundenlohn.

Gusti Steiner in einem »offenen Brief« an die Bundesarbeitsgemeinschaft der Werkstätten für Behinderte (6. 7. 79): »Das Entgelt, das Behinderte in der Werkstatt erzielen, liegt in der Regel nicht höher als 80 bis 90 DM im Monat. Damit befinden sie sich unter dem Regelsatz der Sozialhilfe und bekommen vom Sozialamt zwischen 240 und 297 DM, um nicht zu verhungern. Je nach Auslegung des Sozialhilfegesetzes, die von Land zu Land, möglicherweise sogar von Stadt zu Stadt verschieden ist, wird ein Teil des Lohnes von 80 bis 100 DM vom Sozialamt auf die Hilfe zum Lebensunterhalt angerechnet. Im Klartext bedeutet das: Die 240 oder 297 DM des Sozialamtes werden um 20, 30, 40 DM gekürzt. Die behinderten Werkstattarbeiter übersteigen so eine bestimmte Grenze nie: verdienen sie über einen bestimmten Betrag, kürzt man ihre Sozialhilfe!«

In den Werkstätten wird vom reinen Betriebsertrag lediglich zwischen 50 und 80% als Lohn ausgezahlt. Das bedeutet: Der Behinderte erhält einen niedrigeren Stücklohn als den, den die Werkstatt bekommt (denn die zieht die Betriebskosten ab). Zudem finanzieren die leistungsfähigeren Behinderten den Lohn der leistungsschwächeren mit. Nur wenige »Spitzenverdiener« erhalten eine entsprechende Entlohnung, wobei noch Willkürlichkeiten derart hinzukommen, daß eine Werkstatt in einem industriellen Ballungsgebiet vom höheren Lohnniveau profitiert im Gegensatz zu Werkstätten in Niedriglohngebieten. Ein Beispiel von G. Haack veranschaulicht dies: »Hinter 185,– DM Lohn bei dem Werk A. in W. steckt eine Arbeitsleistung von 3083 Minuten bei 3,60 DM Stundenlohn. Im Werk B. in H. bei ca. 6,– DM Lohn in der gleichen Lohngruppe stecken dahinter 1850 Minuten Arbeit.«[13]

Behinderte durften zwar arbeiten, waren aber nicht sozialversichert. In der Frage, wieweit Behinderte, die gegen Entgelt beschäftigt sind, »in der gesetzlichen Kranken- und Rentenversicherung versicherungspflichtig sind, stehen sich zwei Auffassungen gegenüber: Auf der einen Seite haben sich die Spitzenverbände der Krankenkassen, der Verband Deutscher Rentenversicherungsträger* und die Bundesanstalt für Arbeit... darauf versteift, in diesen Fällen ein versicherungspflichtiges Beschäftigungsverhältnis nur dann anzunehmen, wenn das Brutto-Barentgelt aus der Beschäftigung mindestens die Hälfte des jeweiligen Ortslohns erreicht«.[14] Dies gelang in der Praxis kaum einem Behinderten. Die Regelung bedeutete, so Regierungsinspektor K. Wenneberg, »de facto eine Aussperrung des Behinderten aus der Sozialversicherung«.

Die Bundesregierung legte deshalb am 7. Mai 1975 das *Gesetz über die Sozialversicherung Behinderter* vor. Die in den Werkstätten für Behinderte bzw. in den Blindenwerkstätten Arbeitenden werden in die Sozialversicherung einbezogen.

Die wichtigsten Punkte des Reformgesetzes sind:

- Die in den Werkstätten arbeitenden Behinderten werden in die gesetzliche Kranken- und Rentenversicherung einbezogen.
- In der *gesetzlichen Krankenversicherung* werden zur Beitragszumessung 20% des durchschnittlichen Arbeitsentgelts der Arbeiter- und Angestelltenversicherung im *vorvergangenen* Kalenderjahr (für 1977: 363,60 DM) zugrunde gelegt.
- In der *gesetzlichen Rentenversicherung* werden 90% davon zugrunde gelegt. Dieses fiktive Arbeitsentgelt (90% von 1635,60 DM im Jahr 1977) dient der Vermeidung von sogenannten Bagatellrenten.
- Verdient der Behinderte mehr als die oben genannten Beträge, wird zur Beitragszumessung sein tatsächliches Entgelt herangezogen. Verdient er weniger, werden seine Beiträge ausschließlich vom Träger der Werkstatt entrichtet.

* Die Rentenversicherungsträger begründeten ihre Bedenken damit, daß die Solidargemeinschaft der Versicherungsnehmer durch die Behinderten zu stark belastet werden könnte. Sie haben keine Bedenken geäußert, als vermögenden Freiberuflern (z. B. Ärzten, Anwälten, Kaufleuten, Landwirten) die Möglichkeit zur Nachversicherung gegeben wurde. Hierdurch haben diese Personen bei Inanspruchnahme sämtlicher durch die Nachversicherung möglichen Vergünstigungen zu Lasten der Solidargemeinschaft sehr hohe Gewinne erzielt. Ein Hinweis hierauf erscheint besonders geboten.

- Diese erhalten ihre Aufwendungen jeweils zur Hälfte von Bund und Ländern.
- Der Bezug der *Erwerbsunfähigkeitsrente* wird erleichtert, indem sowohl freiwillig wie auch pflichtversicherte Behinderte trotz bestehender Erwerbsunfähigkeit nach Erfüllung einer Wartezeit von 20 Jahren den Anspruch auf Erwerbsunfähigkeitsrente erwerben können.
- Die *gesetzliche Krankenversicherung* wird für alle (auch nicht in Werkstätten beschäftigten) Schwerbehinderten geöffnet. Das Beitrittsrecht ist dabei von Alter und Vorlage eines Gesundheitszeugnisses unabhängig. Auch schon bestehende Erkrankungen sind in den Schutz einbezogen.

Widersinnig an diesem begrüßenswerten Gesetzentwurf ist allerdings dies: Der Behinderte erhält nach der Pensionsgrenze eine Rente, vorher aber keinen Lohn, sondern nur eine Prämie. Das heißt: Er wird sein Leben lang einen Hungerlohn bekommen, ehe im Alter die höhere Rente eintritt. Behinderte in den Werkstätten arbeiten ohne arbeitsrechtlichen Schutz, ohne Recht auf Lohn. So können sie – ohne arbeitsrechtlichen Schutz – wie Sachen verwaltet und behandelt werden. Es müßte Aufgabe der Gewerkschaften sein, für eine Änderung dieses Zustandes zu sorgen.

5. Prognose: 80 Prozent aller Behinderten können rehabilitiert werden

Für die berufliche Umschulung von Personen, die bereits im Produktionsprozeß gestanden haben, wird – im Verhältnis – etwas getan, unverhältnismäßig viel im Verhältnis zu den Kindern. Da haben die Kostenträger eine Rechnung aufgemacht, die sich für sie lohnt. Der CDU-Abgeordnete Burger rechnet vor: »Die durchschnittlichen Kosten für die berufliche Umschulung eines 32jährigen verheirateten Behinderten belaufen sich auf 8000 Mark. Dieser Betrag erspart etwa 83 000 Mark an Rentenleistungen und erbringt einen Beitrag des Eingegliederten zum Bruttosozialhilfeprodukt von 384 000 Mark.«[15]

Eine erstaunliche Kalkulation legte die »Stiftung Rehabilitation« in Heidelberg vor (das Heidelberger Berufsförderungswerk ist Deutschlands größtes und modernstes berufliches Rehabilitationszentrum): Wenn eine Reihe von Vorausset-

zungen geschaffen werden, können bis Ende der siebziger Jahre 80% aller Behinderten im berufsfähigen Alter Jahr für Jahr vollwertig in das berufliche und soziale Leben eingegliedert werden, unbeschadet der Behinderungsursache und des Schweregrades der Behinderung. Für mindestens 70% errechnet die Stiftung Rehabilitation einen echten beruflichen und sozialen Aufstieg gegenüber dem Vorberuf. Sollte dies erreicht sein, ist die Basis geschaffen, für die restlichen 20% nicht voll eingliederungsfähigen Behinderten lebenswerte Bedingungen zu gestalten. Das Ziel, schrieb die Stiftung Rehabilitation 1972, wäre in acht Jahren erreichbar.
Die Stiftung Rehabilitation will fünf Gruppen von Rehabilitationseinrichtungen:

1. das Rehabilitationskrankenhaus
2. das Rehabilitationskrankenhaus mit beruflicher Rehabilitation
3. Berufsbildungseinrichtungen für Behinderte
   a) Berufsförderungswerk (Erwachsene)
   b) Berufsbildungswerk (Jugendliche)
4. Schulbildungseinrichtungen für Behinderte
   a) Sonderschulen
   b) Weiterführende Schulen und Gesamtschulen
5. Werkstätten für Behinderte und Behindertenheime

Folgende grundsätzliche Voraussetzungen sind weiterzuentwickeln oder neu zu schaffen:

- Ein bundesweites Konzept zur Gestaltung von Rehabilitationseinrichtungen aller fünf Gruppen sollte in absehbarer Zeit zu einer ausreichenden Zahl zukunftsorientierter Rehabilitationsplätze führen und gleichzeitig dazu beitragen, daß überholte Strukturen vollends abgebaut werden.

  In Vorbereitung stehende bundesgesetzliche Maßnahmen müssen sicherstellen, daß eingliederungshemmende Hindernisse beseitigt werden und auch die »noch immer im Schatten stehenden« Behindertengruppen qualifizierte Rehabilitationsleistungen erhalten können.
- Zeitgerecht ausgebildete Fachkräfte der Rehabilitationsarbeit aller Fachbereiche müssen in genügender Zahl bereitstehen. Nur so läßt sich eine beginnende Stagnation beseitigen. Dazu bedarf es der Durchsetzung einer Konzeption zur Schaffung einer ausreichenden Zahl von Rehabilitationsfachkräften.

- Die fachgerechte Beratung des Behinderten unverzüglich nach dem »Ereignis Behinderung« über alle Fragen einer möglichen beruflichen und sozialen Eingliederung muß gewährleistet sein. Dies gilt in erster Linie auch für Patienten in Kliniken, Heilstätten und Sanatorien, bei denen die Vermutung einer notwendigen Eingliederungshilfe nicht mit Sicherheit ausgeschlossen werden kann.
- Nur eine lückenlose, heute weithin noch fehlende Früherfassung und Frühbehandlung führt zum Gelingen der gesellschaftlichen Eingliederung vieler Geburtsbehinderter und Frühkindheitserkrankter.
- Verbands-, Ressort- und Gruppenegoismen sowie Vorurteile, psychologische, administrative und bauliche Barrieren sollten ebenso ausgeräumt werden wie die Gleichgültigkeit, die Unwissenheit oder das gefährliche Halbwissen vieler mittelbar am Rehabilitationsgeschehen beteiligter Funktionsträger. Dasselbe gilt für die auch bei manchem Kostenträger noch verhandene Fehleinschätzung der Eingliederungsfähigkeit z. B. von sogenannten Schwerbehinderten, älteren Behinderten oder behinderten Frauen. Eine enge Zusammenarbeit aller am Rehabilitationsgeschehen beteiligten Stellen sollte die Grundlage für die Eingliederungsbemühungen in den kommenden Jahren abgeben.
- Ohne die Anwendung neu entwickelter und erprobter Formen und Methoden einer zeitgerechten Rehabilitation ist das erwähnte Ziel nicht erreichbar.
- Ebenso wichtig wie die Vorbereitung und die Durchführung der Rehabilitation sind die Maßnahmen der Nachsorge für den Behinderten, vor allen Dingen die Hilfen zur Sicherung der Existenz.[16]

Nun, das waren Träume. Zu Beginn der achtziger Jahre wissen wir, daß wir von proklamierten Zielen weit entfernt sind.

VIII Eltern Behinderter – behinderte Eltern*

1. Selbsteinschätzung der Eltern

Die Eltern behinderter Kinder schätzen sich in der Regel so ein, wie sie von ihrer Umgebung eingeschätzt werden: zweitklassig, minderwertig, höchstens geduldet, fehl am Platz. Sie übernehmen damit für sich selbst die Beurteilung durch andere, die Behinderte nicht kennen und ablehnen. Das Problem sind in erster Linie nicht die behinderten Kinder, sondern die Eltern. Denn: Kein behindertes Kind leidet von Geburt an unter seiner Behinderung, sondern beginnt normalerweise seine Behinderungen kompensatorisch zu verarbeiten, als sei es so normal. Zum Beispiel gebrauchen Dysmelie-Kinder, denen die Arme fehlen, ganz natürlich ihre Füße zum Essen, zum Greifen, zum Malen. Erst die Eltern übertragen ihre Ängste auf die Kinder. Nur: Man wird ihnen dies schwerlich anlasten können. Fachärzte, die Behinderte behandeln, werden jahrelang ausgebildet, doch bei den Eltern wird als selbstverständlich angenommen, daß sie mit behinderten Kindern umgehen können. Man gibt einen Klaps auf den Rücken, sagt ihnen einige Allgemeinplätze und bittet sie, sich nicht weiter zu beunruhigen.[1] Gelingt es jedoch, ein behindertes Kind normal zu behandeln, wird es sich auch normal entwickeln.

2. Schock und Ablehnung nach der Geburt

Eine Mutter: »Ich bin jahrelang nachts aufgewacht, ich hatte geträumt, daß mein Kind nicht schwachsinnig sei. Dann ging ich ans Bettchen und dachte, es stimmt doch nicht, mein Gott, es kann doch nicht stimmen. Und dann lag ich stundenlang wach. Ich bekam Zucker, Rippenfellentzündung und alle möglichen Krankheiten, in die ich flüchtete. Über Jahre war

* Vgl. p. Roos, Psychologische Beratung mit Eltern retardierter Kinder; in: H. v. Bracken (Hrg.), Erziehung und Unterricht behinderter Kinder, Frankfurt 1968, S. 114ff.

unsere Putzfrau dem Kind näher als ich. Sie nahm das Kind einfach an ihr Herz und drückte es. Da fühlte es Wärme.«
S. Kunert[2] stellte in einer Untersuchung fest, daß 48% der Mütter behinderter Kinder angaben, mit der Schwangerschaft nicht einverstanden gewesen zu sein (die Zahl dürfte höher liegen, da Eltern ihre Ablehnung nicht ohne weiteres eingestehen), während es bei den Müttern unbehinderter Kinder nur 15,9% waren. Zumeist wurden soziale Gründe angegeben: Zu enge Wohnverhältnisse, eine schlechte wirtschaftliche Lage, die bedingte, daß die Mütter mitverdienen mußten.
Eltern behinderter Kinder erleben die Geburt zunächst als Schock. Untersuchungsergebnisse von Schmitz und Menara[3] über Eltern-Reaktionen von gliedmaßenfehlgebildeten Kindern (Dysmelie-Kindern) lassen sich auf das Elternverhalten anderer Behindertengruppen übertragen. 59% aller Dysmelie-Mütter lehnten ihr Kind restlos ab; es wäre besser, meinten sie, es stürbe. 80% waren tiefgreifend erschüttert. 29% reagierten mit Fieber, Schüttelfrost, Schlaflosigkeit und Kreislaufbeschwerden. 59% litten unter Schuldgefühlen. Zahlreiche Mütter konnten ihre Kinder nicht berühren; daß sie nicht stillen konnten, ist ebenfalls bekannt.
Das groteske Fehlverhalten der Ärzte und des Klinikpersonals verstärkt die Abwehrreaktionen. Die Ärzte wagen oft nicht, die Mutter aufzuklären. »Manche Mutter wurde aus der Klinik entlassen in dem guten Glauben, ein gesundes Kind nach Hause zu bringen.«[4] Notwendig wären dagegen sachgemäße Aufklärung und Informationen, wo entsprechende Spezialisten und Spezialeinrichtungen zu finden sind, welches die nächsten Schritte einer Therapie sind, ein stufenweiser Therapieplan, der den Eltern zeigt, wie es weitergeht, was zu machen ist, damit sie aus der Lethargie zum Handeln kommen.

3. Eltern-Reaktionen

Eltern wollen in ihren Kindern jene Träume und Wünsche verwirklicht sehen, die ihnen selbst infolge eines ungünstigen Schicksals nicht in Erfüllung gingen. Dieser Wunschtraum, sich im eigenen Kind fortzupflanzen und fortzuleben, wirkt sich bei einem behinderten Kind negativ aus: Die Behinderung wird als *eigenes* Versagen, als eigenes Verschulden aufgefaßt. Man schämt sich vor den Eltern, Kollegen, aber auch Fremden, selbst dem Ehepartner. Zahlreiche Eltern ziehen in einen anderen Stadtteil, wechseln den Wohnort. Das Gefühl, versagt zu haben, wird dadurch verstärkt, daß Nachbarn oder Passanten das Kind neugierig begaffen, bemitleiden, sich abwenden.

4. Abbruch der Außenkontakte

Die Geburt eines behinderten Kindes bedeutet den Abbruch vieler Außenkontakte. Doch dies gilt nur mit Vorbehalt, da Familien mit hohem Einkommen seltener die Kontakte abbrechen. Sie kompensieren ihr angeschlagenes Selbstbewußtsein besser, denn ein hohes Einkommen bringt eben Sozialprestige. In einer Studie des Forschungsinstituts für Sozialpolitik wurde festgestellt: Mit steigendem Einkommen steigt die Zahl von Kontakten von 49,2% auf 72,7% (mehrmals im Monat). In der Einkommensklasse 1500 DM und mehr verzichteten nur 3,3% der Mütter auf das Beisammensein mit Freunden und Verwandten, während es in der untersten Stufe (bis 749 DM) immerhin 22,1% waren, die gänzlich auf Kontakte verzichten.[5] Für die Einkommensstarken spielt der Grad der Behinderung für die Häufigkeit von Besuchen keine Rolle. Eltern der oberen Einkommensstufe besuchen zwei- bis dreimal häufiger Freizeitveranstaltungen als die minderbemittelten Eltern.[6] (Um diese Daten richtig einschätzen zu können, muß man wissen, daß die befragten Eltern über die Sonderschulen erfaßt worden waren. Sie hatten der Befragung zugestimmt. Das heißt: Hier sind bereits die aktivsten Eltern erfaßt, die Eltern, die ihre Kinder verstecken oder zumindest nicht auf eine Sonderschule bringen konnten, sind nicht befragt worden!)

5. Kinder werden versteckt

Zahlreiche Kinder werden versteckt, in irgendeinem Zimmer separiert. Es gibt Kleinkinder, die seit Jahren aufs Bett reduziert werden. Die Dunkelziffer ist nicht bekannt.
Etwas anderes ist es, daß behinderte Kinder (meist unbewußt)

indirekt versteckt werden, um sie dem Blick der Umgebung zu entziehen. Ein Fallbeispiel eines zwar den Behörden bekannten, jedoch dennoch separierten Mädchens: Monika G., 21 Jahre, hat seit zehn Jahren Polio. Sie wohnt in einer Kleinstadt. Ihr Bereich ist ein Zimmer. Die Nachbarn kennt sie vom Hörensagen, obgleich man seit zwanzig Jahren in der Gasse wohnt. Die Tage laufen stereotyp ab: Morgens bleibt sie liegen, bis jemand Zeit hat, sie anzuziehen. Dann wartet sie, bis mittags das Essen kommt, nachmittags das Fernsehen beginnt. Wochentage kann sie nicht von Sonntagen unterscheiden, denn Zeitschriften gibt es – wenn überhaupt – verspätet. Seit zehn Jahren war sie in keinem Kaufhaus, nicht im Hallenbad, im Kino. Illustrierte und Groschenromane, wo der Arzt die Gelähmte heiratet, ersetzen die Wirklichkeit. Peter Alexanders Schlager ebenso. Sein Foto wird vorm Zubettgebrachtwerden geküßt.

Dennoch ist die 21jährige nicht infantil, sie ist nur systematisch unmündig gemacht worden. Im Innersten denkt sie anders (als sie einmal zusammenbricht, phantasiert sie davon), doch infolge ihrer Pflegeabhängigkeit gibt es keine Möglichkeit, aus dem »Kindspielen« auszubrechen. Als zum Beispiel ihr Rollstuhl repariert werden muß, geschieht dies monatelang nicht, um sie zusätzlich zu immobilisieren. Sie muß den ganzen Tag auf jenem Stuhl verharren, auf den sie gesetzt wurde. Das Mädchen, das im ersten Stock wohnt, hat ein einziges Mal die elterliche Gastwirtschaft von der Küche aus durch die Zureiche sehen dürfen. Wird sie zur Massage abgeholt, dann wird sie nur dann durch die Gastwirtschaft transportiert, wenn geschlossen ist, also keine Gäste vorhanden sind. Sonst geht der Transport über die Hintertreppe.

Die Eltern haben jahrelang durch Schläge und sadistische Quälereien versucht, das Mädchen zum Laufen zu bringen. Sie kompensieren damit einerseits Vorwürfe, ihr Kind nicht zur Impfung gebracht zu haben, zum anderen reagieren sie ihre vermeintliche Selbstwertminderung aggressiv ab. Sie versuchen das »Unglück« ungeschehen zu machen, indem sie es dem Blick entziehen.

Dies ist, um Mißverständnissen vorzubeugen, kein Extremfall, sondern ein Beispiel unter vielen.

Eine andere Form, das Kind zu verstecken, das heißt, die Behinderung, die Selbstwertminderung zu verdrängen, berichten Schmitz und Menar am Beispiel von Dysmelie-

Kindern: Die gliedmaßenfehlgebildeten Kinder entwickeln funktionsmäßige motorische Kompensationstechniken. Fehlen Arme, greifen sie mit den Füßen, statt zu kriechen rutschen die Kinder in Sitzstellung usw.: »Viele Eltern schreckten leider vor dem ungewohnten Anblick der Kompensationstechniken zurück. Sie zogen es vor, das Kind nach außen hin als normales erscheinen zu lassen, z. B. verhinderten viele das freie Spiel mit den Füßen, indem sie den Kindern Schuhe und Strümpfe anzogen, oder sie verdeckten die Armstümpfe, so daß die Kinder in der Entwicklung der Feinmotorik behindert wurden. Hierbei handelte es sich nicht selten um Eltern, die sich mit der Tatsache der Behinderung auch nach Jahren noch nicht hatten völlig abfinden können.«[7] Bei geistig behinderten Kindern wird der Grad der Behinderung oft damit vertuscht, daß sie ein jüngeres Alter angeben, um die verzögerte Entwicklung zu vertuschen. Kein Wunder allerdings, wenn man eine Mutter hört: »Man hat mich aufs Gesundheitsamt gehetzt, die Lotti sei gemeingefährlich. Sie wissen nicht, wie das war, wenn die Hauswirtin sich vor uns aufbaute und schrie: Der Anblick von dem Idiot regt mich auf!«

6. Psychopathologische Kompensation

Das Zurückbleiben des Kindes hinter den Elternerwartungen und hinter den Leistungen gleichaltriger Kinder bringt den Eltern Enttäuschungen. Die Entwicklung geht oft so langsam voran, daß sie als Stagnation erscheint. Diese Enttäuschungen werden als Demütigung (Frustration) erlebt und schlagen im Unbewußten in feindselige Gefühle (Aggressionen) um. Der vermeintliche Verlust an Wertschätzung, den man durch die Geburt eines behinderten Kindes erlebt, spielt eine untergründige Rolle (Prestigeverlust). Männer erleben die Geburt eines behinderten Kindes oft als Makel ihrer Potenz und projizieren diese Versagensgefühle auf die Ehefrau. Zahlreiche Mütter haben Angst, aus der Klinik zu ihren Männern zurückzukehren, da ihre Männer sie weniger lieben könnten. Es kommt zu Ehebrüchen, weil der Mann beweisen will, noch potent zu sein oder gar ein normales Kind zeugen zu können.
Welcher Autoritätsverlust einer Behinderung zugeschrieben

wird, zeigt ein Beispiel von einer Blindentagung: Ein Kriegsblinder hat vor seiner Erblindung stets darauf bestanden, daß seine drei Kinder ihren Teller leeressen. Das geschah auch, aufgrund seiner Autorität. Nach der Erblindung nun merkt er, wenn der älteste Sohn nur im Teller herumstochert, aber nicht ißt. Er weist den Jungen zurecht. Darauf schaltet sich die Mutter ein, er solle sich nicht so haben, der Teller sei schließlich leergegessen. Natürlich weiß der kriegsblinde Vater, daß er belogen wird. Später fragt er den Jüngsten, was pädagogisch sicher falsch, aber sehr begreiflich ist, wie es gewesen sei. Der Kleine bestätigt es: Aber sag' es bitte nicht der Mutter, daß ich es dir verraten habe, sonst schlägt sie mich.[8]

Um alle Beeinträchtigungen der eigenen Persönlichkeit loszuwerden, melden sich im Unbewußten der Eltern Wünsche, die Ursache ihre Wertminderung zu liquidieren: Todeswünsche gegen das Kind regen sich, bleiben dem Bewußten auch nicht verborgen. Das schlechte Gewissen (als unbewußte Buße für die eigenen Wünsche) versucht gutzumachen. Die Folgen sind Verhätschelung und Überbetreuung. Das behinderte Kind empfindet die Gefühlsschwankungen der Eltern, dieses Gemisch aus Aggression und Verhätschelung, es wird dadurch unsicher, emotional instabil. Dabei kann es zu grotesken Zuständen kommen: »Das Kind spürt die schuldbewußte Unterlegenheit der Erwachsenen und es baut sich seine Stellung aus. Ein solcher Konflikt kann zu unvorstellbaren Situationen führen. Das Kind geht oft als ›Sieger‹, allerdings als trauriger Sieger daraus hervor, indem es die ganze Familie vollständig tyrannisiert. Dabei verstärken sich die krankheitsbedingten Tendenzen wie z. B. Stereotypien bis zur Verrücktheit, das Zusammenleben ist nur noch möglich, wenn die ganze Familiengemeinschaft sich diesen beugt (z. B. man kann sich nur noch zu Tisch setzen, wenn das gesamte Mobiliar der Stube in bestimmter Anordnung steht; kommt etwas auf den Teller nicht ganz dorthin, wo es beliebt, fliegt dieser samt Inhalt an die nächste Wand usw.). So hat sich das Kind eine unglaubliche Stellung ausgebaut. Ein Teufelskreis hat begonnen, der zu Nervenzusammenbrüchen, zerstörter Familie führt, und eine Gesundung des kranken Kindes ganz unmöglich macht.«[9]

Oder aber Eltern entdecken bei ihren Kindern – der Realität völlig widersprechend – besondere Fähigkeiten, da wird etwa die Gedächtnisleistung eines behinderten Kindes in geniehafte Höhen hochgelobt, um die nichtentwickelten Fähigkeiten ignorieren zu können. Oder aber, die Eltern ignorieren ihr behindertes Kind, um bei den Geschwistern durchschnittliche Leistungen überzubewerten. Techniken der Verdrängung gibt es eben viele, nur gehen sie stets zu Lasten des Kindes. Denn nahezu immer endet es in der Überforderung. Die Eltern, die beispielsweise eine körperliche Behinderung durch überdurchschnittliche andere Leistungen wettgemacht sehen wollen, überspringen dabei Entwicklungsphasen und Möglichkeiten des Kindes. Ein spastisches Kind etwa wird auf die Überforderung mit vermehrten Spasmen reagieren, andere Kinder antworten mit Unlust und mangelnder Konzentration. Die Folge ist, daß die Kinder im Schulalter noch unter traumatischen Ängsten leiden.

7. Fazit: die unentrinnbare Situation

Eltern (durch Ablehnung und Überbetreuung hin und hergerissen) machen ihre Kinder unsicher. Mit dieser Verunsicherung wächst zugleich die Minderwertigkeitserfahrung der Eltern. Eltern und Kinder, die sich minderwertig fühlen, isolieren sich, verstecken sich vor der Umgebung. Dies hat Konsequenzen: Erhöhte Reizbarkeit, Mißverständnisse aus Mißtrauen. Abkapselung und gefühlsgeladenes Verhalten stoßen wieder Bekannte ab. Daraus erwachsen neue Minderwertigkeits- und Abkapselungsgefühle (zumal die Spannung selten gelöst, weil Erholungszeiten wie Wochenende oder Urlaub, oft zum ambulanten Besuch von Kliniken und Behandlungszentren benutzt werden müssen). Die Situation wird unentrinnbar. Die Isolation ist perfekt.

8. Vorschläge

Befragte Mütter konnten zu 59,1% auf die Frage, welche angebotenen Hilfsmöglichkeiten sie kennen, nicht eine einzige konkrete Antwort geben.[10] Das ist eine ungeheuerliche Tatsache, zumal die Elternbefragung, wie oben ausgeführt, nur die Aktivsten erfaßte. Sie wissen weder über Institutionen noch über Hilfsmöglichkeiten und zustehende Rechte Be-

scheid. Die am schwersten in ihrem Selbstwertgefühl Getroffenen verkriechen sich in der Anonymität. Sie suchen von sich aus am wenigsten Informationen.
Diese katastrophale Lage kann nur zum Teil von den Elternvereinigungen aufgefangen werden. Was jedoch zu erreichen ist, erlebten einige wenige Eltern in Essen. Da besuchten Mütter Wahlveranstaltungen und politische Versammlungen, um die Veranstalter mit den Problemen zu konfrontieren, sie stellten zwei Bürgermeister zur öffentlichen Podiumsdiskussion, um einen Katalog mit Forderungen zu präsentieren. Sie studierten das Bundessozialhilfegesetz, setzten Behörden unter Druck und organisierten Betroffene. Sie erreichten zunächst eine Reihe von Erleichterungen. Wenn die resignierten Eltern merken, daß sich durch Solidarisierung etwas verändern läßt, sind sie zur Kooperation auch bereit. Nur fehlen ihnen in der Regel diese Erfahrungen.
Die Elternberatung muß in der Klinik einsetzen. Denn es ist eine unbestreitbare Tatsache, daß Mütter, die sich mit der Behinderung bewußt auseinandersetzen konnten, über eine bessere Einstellung zum behinderten Kind ein höheres Entwicklungsniveau ihrer Kinder erzielen als Eltern mit Ablehnung oder Überbefürsorgung.[11] Das Fehlverhalten der Kinder läßt sich am leichtesten korrigieren durch Aufklärung der Eltern in die Mechanik des Verhaltens Eltern körperbehinderter Kinder und der Beziehung zur Umwelt. Die Behinderung der Kinder ist in erster Linie das Behindertsein der Eltern.

Briefe von Eltern mit Hydrocephalus-Kindern

Fall eins: ». . . so könnte er heute noch sehen«

28. 10.1968

Gern lege ich ein paar Aufnahmen unseres Sohnes Jörg bei. Ich kann voller Stolz sagen, daß es ihm gut geht. Bis heute war er noch nicht krank. Er besucht seit August d. Jhrs. im 4 km entfernten Oberwinter einen Kindergarten. Ich bringe ihn jeden Morgen dorthin und er ist froh, daß er mit anderen Kindern spielen kann.
Er ist sehr lebhaft. Im Kindergarten ist er von anderen Kindern nicht zu unterscheiden. Im Klettern ist er wohl etwas vorsichtig, da er, als er anfing zu laufen, Gleichgewichtsstörungen hatte. Aber er wagt sich an alles heran. – Leider schielt er etwas mit dem linken Auge. Ich bin mit ihm in der Augenklinik Bonn, Venusberg, in Behandlung. Ich hoffe, daß auch diese Sache in Ordnung geht. Die Augen sind gesund und die Sehkraft ist auch gut.
Wir hoffen das Beste, ändern kann man ja nichts, man weiß ja nie, was morgen ist.

9. 3. 1971

Zuerst einmal herzlichen Dank für Ihre Mühe und Hilfsbereitschaft. – Bis heute haben wir noch keine Nachricht erhalten, ob die Blindenhilfe gewährt wird. Wir müssen weiter abwarten. – Möchte Ihnen kurz schildern, wie sich die Sache mit Jörg seinerzeit zugetragen hat. –
Im August 1968 wurde Jörg vom Augenarzt Dr. Brauer, Bad Godesberg, an die Augenklinik Bonn Venusberg überwiesen. Von August 1968 bis 18. September 1969 war ich mit Jörg regelmäßig in der Augenklinik zur Untersuchung und Sehschule. Anfang Januar 1970 sollte Jörg operiert werden (Schieloperation).
Vorher sollte er aber noch in der Neurochirurgischen Klinik untersucht werden. Dort waren wir am 11. Dezember 1969.
Dr. Iszuha, ein Japaner, sagte uns, daß alles in bester Ordnung sei und Jörg ohne weiteres operiert werden könne. Am 17. 12. 1969 habe ich Jörg in der Augenklinik angemeldet. Termin 7. 1. 1970. Zwei Tage später traten die ersten Sehstörungen auf. Am 22. 12. 69 haben wir Jörg in die Augenklinik gebracht. Das Untersuchungsergebnis war erschreckend. Stauungspapille im Augenhintergrund. – Die Sehkraft war noch vorhanden, aber sie wurde immer geringer. –
Ich mußte auf dem schnellsten Weg Jörg in die Neurochirurgische Klinik bringen, wo ich nach längerer Wartezeit Dr. Iszuha vorge-

führt wurde. Leider hat dieser Arzt die Gefahr, in der Jörg sich befand, nicht erkannt. Er wollte mir umhängen, daß Jörg nichts mehr sehen könne, worauf ich ihm widersprach. Eine Minute zuvor hatte mir Jörg noch das Wartezimmer beschrieben, ebenfalls die Patienten und die Farben.
Daraufhin stellte mir Dr. Iszuha frei, das Kind dazulassen oder mit nach Hause zu nehmen. Er sagte, daß es in Lebensgefahr schwebt, worauf ich es in der Klinik ließ.
Dort wurde dann, wie sich später herausstellte, ein großer Fehler gemacht. Da Weihnachtsferien waren, wurde sich um das Kind nicht gekümmert. Dr. Iszuha sagte, er wolle 3 Wochen abwarten. – Wäre Jörg sofort operiert worden, so könnte er heute noch sehen.
Dann wurde Jörg am 14. 1. 1970 untersucht, am 16. 1. das Ventil ausgetauscht. Am 25. 1. 1970, einem Sonntag, wurden wir telefonisch aufgefordert, den Jungen sofort aus der Klinik zu holen. Trotz Anfrage erhielten wir keine Gelegenheit, nochmal mit dem behandelnden Arzt zu sprechen.
Am 4. 2. 1970 haben wir Jörg nach St. Gallen gebracht. Dr. Alther hat ihn siebenmal operiert. Am 15. August haben wir ihn dann wieder abgeholt. –
Jörg geht es wieder so gut wie früher. Es war das Beste, was wir machen konnten. Wir sind froh, daß er bei Dr. Alther war, wir würden ihn jederzeit wieder dorthin bringen.
In Bonn ist wirklich nicht viel getan worden. Dann die Sache mit den Krankenpapieren! Na darüber sind Sie ja informiert!
Am meisten hat mich damals geärgert, daß die Stationsschwester Ursula zu unserem Hausarzt gesagt hat, daß das alles keinen Zweck mehr hat. Die müßte heute den Jörg mal sehen.
Er ist auch im Internat sehr beliebt. Er ist immer munter und fidel und immer zu Streichen aufgelegt. – Ich hoffe, daß Sie nun ein bißchen im Bilde sind.
Wir bedanken uns nochmals recht herzlich für Ihre Hilfe und verbleiben

mit den besten Grüßen

Fall zwei: Zurückgeschickt, das Kind sei normal

Am Freitag, am 2. April 1971, habe ich meinen Sohn Jürgen in der Klinik in Gießen abgeholt. Jürgen ist *blind*, er hat seit der Operation am 5. 3. 1971 das Augenlicht nicht wieder erhalten. Vom Schrecken, der mich und meine Angehörigen überfiel, brauche ich Ihnen kaum zu berichten. Wenn ich das Kind nach Gießen brachte, erkannte er noch jedes Fahrzeug auf der Autobahn, z. B. Bus, Lastzug usw.
Seit September 1970 waren schon Störungen aufgetreten, selbst Gießen schreibt in den Berichten, daß der Liquorabfluß nicht

ausreichend ist. Ich habe mehr als meine Kontrollen eingehalten, warum hat man nicht früher eine zweite Pumpe eingesetzt?
Bei den Kontrolluntersuchungen sind immer wieder neue junge Ärzte da, den Oberarzt Dr. Seeger konnte man kaum sprechen, doch am Freitag, als ich das Kind abholte, hatte er Zeit für mich. Vor den Weihnachtsfeiertagen war ich zweimal zur Kontrolle, sogar mit Einweisung von meinem Arzt in Fulda. Doch man schickte mich zurück mit den Worten, »das Kind ist völlig in Ordnung«. Oberarzt Dr. Seeger, Gießen, wußte das schon lange, daß was gemacht werden mußte.
Wie ich diese Sache sehe, wagt sich kein Arzt ein solches Kind aufzunehmen, bevor dieses nicht Prof. Dr. Pia am grünen Tisch genehmigt hat.
Aus den starken Beschwerden und dem zunehmenden Umfang des Kopfes um die Jahreswende wurde mir bange und ich brachte das Kind nach Fulda in die Kinderklinik zu Prof. Dr. Rind (er kommt aus Gießen). Ich glaubte mit ihm und durch ihn in Gießen schneller zur bevorstehenden Operation zu gelangen. Sein Bericht nach der Entlassung in Fulda muß (wie ich es sehe) in Gießen etwas Ärger ausgelöst haben. Ich habe sofort nach Fulda mit Gießen einen Termin vereinbart mit Kontrolle und Aufnahme, wurde aber wieder mit dem Kind nach Hause geschickt. Jetzt konnte ich eine Verschlechterung der Augen deutlich sehen. Ich suchte am nächsten Tag einen Augenarzt in Fulda auf, der schickte mich unter *dringendem Eilfall* sofort wieder nach Gießen zurück. Es war Samstag, 27. Februar 1971, auf Bitten und Flehen wurde das Kind dann aufgenommen, als ich schon gut einen halben Tag dort verbracht hatte. Die Ärzte betrachteten (Dr. Seeger) die dringende Aufnahme von Dr. Riger, Augenarzt, Fulda, noch zu lächerlich, weil das Kind zur Aufnahme auf kommende Woche vorgesehen war. Es verging immer noch eine Woche bis zur Operation. Lieber Herr, ich schreibe Ihnen alles im wahrsten Sinne des Wortes. Ich bin mit den Nerven am Ende, Ärzte in Fulda berichteten mir, daß dieses nicht zu sein brauchte. Bitte, helfen Sie mir! Können Sie mit Prof. Dr. Hemmer einen Aussprachetermin vereinbaren.

IX Die Organisierung der Unterdrückten

1. Elternorganisationen

»Man ist ja so dankbar, daß überhaupt etwas gemacht wird. Und da wird man so unterwürfig und läßt alles mit sich machen. Man wartet stundenlang in der Klinik, rennt stundenlang um einen Arzt, treppauf, treppab, bis man überhaupt einen bekommt. Da ist man froh, wenn man mit anderen Eltern zusammenkommt, daß einem etwas der Rücken gestärkt wird, daß man stärker wird den Behörden gegenüber.« So charakterisiert der Vorsitzende einer Elternvereinigung seiner und der anderen Eltern Situation, warum man sich zusammengeschlossen hat. Insgesamt ist man depressiv, und damit ängstlich, gemurrt wird wohl auf einem Treffen, doch sind die Eltern kaum bereit, mit ihren Sorgen in die Öffentlichkeit zu gehen. »Wir können nicht brüllen«, erklärt ein anderer Vorsitzender, »wir können nur wimmern. Wir sind zum Wohlverhalten verpflichtet.« Wer brüllt, bekommt auch noch die minimalen Zuschüsse gesperrt, die die Bundesregierung zur laufenden Arbeit der Elternvereinigungen beisteuert. Die Mitgliedszahlen der Elternvereinigungen sind, sieht man einmal von der Lebenshilfe für das geistig behinderte Kind ab, mehr als bescheiden. Da preist zum Beispiel die »Deutsche Gesellschaft zur Bekämpfung der Mucoviscidose« gezwungenermaßen geringste Fortschritte: Im Regensburger Raum korrespondieren einige Eltern miteinander, in Krefeld wird alle sechs Monate zu einem Elternabend in die Städtische Kinderklinik eingeladen, in Berlin trifft man sich »in zwangloser Folge«, in Düsseldorf kam es zu einem ersten westdeutschen Elterntreffen. Ein Bericht darüber ist überschrieben: »Wir sind nicht allein –«[1]

Ein Mitarbeiter der Forschungsgemeinschaft »Das körperbehinderte Kind« erklärt (natürlich anonym), die Elternverbände mit Mißtrauen zu betrachten, denn: Die Aktivitäten in den Vereinen sind Schein- und Ausweichmanöver, um den familiären und persönlichen Schwierigkeiten aus dem Wege zu gehen. Wörtlich meint ein Psychologe (ebenfalls anonym):

»Die Elternverbände sind fast immer Ansammlungen von Neurotikern, die nach außen so tun, als ob sie alle Probleme problemlos bewältigt hätten.«[2] Ich selbst habe solche lokale oder regionale Vorsitzenden erlebt, die nach außen hin den dynamischen Manager spielen, mit ihrem behinderten Kind sich jedoch kaum auf die Straße trauen, weil sie mit ihrem »Schicksal« noch nicht fertig wurden.

2. Behindertenverbände

So gesehen haben viele Vereinigungen auf lokaler Ebene mitunter etwas Sektiererisches, wo, je nach Standort, religiöse, weltanschauliche oder abstruse Gesundheitsrezepte ausgetauscht werden. Sich darüber zu mokieren ist billig: Denn welche Verformungen durch ständiges Spießrutenlaufen, Verdächtigungen eines sündhaften Lebenswandels als Ursache der Mißbildung, und durch die behördlichen Erniedrigungen einsetzen, kann der Außenstehende schwer begreifen. Kritik jedoch, und das ist das Verhängnisvolle, wird nicht gewünscht, weil sie personalisiert, als persönlicher Angriff gesehen wird. Die Funktionäre betreiben keine breite Mobilisierung der Basis, das geht soweit, daß in einem Fall Unfallgeschädigte beim studentischen Schnelldienst »Demonstranten« mieteten, damit überhaupt ein paar Leute anwesend waren, die die Transparente hielten. Ein Verband schreibt: »Die tägliche Arbeit des Vereins erfordert viel Zeit, Wissen und vor allem Idealismus. Unsere Mitglieder folgen ohne viel Kritik, sie wissen, was geleistet worden ist, weil an der Spitze der Organisation treibende Kräfte der entscheidende Faktor waren. Ausschüsse, die sich erst etwas ausdenken sollen, kennen wir nicht, in diesen würde alles zerredet und nichts getan. Unser größter Ärger ist, daß etwa 40000 schwerhörige Berliner vereinsunlustig sind und erst umdenken werden, wenn sie in der Gesellschaft Schiffbruch erlitten haben, und dann hoffentlich beherzigen, was Johannes Trojan schon vor 70 Jahren empfahl: Laßt uns in Vereine treten, / denn dazu sind sie da, / hilfreich durch Sozietäten / tritt der Mensch dem Menschen nah.«[3]
Vereinigungen dieser Art erreichen zwar mal immer wieder etwas, weil sie sich brav verhalten haben, ein paar Brosamen fallen immer vom Sozialkuchen ab, doch an ihrer Lage

verändert sich somit nichts. Anders tritt dagegen der VdK Deutschlands auf, auf dessen Kongressen sich die politische Prominenz tummelt. Zwar gibt es dort auch den üblichen Politiker-Wortschwall, wenn es um Behinderte geht (MdB Albert Burger, CDU, auf dem 2. VdK-Bundeskongreß: »In der Frage der Eingliederung von Behinderten gibt es keine Opposition, allenfalls einen Wettbewerb des guten Willens«[4]), aber der VdK ist gefürchtet. Der Verband der Kriegs- und Wehrdienstopfer, Behinderter und Sozialrentner Deutschlands, früher ein reiner Kriegsopferverband, ist mit 1,3 Millionen Mitgliedern ein politischer Faktor. Der VdK hält einen guten Kontakt zur Bundeswehr und tritt auch mit dem Bundeswehrverband zusammen auf, hat viele Mitglieder im Bundestag und definiert sich selbst als Ordnungsfaktor. Hauptgeschäftsführer »Kamerad« (Anrede) Lothar Franke: »Es gilt endlich einmal deutlich zu sagen, daß es in dieser unserer Welt auch noch ein Oben und Unten gibt.«[5]

Die Verbände und Vereinigungen sind untereinander häufig so zerstritten, daß sie es ablehnen, auf einer Tagung zu erscheinen, wenn der Vertreter des anderen Verbandes erscheint. So weit kann es gehen, daß es Schubsereien gibt, wenn es gilt, wer bei einem Empfang beim Bundespräsidenten nun eingeladen wird und wer beim offiziellen Foto nun in der vordersten Reihe plaziert wird. Das lähmt ohne Zweifel das Durchsetzungsvermögen der Vereinigungen, vor allem jener, die die Randgruppen unter den Behinderten vertreten.

In der Befragung des Kölner Forschungsinstituts für Sozialpolitik wurden die Eltern, die ihre Kinder immerhin auf einer Sonderschule haben, befragt, wer einen Behindertenverband kenne. 43,9% der Befragten waren Mitglied, weitere 9,4% kannten einen Verband.[6] Das heißt: Nur knapp über die Hälfte kennen überhaupt eine Interessenvertretung. Auf die Frage, wieweit der Behindertenverband bisher nützlich gewesen sei, erklärte ein Drittel, genau 32,4%, überhaupt keinen Nutzen gehabt zu haben. Dabei treten erhebliche Unterschiede auf, die der Privilegierung einzelner Behindertengruppen entsprechen. Nur 8,1% der Angehörigen von Blinden hatten überhaupt keinen Nutzen, während die nichtprivilegierten organisierten Sehbehindertenangehörigen den hohen Prozentsatz von 57,4% aufwiesen.[7] Die selbstbewußten, streitbaren Blindenorganisationen haben in der Tat eine erhebliche Durchsetzungskraft bewiesen.

Wie sehr es dem Gesetzgeber und seinen behördlichen Ausführungsorganen gelungen ist, die Behindertenangehörigen zu entmündigen, beweist, daß die Befragten, die überhaupt von der Existenz einer Selbsthilfeorganisation wissen, keine vordringlichen Aufgaben nennen konnten. Die Antworten blieben vage: man müsse die Behinderten betreuen und fördern, man müsse sich mehr »um diese Menschen kümmern«. Nur ein Drittel aller Befragten hatte konkrete Vorstellungen von den Aufgaben eines Behindertenverbandes.[8]

Die Zuständigkeiten und die Interessenvertretung für Behinderte ist so kunstvoll verwirrt worden, daß sich selbst die Betroffenen nicht mehr auskennen. Das ist geplante Ineffektivität. In einem »Bundesverbands Diagramm« versucht der »Bundesverband für spastisch Gelähmte und andere Behinderte«, eine Zusammenstellung der mit Rehabilitation befaßten Organisationen. Im Vorspann heißt es: »Die verwirrende Vielfalt kann durch die folgende Übersicht vielleicht etwas aufgehellt werden. Sie beschränkt sich auf die wichtigsten (!) Verbände, soweit sie auf Bundesebene tätig sind.«[9]

Und nun – zur Erhellung – wörtlich das Diagramm:

In der »Bundesarbeitsgemeinschaft der Freien Wohlfahrtspflege« sind sechs Spitzenverbände zusammengeschlossen: die Arbeiterwohlfahrt (AWO), der Deutsche Caritasverband (DCV), der Deutsche Paritätische Wohlfahrtsverband (DPWV), das Deutsche Rote Kreuz (DRK), das Diakonische Werk (DW) und die Zentralwohlfahrtsstelle der Juden in Deutschland. Das Aufgabengebiet dieser Organisationen ist nicht primär die Rehabilitation Behinderter. Im Fachausschuß »Das behinderte Kind« der Bundesarbeitsgemeinschaft der Freien Wohlfahrtspflege ist der Bundesverband beratend tätig, und dem DPWV ist er als Mitglied angeschlossen.

Zu den sonstigen Wohlfahrtsorganisationen zählt eine große Anzahl von Verbänden, die einem Spitzenverband angeschlossen sein können. Hierzu gehört unter anderem die Bundesarbeitsgemeinschaft »Hilfe für Behinderte« (BAG), die 1966 vom Bundesverband mit gegründet worden ist. Die BAG ist ein Zusammenschluß von 12 auf Bundesebene tätigen Selbsthilfeverbänden.*

Ihr gehören an:

* Diese Zahl hat sich inzwischen wesentlich erhöht!

Bundesverband der Eltern körpergeschädigter Kinder (Contergankinder-Hilfswerk),
Bundesverband für spastisch Gelähmte und andere Körperbehinderte,
Bundesverband zur Förderung Lernbehinderter,
Bundesvereinigung »Lebenshilfe« für geistig Behinderte,
Bund zur Förderung der sehbehinderten Kinder,
Deutsche Gesellschaft zur Bekämpfung der Mucoviscidose,
Deutsche Gesellschaft zur Förderung der Hör- und Sprachgeschädigten,
Deutsche Haemophiliegesellschaft zur Bekämpfung von Blutungskrankheiten,
Deutsche Sektion der Internationalen Liga gegen Epilepsie,
Deutscher Blindenverband,
Interessengemeinschaft Hydrocephalus,
Schutzverband für Impfgeschädigte.

Die »International Cerebral Palsy Society« (ICPS) ist die internationale Vereinigung zur Förderung spastisch Gelähmter. Der Bundesverband ist Mitglied im ICPS.

Die Aktion Sorgenkind (AS) wird getragen vom Zweiten Deutschen Fernsehen (ZDF) und den Spitzenverbänden der Freien Wohlfahrtspflege. Im Kuratorium, das für die Verteilung der Gelder zuständig ist, wird der Bundesverband durch seine Geschäftsführerin vertreten.

Der Bundesverband ist ferner Mitglied in folgenden Organisationen: dem Deutschen Verein für öffentliche und private Fürsorge, der Deutschen Vereinigung für die Rehabilitation Behinderter und der Forschungsgemeinschaft »Das körperbehinderte Kind«.

Kontakte unterhält der Bundesverband zur Stiftung für die Rehabilitation, der Sozialhilfe für Querschnittsgelähmte und zum Kuratorium therapeutisches Reiten.

3. Selbsthilfeorganisation

Zum Beispiel: Sozialhilfe Krautheim

»Wir haben keinen Einfluß auf die Verwendung der Gelder; auch ist es bei uns nicht möglich, an diese heranzukommen, weil sie – Gott sei es geklagt – unter den sogenannten

Verbänden der freien Wohlfahrt aufgeteilt werden. Auch ein Stück jenes undemokratischen Verhaltens unserer Umwelt, die auch letztlich uns Körperbehinderte nur als Objekt sieht.« So klagt ein Körperbehinderter in der Zeitschrift »Leben und Weg. Der Körperbehinderte«, die in Krautheim an der Jagst erscheint.

In Krautheim begann Eduard Knoll vom Bett aus, den ersten Selbsthilfeverband »Sozialhilfe« aufzubauen. Erst einmal sieben Personen zu bewegen, ihre Unterschrift zu einer Vereinsgründung zu geben, dauerte bald fünf Jahre. In den sechziger Jahren erwirbt sich der Verein Grundstücke, um Wohnungen und Arbeitsplätze zu schaffen, die damals vorwiegend Querschnittsgelähmten und Kindergelähmten zugute kommen. Das Geld dazu stammt aus dem von Knoll gegründeten Spirituosenhandel und aus Bettelei um Spenden. Auch außerhalb Krautheims entstehen Beratungsstellen und Selbsthilfevereinigungen von Behinderten. 6000 Mitglieder weist die Kartei aus, zwei Drittel davon Behinderte.

Das Sozialwerk Krautheim lebt vom Organisationsgeschick seines Gründers. Die Aktivierung derer, die ihre angebliche Minderwertigkeit und ihre Unterwerfung internationalisiert haben, bleibt jedoch aus. Bereits 1967 klagt ein Betroffener in der vereinseigenen Zeitung: »Mit Kummer muß ich feststellen, daß der Kampfgeist in unserem Blatt immer noch mehr nachläßt, statt Aufrufe zu geben. Statt Aufrufe zur Behebung der himmelschreienden Not unserer Gelähmten, finde ich immer mehr erbauliche Artikelchen, die sogar in der Kirchenzeitung immer mehr verschwinden.« Das Sozialwerk hat, gemessen an seiner Ausgangsbasis, unter anderem der finanziellen Basis von 90 Mark Rente des Eduard Knoll, Imponierendes geleistet, hat Wohn- und Arbeitsplätze geschaffen, wo andere davon reden. Doch die Unterdrückten zu aktivieren, ist nicht gelungen. Dazu waren die Behinderten um Krautheim viel zu sehr auf »Betreuung« fixiert, »Vereinsleben« stand höher im Kurs als gesellschaftliches Engagement.

Zum Beispiel: die Bundesarbeitsgemeinschaft der Clubs Behinderter und ihrer Freunde (CeBeeF)

Im Bundesgebiet sind in verschiedenen Städten Behindertenclubs entstanden. Es begann als Aufbruch der jüngeren

Behinderten, der zum Teil in bewußter Konfrontation zu den Elternvereinigungen stattfand. So kam es zu einem offenen Konflikt zwischen den jungen Spastikern und ihrem Elternverband. Die Kehrtwendung gegen die Eltern und überhaupt gegen die großen Organisationen wird sehr deutlich:
»Lassen wir uns von Vereinsmeierei und Verbandsegoismus nicht aufs Kreuz legen«, heißt es 1971, »wir brauchen uns nicht auf liebe Onkels und Tanten zu besinnen, die uns in Ewigkeit ›betreuen‹ und bevormunden wollen. *Besinnen wir uns – endlich – auf uns selbst!* Wir brauchen keine ›Vereinsorgane‹, die sich wie ein Bandwurm träge und fad durchs Gelände der Rehabilitation schlängeln, keine Käseblättchen, die (statt von unserem Schicksal) nur von einem Zeugnis geben: von ihrem Mangel an Phantasie, von Gedankenarmut und Ahnungslosigkeit von dem, was uns betrifft. Im vergangenen Jahr ist für viele von uns nichts geschehen – außer Versprechungen. Ein Jahr, das nicht gut für uns ist, ist gegen uns – ein verlorenes Jahr!«[10]
Die Bundesarbeitsgemeinschaft propagiert statt dessen die aktive Partnerschaft, denn: »Was wir jedoch nicht zu akzeptieren bereit sind, ist das auf mehreren Tagungen von Elternverbänden immer wieder beschworene ›Recht der Eltern auf ihre Kinder‹ – Kinder, die wir nach ihren Vorstellungen auch bis zum Ende bleiben werden. Wir erkennen dankbar all die zum Teil unsagbar großen Mühen unserer Eltern um uns an, meinen aber auch, daß alle Elternliebe kein Fachwissen ersetzen kann.«[11]
Als 1971 das Bundesarbeitsministerium eine Konzeption für die Berufsbildungswerke für behinderte Jugendliche vorlegt, sind keine Behinderten zu den Beratungen herangezogen worden. So etwas macht man sonst nur noch mit psychisch Kranken und Strafgefangenen. In Bonn beraten die Funktionäre, die Betreuer, alles Leute, die noch in keinem Rollstuhl gesessen haben. Der CeBeeF: »Es scheint bei denen, die behaupten, unsere Interessen zu vertreten, die Meinung weit verbreitet zu sein, die lieben armen kleinen Behinderten wären schon glücklich und zufrieden, wenn man ihnen jedes Jahr einmal eine schöne Tagung beschere, ›preisend, mit viel schönen Reden ...‹ (zugegeben, einige von uns wollen auch nicht mehr). Auf die Gefahr hin, ›undankbar‹ zu erscheinen, stellen wir hier deutlich fest: Wir sind damit nicht zufrieden.«[12]

Die Körperbehindertenclubs zeugen von einem neuen Selbstbewußtsein. Die Bundesarbeitsgemeinschaft hat nicht nur zahlreiche Emanzipations-Tagungen organisiert, veröffentlicht auch Rollstuhltests, nimmt Heime unter die Lupe, erstellte einen Hotel- und Campingführer für Behinderte (den die Behörden dann dort anfordern müssen, statt umgekehrt, sie selbst zu erarbeiten), berät, vermittelt Kontakte, koordiniert. Zugleich werden jedoch auch sehr privatistische Tendenzen deutlich, wird der familiäre Rahmen nicht durchbrochen. Man agiert in einer unpolitischen Attacke gegen die etablierten Behinderten-Funktionäre und etabliert sich zugleich selbst als Funktionär, der sich der Basis entfremdet. Die Clubs durchbrachen erstmals das Behindertengetto und meldeten Forderungen an. Der Anfang einer Behindertenemanzipation ist geschehen, jedoch verläuft der Entwicklungsprozeß in den einzelnen Clubs sehr unterschiedlich. Da gibt es reine Betreuungsvereine neben Clubs mit politischer Sensibilität und gesellschaftspolitischem Konzept. Die Bundesarbeitsgemeinschaft mit ihrer Zentrale in Mainz scheint seit einiger Zeit konzeptionslos zu sein und sich in ihrem Handeln aufs Reagieren zu beschränken.

X Behinderten-Psychologie

Zur Selbsteinschätzung von Behinderten

»Den äußersten schrecklichsten Grad menschlicher Sterblichkeit treffen wir in zwei Erfindungen der neueren Zeit an«, schreibt Ch. W. Hufeland in »Die Kunst, das menschliche Leben zu verlängern«[1] 1798, »unter den Negersklaven in Westindien und in den Findelhäusern. – Von den Negersklaven stirbt jährlich der fünfte oder sechste, also ungefähr so viel, als wenn beständig die fürchterlichste Pest unter ihnen wütete. Und von 7000 Findelkindern, welche gewöhnlich alle Jahre in das Findelhaus zu Paris gebracht werden, sind nach Verlauf von 10 Jahren noch 180 übrig, und 6820 sind gestorben, also von 40 entrinnt nur einer diesem offnen Grab.«

Wohn- und Spielraum für das Sonderkind

»38,5 % der behinderten Kinder haben ein eigenes Zimmer, wobei die Schwerhörigen mit 45,3 % an der Spitze liegen, die Körperbehinderten mit 35,8 % relativ benachteiligt sind.« »29,6 % aller Kinder ohne eigenes Zimmer haben nicht einmal eine eigene Spielecke, d.h. einen Platz, zu dem mindestens ein Regal oder Schrank für Spielsachen und sonstige persönliche Dinge gehört.« ⑨

Mit dieser brutalen Wirklichkeit von Kindern, denen die affektive Zuwendung von Müttern, beziehungsweise Bezugs-

⑨ Situation von Familien mit behinderten Kindern ... S. 57

personen fehlt, konfrontierte Hufeland die damalige Öffentlichkeit. Die Forschungen von René A. Spitz über die Bedeutung der ersten Lebensjahre griffen diese Beobachtungen wieder auf. In den beiden ersten Lebensjahren entsteht beim Kind alles, was zu einem sozialen Wesen gehört: es lernt soziales Verhalten, Gewissen, Kontaktfähigkeit, Selbstvertrauen usw.[2] In einer Untersuchung der Genese psychischer Störungen in der frühen Kindheit beobachteten R. A. Spitz und Katherine M. Wolf[3], was passiert, wenn einem Kleinkind durch Einlieferung in ein Waisenhaus (oder auch in eine Klinik) das Liebesobjekt genommen wird. Die beiden Autoren sprechen von der »anaklitischen Depression«. Durch den Verlust des Liebesobjekts reagiert das Kleinkind mit Angst, es isoliert sich, sperrt den Kontakt zur Außenwelt, wird depressiv, apathisch, verkümmert, wird stuporös (starr, ohne Außenkontakte). Kehrt das Liebesobjekt zurück, verändert sich das Verhalten des Kleinkindes spektakulär; es wird wieder fröhlich, lebhaft, kontaktwillig, wie durch Zauberei (Spitz). Die Veränderung geschieht geradezu sprunghaft. Zwar hinterläßt das Trauma der Trennung seine Narben in der Psyche des Kindes, und manche Kinder fallen in der Entwicklung wieder ab, dennoch wird der alte Zustand nicht wieder erreicht. Allerdings bleiben die Sozialleistungen des Kindes nach der anaklitischen Depression hinter den Leistungen vor der Trennung zurück, sind retardiert. Diese Situation, daß das Liebesobjekt (Mutter) nach drei Monaten zurückkehrt, entspricht der Situation eines Säuglingsheimes. Katastrophal verläuft dagegen die Entwicklung im Findelhaus (Waisenhaus). Die objektiven Versorgungsbedingungen (medizinische, hygienische Versorgung, Ernährung) sind vergleichbar, doch die Trennung ist endgültig. Die Folge: »Trotz der befriedigenden Hygiene und Asepsis war die Sterblichkeitsquote der hier aufgezogenen Kleinkinder unverhältnismäßig hoch. Im Verlauf von zwei Jahren starben 34 von 91 beobachteten Kindern an Krankheiten wie Infektion der Atemwege und des Verdauungstrakts, Masern und Mittelohrentzündung. In manchen Fällen war die Todesursache Katexie (Kräfteverfall). Dieses Phänomen spricht für psychosomatische Erkrankungen.«[4]

Die länger als drei Monate dauernde Trennung wirkt verhängnisvoll. Die Entwicklung ist irreversibel geschädigt. Therapeutische Maßnahmen bleiben unwirksam.

Jedoch, auch bei den Kindern im Säuglingsheim zeigte sich gegen Ende des kritischen Drei-Monats-Zeitpunkts jenes *affektverarmte* Verhalten, Berührungsablehnung und bizarr stuporöse Bewegungen. In den ersten sechs Monaten liegt die Aktivität, soziale Beziehungen herzustellen, beim Erwachsenen, da das Kind von sich aus der Fortbewegung noch nicht fähig ist. Nach sechs Monaten kontaktiert das Kleinkind von sich mit dem Erwachsenen. Das Bewegungsvermögen beim Kleinkind dient dem Aggressionstrieb als Ableitungsfunktion. Wenn das Kleinkind nun, weil es in Kinderheimen infolge Personalmangels und anderer Umstände ans Bett fixiert ist, sich nicht genügend bewegen kann, kann die Aggressionsabfuhr nicht natürlich stattfinden. Die Aggression richtet sich gegen das Kind selbst. Kinder, die infolge einer Körperbehinderung in ihrer Motorik behindert oder gar gelähmt und zusätzlich noch im Heim sind, werden besonders hart betroffen. Das körperbehinderte Kind kann von sich aus schlecht Kontakt aufnehmen und kann sich seine Umwelt nicht ergreifen, begreifen, erobern, weitet seinen Aktionsradius nicht genügend aus, sondern verharrt ängstlich in seinem vertrauten Bereich: vorerst sogar meist im Bett.
Je länger sich der Heim-Aufenthalt eines körperbehinderten Kindes hinauszieht, desto stärker macht es die Erfahrung, daß es sich Pflegepersonen zuwendet, um von ihnen, sei es durch wechselnden Dienst, sei es durch Personalwechsel, verlassen zu werden. Die Trennungsängste wiederholen sich. Vertrauen entsteht nicht. Das Kind wendet sich ab, um nicht ständig Verlustängste einzustecken, meidet zunehmend Kontaktversuche, beschränkt sich auf sich selbst, wird egozentrisch, meidet Gefühlszuwendung an Menschen, um sie auf Sachen zu richten: Spielzeug etwa oder Schokolade – Bonbons als Liebesersatz.
Anna Freud[5] beschreibt ebenfalls den Verlust an Ichfunktion, der beim körperlich kranken Kind entsteht, da es zur Passivität verurteilt ist: Es wird an- und ausgezogen, gewaschen, gefüttert, erfährt Hilfestellung beim Urinieren und Defäkieren, es wird entblößt. Dies muß zwangsläufig zur passiven Umweltbewältigung führen. Die mangelnde Aggressions- und Spannungsentladung führt zu einer Übererotisierung des Körpers, aber auch zu verstärkter Reizbarkeit und zu aggressiven Ersatzhandlungen wie Beschimpfungen. Die Immobilisierung führt zur Regression. Hinzu kommt, daß die

Schmerzerlebnisse bei Operationen masochistische Tendenzen verstärken, daß Lust passiv-masochistisch erfahren wird, daß Lust auf das Ich sadistisch fixiert erlebt wird.
Anna Freud zieht Parallelen im Benehmen körperlich eingeschränkter Klinik-Kinder und dem Verhalten eines erwachsenen Hypochonders: »Das der mütterlichen Fürsorge beraubte Kind übernimmt die Rolle der pflegenden Mutter sich selbst gegenüber und spielt ›Mutter und Kind‹ mit seinem eigenen Körper. Der erwachsene Hypochonder, der seine Libido von der Objektwelt abzieht, handelt ähnlich. Sein mit Libido übersetzter Körper repräsentiert ihn selbst als Kind, über das sein erwachsenes Ich in der Rolle der Mutter die Obhut übernimmt.«[6] Hier zeigt sich sehr deutlich, daß der mangelnde Umwelt-Kontakt die behinderte Person auf sich selbst zurückwirft, die Bedürfnisse nach außen innenleitet, das heißt, daß erotische Bedürfnisse auf den eigenen Körper gerichtet werden und Aggressionen, die nicht motorisch abgeleitet werden können, sich zerstörerisch gegen das eigene Selbst richten. Eine andere Reaktion, wenn Kinder behindert sind, ist die, daß die Eltern es über-befürsorgen, es besonders mit Fürsorge und Zuwendung bedenken. Wenn Kinder durch Erkrankung die Zuwendung der Mutter erstehlen, läßt sie ihnen dabei besonders viel durchgehen – man erzielt Lustgewinn durch Krankheit. Von einer normalen Entwicklung kann somit nicht die Rede sein.
Werden diese Konflikte nicht aufgefangen, bleibt dem verunsicherten, ängstlichen Ich kein Ausweg als die Flucht in die Neurose, bleibt das Untertauchen in den Schlupfwinkel Neurose, das pathologisch zwar, doch immerhin einen Ausweg bietet, sich vor der Realität abzusetzen. Die Angst als Motivation allen Handelns wird prägend, Verhaltensunsicherheit und Minderwertigkeitserfahrungen. Denn das Versagen infolge des Funktionsverlusts der Glieder und das Versagen sozialer Bindungen, wird dem Behinderten ja täglich vorgeführt. Je größer sich die Versagenserlebnisse auswirken, desto heftiger wird die Fluchtbewegung. Das kann bis zur totalen Realitätsferne von Behinderten führen, die sich zum Beispiel in illusionistischen Berufswünschen äußert. Der Realitätsverlust ist der Ausweg des behinderten Ichs, das alle Versagungen auf diese Weise verschleiert. Das Ich nebelt gleichsam seinen Rückzug ein, um ihn nach außen hin nicht sichtbar werden zu lassen.

Der ängstliche Rückzug muß nicht immer pathologisch deutlich werden. Doch die Ängstlichkeit, die Verhaltensunsicherheit, wird das Leben eines Behinderten prägen, sein Verhaltenspotential ist unflexibel, starr, ordnungsorientiert, klischeehaft. Die Immobilisierung bringt eine Immobilität mit sich: Zu viele Erfahrungen, die Selbstvertrauen und Sicherheit schaffen, fehlen in der Regel, weil der Körperbehinderte zu lange gettoisiert wurde. Nach welchen Prinzipien Körperbehinderte in Heimen erzogen wurden (und werden), zeigt die Festschrift der Josefsgesellschaft, die katholische Heime in ihrer Regie führt: Danach »leistet übermäßiges Entgegenkommen, das jegliche Wünsche erfüllt, dem Triebleben Vorschub und läßt die Selbstzucht erschlaffen«.[7] Zur Kompensierung der Behinderung wird musische Betätigung propagiert, denn, und das ist entscheidend: »Sie erzieht zur Ordnung und führt hin zu den Quellen volkhafter Bildung.«[8] Dieses Ordnungsdenken ist ein uneingestandenes Euthanasiedenken, das Behinderte eliminieren möchte, nur, daß heute die Tötung unwerten Lebens durch Aussortieren in Heime geschieht. Der Behinderte hat zumeist verinnerlicht, ein Nichts zu sein, als ein unproduktives Etwas eingeschätzt zu werden, das anderen auf der Tasche liegt. Zu oft ist es ihm ins Bewußtsein eingebleut worden. Die Resignation und Ergebung ist anerzogen, sie äußert sich in Veröffentlichungen wie »Erprobte Lebensregeln einer alten MS'lerin«: Sie empfiehlt unter anderem: Vertrauen auf Gott und Dank auch für den kleinsten Fortschritt; die Frage nach dem ›Warum‹ ist tabu; freue dich an den kleinsten Dingen, vielleicht einer einzelnen Blüte; mit Humor geht alles besser; sei befreundet mit der MS, das ist der beste Weg zur Besserung.[9]
Dem Behinderten fehlt zumeist das soziale Umfeld, das ihn bestätigt und korrigiert, ihm fehlen Kommunikation, Gesellschaft, Alleinsein, Erfolge in der Arbeit und bei Freizeitbeschäftigungen, die Möglichkeit, den Alltag auch einmal festlich zu überhöhen, durch Theater, Spaziergänge, Urlaub. Er ist in allem ein Abhängiger, ein Pflegling, dem alles getan, dem geholfen, der versorgt ist, ohne daß diese antriebsmindernden Beeinflussungen deutlich würden. Der Behinderte wird zu Unmündigkeit und Unselbständigkeit erzogen, zum Hilfeempfänger degradiert, den man der Fürsorge überläßt, den man zu den »geringsten Brüdern und Schwestern« zählt, den man zum Objekt von sentimentaler »Vergißmeinnicht«-

Gesinnung macht, dem die Fünf-Mark-Spenden zukommen, und damit basta.
Der Behinderte ist zu lange in der Sondersituation belassen worden, als daß er ohne weiteres seine Rolle als Minderwertiger verlassen könnte. Nur rollentypische Verhaltensweisen werden honoriert: Braves Aushalten, stummes Leiden bringen ihn in den Genuß von Wohlfahrtsgaben und Mitleid. Durchbricht er die Rollentyptik, dann erlebt er, daß beispielsweise ein Spastiker mit langen Haaren und Bluejeans keines Mitleids würdig ist. Behinderte, zumal Sprachbehinderte, sind Funktionären und Behördenvertretern ausgeliefert. Eine der wenigen Behinderten, die hauptamtlich Behindertenarbeit macht, berichtet: »Sie wollen den überangepaßten Behinderten, der ihnen Erfolgserlebnisse und Selbstbestätigung garantiert. Eine eigene Meinung oder gar Kritik an ihrer Arbeit gesteht man dem Behinderten nicht zu. Man fällt dann über ihn her, sagt ihm, das sei seine eigene Problematik, er hätte seine Behinderung nicht verarbeitet, sei übersensibel und macht ihn zum Sündenbock. Gleichzeitig entdeckt man die anderen Behinderten, um zu demonstrieren: wir sind gar nicht so! Und diese – froh aus ihrer Isolierung herauszukommen – gehen dankbar darauf ein und merken gar nicht, was da wirklich passiert ist.« Auf Behindertentagungen werden die angepaßten Behinderten gerne vorgeführt, Kritik gilt als Undankbarkeit, da bekommen – wie geschehen – die Funktionäre eher einen Herzanfall, da Kritik an der Behindertenarbeit Kritik an ihnen persönlich darstellt, während sie doch immer das Beste wollten.
Behinderte reagieren nach den Gesetzen von ethnischen Minderheiten: Neben den mehrfach berichteten Unwertgefühlen ist das Selbsthaß und irrationale Kompensation. Sie streben danach, nicht so sein zu wollen wie Behinderte. Und müssen doch immer wieder feststellen, Behinderte zu sein. Dies ähnelt den Untersuchungen an Negerkindern, die mit schwarzen oder weißen Puppen spielen und entscheiden sollten, welche der Puppen nun gut oder böse und ihnen ähnlich wären. Nach den Gesetzen von Randgruppen[10] ist es klar, daß die schwarzen Kinder die schwarzen Puppen als böse bezeichnen und versuchen, sich in die weißen Puppen zu projizieren, denn Randgruppenmitglieder verinnerlichen die Normen, die sie unterdrücken. Sie versuchen, den »Guten« durch Anpassung ähnlich zu werden, durch Wohlverhalten

Vergünstigungen zu erlangen. Das sind jedoch die Mechanismen, die nichts ändern, im Gegenteil, die Unterdrückten unterdrückt halten. Das einzige, was gewährt wird: Die besten Köpfe dürfen aufsteigen, werden demonstrativ vorgeführt als Beispiel geglückter Integration und werden damit der eigenen Gruppe entfremdet.

Wenn ich mein Leben betrachte, so sind es bald 24 Jahre, die ich damit verbrachte, erst Behinderter zu sein und dann erst Mensch.
Das hört sich hart an, und ein wenig bitter, aber man macht so seine Erfahrungen: Als ›Nehmender‹ sei man doch immer wieder zu unterwürfiger Dankbarkeit und Katzbuckeldienerei verurteilt. Erklärte mir vor wenigen Wochen doch erst wieder ein Verwandter mit gerechtem Ernst, daß wohl jedermann in den sogenannten Himmel komme, welcher an meiner Person Christenpflicht übe.
Ja, nun weiß ich endlich, zu was ich in der Welt nützlich bin!
Ist es nicht eine feine Sache, wenn man so vielen Menschen zur Seligkeit verhelfen kann ...? ⑩

Natürlich: Keine Randgruppe hat es schwerer, sich zu emanzipieren, sich selbst zu organisieren, als pflegeabhängige Behinderte. Oder etwa Gehörlose, die den Normalhörenden nicht gewachsen sind: Denn sie haben die Erfahrung gemacht, daß der Hörende immer recht hat. Ein Gehörloser: »Wenn ich mich selbst betrachte, kommt mir immer wieder der Vergleich mit einem kleinen Jungen. Ich bezweifle, daß sich das in 3 Jahren, wenn ich 21 werde, geändert hat. Dann

⑩ Aus: Christa Schlett, ... Krüppel sein dagegen sehr. Wuppertal 1970

bin ich ja dem Papier nach erwachsen, aber ich fürchte, ich werde das nie.«[11] Die Behinderten helfen sich mit einer eigenen Hackordnung: Oben stehen die »nur« Körperbehinderten, ganz oben, jene, denen man es kaum ansieht, und dann geht es immer weiter abwärts zu den geistig Behinderten. Sehr drastisch hat diese Rangordnung Alfons Gottwald, im Jahre 1950 zum Vorsitzenden des Deutschen Blindenverbandes gewählt, dargestellt. Er sah bereits 1969 die besondere Stellung der Blinden gefährdet, die eine erhebliche Privilegierung unter den Behinderten genießen, was sich in Mark und Pfennig durch viele Vergünstigungen niederschlägt. Gottwald: »›Den‹ behinderten Menschen als eine Figur unseres sozialen Lebens gibt es gar nicht. Wir sind auf der einen Seite die Blinden; auf der anderen Seite stehen die Gehörlosen und Körperbehinderten, und zu den behinderten Menschen gehören auch die geistig Behinderten ... Hinter der These vom behinderten Menschen liegt eine Gefahr, nämlich die, daß die Gesellschaft unsere besondere Stellung und unseren besonderen Einsatz nicht richtig sieht. Wir sind, wo es unser Nichtsehen nur zuließ, in alle Berufe, in alle sozialen Stellungen eingerückt. Ein großer Teil der übrigen Behinderten kann dies aus der Behinderung heraus nicht. Und somit müssen wir, meine Kameraden, stets dafür eintreten, daß man die einzelnen Gruppen der Behinderten konkret sieht. Es muß jedem geholfen werden, aber jedem nach seinen konkreten Bedürfnissen und Möglichkeiten.«[12]

Gottwald hat die kapitalistischen Gesetze erkannt, daß sich der Stärkere durchsetzt, daß die Privilegierten durch natürliche Auslese privilegiert seien. Der Nutznießer des ungerechten Systems wird sich hüten, von Solidarität zu reden. Er ist ja bevorteilt in jenem System, wo ein Verband gegen den anderen ausgespielt wird, um sie gegenseitig zu paralysieren. Einfältiger sagt es dagegen ein junger Schwerhöriger: »Das Schicksal hat zwar hart zugeschlagen, doch sind wir noch gut daran im Gegensatz zu anderen bedauernswerten Mitmenschen, deren Zahl nicht unerheblich ist. Laßt uns froh drum sein!«

XI Behinderte – die geschlechtslose Minderheit

Der katholische Prälat Briefs, der in der »Körperbehinderten-Pädagogik« noch immer gerne zitiert wird (ein Großteil der Heime wird konfessionell geführt), erklärte 1933 in seinem Aufsatz »Krüppeltum und Familiengründung«: »Daher dürfte die einzige Möglichkeit, die von der Familiengründung ausgeschlossenen Körperbehinderten mit ihrem Schicksal positiv zu versöhnen, eine Sublimierung des Triebes im Sinne des christlichen Zölibates sein.«[1] Ausgangspunkt – nicht nur der konfessionellen – Behindertenpädagogik, sofern sie überhaupt die Sexualität erwähnt – ist die Ehe. Da Behinderte nur im Ausnahmefall einen unbehinderten Ehepartner finden, die Voraussetzungen zu einer Ehe zweier behinderter Partner jedoch zur Zeit wenig gegeben sind, da behindertengerechte Wohnungen fehlen, wird der Behinderte zur »Keuschheit« verpflichtet.

Welches gelähmte Mädchen hat zu mir Vertrauen und nimmt sich den Mut, mir zu schreiben, um den Weg gemeinsam durchs Leben fortzusetzen? Bin am 3. 7. 1940 in Düsseldorf geboren, gelernter Beruf: Krankenpfleger, ledig, nicht ortsgebunden, dunkelblond, 1,72 m groß, leichte Sehbrille, ev., Augen blaugrau, sportl. Typ. Hobbies: Klavier- und Orgelspielen (Sohn eines Kapellmeisters), gute Bücher, Sprachen, Theater sowie kochen, lebensfroh und Sinn für Humor. Z. Z. verbüße ich in Frankreich eine zweijährige Freiheitsstrafe, die am 6. 12. 1969 beendet ist, keine Kriminalität. Welches körperbehinderte Mädchen, 21—25 Jahre, ev., schreibt mir, mögl. mit Lichtbild und nur ernstgemeint? ⑪

Der katholische Moraltheologe H. Fleckenstein: »Gepflegt werden muß der Wille, sich vor jeder freiwillig gesuchten Reizung zu bewahren. Nicht nur die schlimmen Folgen der Unkeuschheit (Verlust der Ehrfurcht, der Aufgeschlossenheit für hohe Werte und Aufgaben, des religiösen Glaubens) müssen der Jugend gezeigt werden, sondern mehr noch die Schönheit der tapferen Selbstbewahrung und Freude aus wachsender Reife. Die inneren Schwierigkeiten können und müssen gemindert werden durch vernünftige Lebensweise (einfache, reizlose Kost, hartes Bett, zweckmäßige Kleidung, Abhärtung, zielstrebige Beschäftigung, Spiel und Sport). Gerade hier hat die Pädagogik der Körperbehinderten eigene Erfahrungen.«[2]

Ich möchte gern ein liebes, körperbehindertes Mädchen glücklich machen. Mit meinem Auto würde ich es überall hinbringen. Es sollte sich aber nur ein gutes, liebes Mädchen melden. Bin 28 Jahre, 1,74 m groß, sportl. Figur und solide. Beruf Facharbeiter. Nie werde ich sie im Stich lassen. ⑪

Um nicht in Sünde zu fallen (gemeint ist die Selbstbefriedigung), sollen die Behinderten zur Keuschheit erzogen werden, denn es gibt »eine Berufung zur freiwilligen, gottgeweihten, lebenslänglichen Jungfräulichkeit«[3]. Deshalb sollten die Klöster weniger zögernd als bisher auch Körperbehinderte aufnehmen.[4] Daß dies nicht unbillig ist, sondern daß die Ehelosigkeit auch Behinderten zugemutet werden kann, zeigt sich daran, daß »ja auch einer nicht geringen Zahl hochwertiger und voll gesunder Frauen und auch einer gewissen Zahl durchaus normaler Männer ähnliches widerfährt«.[5] Zwar soll Körperbehinderten die Ehe nicht mehr unbedingt verweigert oder grundlos erschwert werden, doch die Bedenken sind grundsätzlicher Natur, da eine »vollgültige Ehe prinzipiell auch auf Nachkommenschaft hingeordnet« ist.[6] Deshalb rät Fleckenstein dringend von Ehen ab, in der kein Kind verantwortet werden kann.[7] So kommt Fleckenstein zu Konsequenzen, die Briefs (»Zur Begründung dieses Standpunktes wird in diesem Zusammenhang auf biologische und rassenhygienische Momente verzichtet«) 1933 so formuliert hat: »Umstände, welche Eheschließungen dieser Art zu begünstigen imstande sind, müssen im Interesse der Körperbehinderten tunlichst unwirksam gemacht werden.«[8] Ein weiteres Hindernis einer »Gebrechlichenehe« entdeckte J. Pongartz, nämlich die Behinderung, nicht ausreichend körperlich züchtigen zu können: »Und was wäre eine Erziehung ohne handgreifliche Führung... Mit Worten, mit Geboten und Verboten allein ist es nicht getan. Die Eltern müssen die Möglichkeit haben, ihrem Wort auch den nötigen Nachdruck zu verleihen.«[9]

Suche für Leidensgefährtin, spast. gelähmt, aber gut beweglich und normal gewachsen, im Widder geb., sehr intelligent und vielseitig interessiert, einen verständnisvollen Brieffreund mit Herzensbildung zwischen 40 und 55 Jahren, dem sie durch Kameradschaft und Verstehen etwas bedeuten könnte. Er sollte nicht ganz so schwer behindert sein, berufl. tätig sein und evtl. ein Auto haben, jedoch nicht Bedingung. Auch schuldlos geschiedener und enttäuschter Lebensgefährte angenehm! Kennenlernen evtl. im Urlaub möglich. ⑪

So sind, nicht nur in konfessionellen Häusern, die Behinderten mit ihrer Sexualitätsproblematik allein gelassen. Der Trieb wird unterdrückt, häufig mit disziplinarischen Maßnahmen: wenn z. B. eine Körperbehinderte, die auf ihrem Zimmer einen jungen Mann geküßt hat, des Hauses verwiesen wird. Oder daß eine Behinderte mit einem Querschnittsgelähmten (der völlig gelähmt ist) nicht einmal auf dessen Zimmer Monopoly spielen darf, denn eine Frau gehört nicht

⑪ Kontaktanzeigen aus: Der Körperbehinderte, Nr. 42, Dezember '69

auf den Männerflur. Und in einer Ausbildungsstätte gab vor einiger Zeit der Schulleiter per Lautsprecher die Anweisung, sich doch bitte nicht zu küssen. Auf einer Fortbildungstagung für Mitarbeiter in Einrichtungen der Lebenshilfe Juni 1972 diskutierten die Teilnehmer: »Soll man geistig Behinderten GV (Geschlechtsverkehr) gestatten. Ethisch schien es einigen gerechtfertigt, weil man jedem Menschen etwas Glück gönnen muß, anderen nicht, weil GV nie ohne innere Bindung einhergehen sollte, die meist nicht möglich ist.«[10]
Was an nicht aufgearbeiteten Konflikten zu Fehlleistungen führen muß, zeigt ein Tonbandprotokoll mit einem Mitarbeiter der Blindenstudienanstalt in Marburg: »Bei den Jüngeren hier ist die frühe Bindung an den Partner. Das muß nicht unbedingt ein andersgeschlechtlicher Partner sein, wir haben das auch hier, daß die sich in Familien zusammenfinden, daß also ein Junge hier den Vater spielt und ein Mädchen die Mutter und dann gibt es zwei, drei Kinder. Die also auch das ganz ausleben, daß also der Papi abends ans Bett kommt und

Welches einfache, liebe Mädel oder Witwe möchte mit Gehbehindertem (Rollstuhlfahrer), nicht pflegebedürftig, mit eigenem Heim und schönem, sicherem Einkommen, zwecks Eheschließung in Briefwechsel treten? Ich bin von stillem, ruhigen Charakter, evang. und 37 Jahre alt, 1,65 m groß. Jede Zuschrift mit Bild wird beantwortet.

Alleinstehender, gehbehinderter junger Mann, 39 Jahre alt, ev., sucht mit verständnisvollem, vollschlankem Mädel, weniger schwer behindert, heimatvertrieben und arm angenehm, zwecks späterer Heirat in Briefwechsel zu treten ⑫

⑫ Der Körperbehinderte, Nr. 40/1969 (ähnliche Anzeigen finden sich auch 1980 noch in der Zeitschrift, die inzwischen »Leben und Weg« heißt).

Händchen hält und ›Gute Nacht‹ sagt, bis fast zum Gute-Nacht-Küßchen geht das. Damit wird ausgeglichen die zum Teil erschreckend unnatürliche Bindung an zu Hause. Das heißt, sie sitzen zu Hause herum, keiner weiß sich mit ihnen zu beschäftigen, sie kriegen alles vorn Hintern geräumt, weil die Eltern sagen, ach, der arme, blinde Junge, Blinde können ja nicht, und nur in ganz wenigen Elternhäusern werden sie ganz natürlich genommen.«
Wie es dem Behinderten dann im Normalleben geht, wenn er nicht ewig ins Heim verbannt ist, schildert ein spastisch Gelähmter: »Zweifellos, der Behinderte hat unter dem isolierten Ausbleiben wirklicher Zuneigung öfter zu leiden als irgendein anderer; einfach deshalb, weil ihm die Möglichkeit abgeht, fehlgeschlagene Kontaktversuche beliebig durch neue zu ersetzen. Für ihn gilt nicht die zwar schnoddrige, aber beherzigenswerte Chansonweisheit: ›Wer wird denn weinen, wenn man auseinandergeht, wo an der nächsten Ecke schon 'ne andere steht...‹ Es steht eben für den Behinderten nie jemand an der nächsten Ecke. Freund oder Freundin, Geliebter oder Geliebte existieren oft nur in schamhaft verschwiegenen Träumen. Und wie verschwiegen die sind!«[11] Eine andere Tatsache erlebte dieser Spastiker jedoch auch, nämlich daß dem »Krüppel« eine besondere Triebhaftigkeit nachgesagt wird, um seine sexuellen Bedürfnisse brutal unterdrücken zu können: Er erfuhr auf dem Arbeitsamt, daß »dessen Beschädigten-Vermittler der Meinung waren, ich dürfe unmöglich in einem Betrieb arbeiten, in dem überwiegend Frauen beschäftigt werden«.[12]
Der Behinderte erfährt seine Behinderung sehr drastisch während der Pubertät, zu dieser Zeit bricht das Bewußtsein vollends oder gar zum erstenmal auf, ein »Krüppel« zu sein. Die sexuelle Reife tritt beim Behinderten, auch beim geistig Schwerbehinderten altersgemäß ein, die Ausnahmen sind nicht häufiger als bei nichtbehinderten Heranwachsenden.[13] Wo sexuelle Störungen in der Pubertät auftreten, sind die Ursachen sekundärer Art, nämlich ein Ausdruck gestörten Kontaktverhaltens und mangelnder sozialer Integration.[14] Schwierigkeiten werden allenfalls bei der Werbung zugestanden, da die veränderte Motorik, Mimik und Gestik das Imponieren und Auf-sich-Aufmerksammachen behindern.[15] Doch was soll's, muß man fragen, daß man den Behinderten von seiten der Wissenschaft eine normale sexuelle Entwick-

lung bescheinigt? In einer Publikation des Bundesministeriums für Jugend, Familie und Gesundheit über »Pubertätsprobleme und sexualpädagogische Aufklärung behinderter Kinder und Jugendlicher« referieren zehn wissenschaftliche Fachleute akademisch wertneutral über die Probleme, doch wie die Behinderten ihren Trieb ausleben können, vor der Beantwortung dieser Frage drücken sich alle sehr gekonnt.
Die 1971 von der damaligen Gesundheitsministerin Strobel herausgegebene Schrift ist nicht frei von Verfälschungen. Dazu zwei Beispiele: R. Lempp ersieht keine besonderen Sexual-Schwierigkeiten »vielleicht auch aus der Tatsache, daß etwa in dem von 14 erfahrenen Autoren herausgegebenen Buch von Lindemann über die infantilen Cerebralparesen, an dem sich auch bedeutende Heilpädagogen und Pädiater beteiligt haben, das Stichwort ›Sexualität‹ im Sachwortregister fehlt und unter dem Stichwort ›Aufklärung‹ nur die Aufklärung der Familie über die Krankheit des Kindes verstanden wird«[16]. So primitiv kann man sich an den Konflikten vorbeidrücken. Da dem Tübinger Jugendpsychiater das Thema so unheimlich erscheint, daß er es verdrängen muß, erhebt er die Verdrängungsleistung von 14 namhaften Autoren zu einem objektiven Befund.
Doch es kommt noch schlimmer: Da in den Heimen und Behinderteneinrichtungen die Sexualität meist rigoros unterdrückt und deshalb auch nicht in der Literatur behandelt wird, weil niemand schlafende Hunde wecken will, gibt es sie nicht. Lempp: »Wahrscheinlich ist die relativ geringe Problematik, die die Sexualität in der Pubertät bei Behinderten bietet, was sich in der geringen Literatur darüber niederschlägt und was auch von vielen Leitern entsprechender Heime bestätigt wird, dadurch zu erklären, daß die Behinderten, soweit sie in geschützten Räumen, in beschützten Werkstätten, Heimen, Anstalten und anderen Formen der Sonderbetreuung stehen, durch diese Einrichtungen eine entscheidende Kontakthilfe erhalten und viel weniger isoliert stehen als viele gesunde Jugendliche, für die dadurch die Sexualität zum Problem werden und Anlaß zu psychischen Störungen geben kann.«[17]
In der Tat werden Behinderte in der Erziehung oft noch als geschlechtsneutrale Wesen behandelt. Da ihre Sexualität ignoriert, zum Teil sogar geleugnet wird, können sie nicht darüber reden. Sie tun es auch gewöhnlich nicht, da sie die

Trieb- und Behindertenfeindlichkeit ihrer Umgebung zwangsläufig verinnerlichen mußten. Es fällt nicht schwer, zahlreiche Behinderte »vorzuführen«, die sexuelle Empfindungen bestreiten, Sexualität gehöre sich nicht, sei schlecht, sündhaft. Manche leiden jedoch ausgesprochen unter Versündigungsideen, weil sie – sofern sie dazu in der Lage sind – dann eben doch masturbieren.
Die Verklemmungen vieler Behinderter resultieren aus der unterdrückten, nicht ausgelebten Sexualität. Die Folgen sind weitere, zusätzliche Unwertgefühle. Es gibt keine Behinderten – es sei denn, es lägen psychosomatische oder somatische Störungen vor –, die geschlechtsneutral empfinden. Daß sie von ihren Schwierigkeiten wenig berichten, daß ihre Konflikte kaum in der Literatur auftauchen, zeigt lediglich, wie wenig Vertrauen sie zu ihren Erziehern, Therapeuten, Ärzten, Heimleitern haben können, zeigt, wie nahezu perfekt die Unterdrückung bisher funktioniert hat. So bleibt ihnen nicht viel: Einige versuchen einen Führerschein zu erwerben und einen schicken Wagen zu erstehen, um über dieses Status- und Potenzsymbol an ein Mädchen zu kommen, andere, und das ist sicher eine akzeptable Lösung, versuchen über Clubabende Kontakte herzustellen. Alle Unwertgefühle lassen sich deutlich aus den Heirats- und Bekanntschaftsanzeigen Behinderter entnehmen. Gelingt der Kontakt jedoch nicht, bleibt meist ein sadistisches Verhältnis zum eigenen Körper, zum Selbst übrig – Folgen einer ebenso sadistischen Unpädagogik jener, die sich zu Behindertenpädagogen aufgeworfen haben.
K. Heslinga, vom Komitee »Sexualleben und der behinderte Mensch«, das der Niederländischen Gesellschaft zur Rehabilitation der Behinderten angeschlossen ist, berichtete 1971 auf dem Spastiker-Weltkongreß in Holland über eine modellhafte Arbeit mit Blinden: Das Personal in der Internatsschule ist grundsätzlich nach Geschlechtern gemischt. Ältere Mädchen helfen, um eine natürliche Atmosphäre zu schaffen, Knaben beim Duschen. In Einzel- und Gruppengesprächen werden alle Fragen im Zusammenhang mit Eheschließung und Sexualität besprochen. Ein Professor für Genetik, ein Augenarzt und Heslinga als Lehrer beraten jeden Schüler einzeln im Blick auf seine individuelle Möglichkeit, ein von Geburt an blindes oder teilblindes Kind zu zeugen oder gezeugt zu bekommen (dabei berät jeder der drei Fachleute einzeln),

denn 65% der holländischen Blinden haben ihre Blindheit ererbt.
Die verbale Ebene genügt zur Aufklärung nicht. Deshalb stehen männliche und weibliche Tastlehrpuppen zur Verfügung, wobei einige Vagina oder Penis (zum Teil in voller Erektion) haben. Die Demonstrationsobjekte sind nach der Mode angezogen: z. B. mit Minirock, Hot Pants oder auch mit einem Smoking. Ebenso ertasten die Blinden, wie sich eine Monatsbinde anfühlt oder wie ein Kondom über das Glied gezogen wird. Damit die blinden Schüler lernen, daß auch die Körperbehinderten zu ihrer Gemeinschaft gehören, gibt es auch körperbehinderte Tastlehrpuppen.
Daß behinderte Frauen weniger Ehechancen als nichtbehinderte haben, wird ihnen gesagt. Doch was von einer Behinderten getan werden kann, lernt sie: sie lernt zu kochen, eine kalte Platte zu garnieren und aufzutragen, eine Wohnung selbständig in Ordnung zu halten, sich vorteilhaft zu kleiden und zu frisieren. Ebenso wird diskutiert: »Können Krankenschwestern und -pfleger dem Körperbehinderten behilflich sein, wenn er diese Hilfe zur Vornahme des Beischlafes oder zur Selbstbefriedigung wünscht?«[18]

Sexuelle Erziehung bei geistig Behinderten

Professor Dr. Heinz Bach verdanken wir eine exemplarische Abhandlung[19]. Auf ganzen 33 Seiten behandelt der führende Mainzer Wissenschaftler das Thema. Drei Grundeinstellungen konstatiert der Professor:
1. Die restriktive Einstellung: Sie ist gekennzeichnet, daß die »Triebschübe« durch Gebete, Gedichte und Lieder gebannt werden: »Das Gebet muß inbrünstig und wiederholbar, das Gedicht lang genug und die Melodie in Dur gesetzt und fortissimo gesungen sein, damit lange und laut das ›Besetztzeichen‹ ertönen kann, wenn der Triebschub sich in die Leitung drängen will.«[20]
2. Die revolutionäre Einstellung: Hier geht es, nach Bach, um eine Befreiung und nicht um die Beherrschung der Sexualität.
3. Die kritisch-progressive Einstellung. Als kritisch-progressiv bezeichnet sich Bach selbst. Den Eltern rät er, wenn der Geistigbehinderte acht Jahre sei, solle man ihn nicht mehr auf den Mund küssen und nicht mehr auf den Schoß nehmen. Gelegentlich dürfe man ihn jedoch noch über den Schopf fahren und gut zu ihm sein.

»Aber alle Zärtlichkeit, die eine gewisse sinnliche Tönung bekommt, ist dazu angetan, im Geistigbehinderten Strebungen wachzurufen, die zu meistern er nicht in der Lage ist.«[21] Welche Möglichkeiten den Eltern bleiben, dennoch Zärtlichkeit auszudrücken, beschreibt der Mainzer Professor so: »Auch mit dem Aufblitzen der Augen kann man einem Geistigbehinderten deutlich machen, daß man ihn mag, auch indem man ihm auf die Schultern klopft aus Freude darüber, daß ihm etwas gut gelungen ist, auch im Zunicken und auch durch Worte kann man zeigen, daß man innerlich zu ihm steht.«[22] Doch mit diesen geradezu traumatischen Berührungsängsten nicht genug, auch auf die passende Wahl der Textilien ist Wert zu legen: Die Eltern sollen sich »in ihrer Bekleidung einem strengeren Reglement unterwerfen und nicht durch nacktes Herumspringen und Lässigkeit in der Kleidung«[23] den Geistigbehinderten anregen.
Diese Bachsche kritisch-progressive Einstellung gibt Ratschläge zu einer »Verringerung des Sexualtriebes«: Vernünftige Ernährung, vernünftig ausgedehnten Schlaf und daran denken, »daß seine Kleidung zweckmäßig und nicht zu eng ist, um zu vermeiden, daß rein physische Reize die Genitalität steigern«.[24] Mädchen dürfen nicht attraktiv gekleidet werden, Onanie wird geduldet, weil ohnedies nicht zu vermeiden. Dennoch packen Bach Zweifel: »Man mag all das Geschilderte richtig und zeitgerecht unternommen haben. Dennoch ist der Geistigbehinderte nicht vollends zu immunisieren gegenüber den Gefahren, die ihm auf diesem Gebiete drohen.«[25] Deshalb heißt es wachsam sein, immer zu wissen, wo sich der Geistigbehinderte gerade befindet, der Schulweg muß kontrolliert werden. Die Frage, ob der Geistigbehinderte nicht ein Recht auf Sexualität (und nicht nur auf ohnedies nicht zu verhindernde Onanie) hat, wird überhaupt nicht angeschnitten. Die deutsche Behindertenpädagogik ist prüde, besetzt von Berührungsängsten. Nicht der Behinderte ist verklemmt, er trägt nur, was verklemmte Pädagogen als gegeben vortäuschen.

Übungsobjekt für pubertierende junge Männer

Behinderte über Freundschaft und Sexualität (Tonbandprotokoll)

(Männlich) Eines der wichtigsten Probleme, das den Behinderten immer wieder beschäftigt, fängt schon bei der Pubertät an, das sind die Beziehungen der beiden Geschlechter zueinander. Da ist nun einmal die Frage, soll man als Behinderter versuchen, nur mit einem behinderten Mädchen ins Gespräch zu kommen und eine Beziehung aufrechtzuerhalten, oder soll man auch als Mann versuchen, auch mit einem gesunden Mädchen in Kontakt zu kommen. Ich glaube, man muß es so nehmen, wie es sich gerade ergibt. Ich habe in meinem Leben schon mehrere sehr gute Freundinnen gehabt, eine davon war behindert, und ich habe jetzt seit einigen Jahren eine Freundin, die nicht behindert ist. Ich bin mir natürlich vollkommen darüber im klaren, daß diese Beziehung voraussichtlich nicht ewig sein kann, denn wenn meine Freundin mit ihrer Ausbildung fertig ist – sie ist Pädagogin –, wird sie vermutlich die Stadt hier verlassen und irgendwann jemand kennenlernen, den sie vielleicht dann auch heiratet.

(Weiblich) Dazu möchte ich sagen, daß ich sowohl eine Freundschaft mit einem Behinderten hatte, oder auch schon eine Freundschaft mit einem Gesunden. Wobei man auch hier wiederum nicht nur sagen kann Freundschaft, es war schon eine engere Beziehung. Aber ich möchte sagen, daß die Beziehung zu einem Gesunden über kurz oder lang einmal aufhört, weil der Gesunde eben nicht an diesen Ort gebunden ist und ganz automatisch andere Menschen kennenlernt. Und dann möchte ich sagen, daß die Behinderung eine große Rolle spielt in bezug auf die Ehe. Es spielt aber auch eine wesentliche Rolle, ob der Behinderte ein Mann oder ein Mädchen ist. Eine Frau bindet sich, glaube ich, schneller und fester an jemanden, als es vielleicht bei einem Mann ist, der dann vielleicht doch eher wieder jemand sieht und denkt, na ja, vielleicht ist es mit der doch einfacher als mit einer Behinderten.

(Weiblich) Eines kommt noch hinzu, gerade wenn man im Heim lebt, daß es äußerst schwierig ist, als behindertes Mädchen mit einem gesunden Mann irgendwelche Beziehungen anzuknüpfen. Einmal, welche Nichtbehinderten lernen wir kennen? Das ist männliches Pflegepersonal. Da es aber von seiten der Hausleitung nicht gewünscht ist, daß sich das Personal in irgendwelche persönlichen Beziehungen einläßt – ist es meistens schon von vornherein ausgeschlossen. Ich hatte vor einiger Zeit eine Freundschaft mit einem Praktikanten, und als wir uns etwas näher kennenlernten, war es das erste, was er sagte: Weißt du eigentlich, daß ich hier etwas tue, was man mir ankreiden könnte. Auf meine Frage, warum, weshalb: Ja, es könnte sein, daß ich mein Attestat zum Praktikum hier nicht bekomme, weil ich dieses Verbot überschritten habe.

(Männlich) Wenn man darauf achtet, daß der Mensch sich frei entfalten kann, dann muß man auch in diesr Beziehung eine freie Entfaltung gestatten. Ich glaube bestimmt, daß manche Menschen viel zufriedener, viel aufgeschlossener sind, wenn sie eine

Freundschaft hätten, die über diesen Rahmen hinaus, krank oder gesund, ganz egal, ich glaube jede Freundschaft und Bindung mit einem anderen Menschen, die bringt etwas Positives mit sich. Das allein müßte man schon dem Behinderten gestatten, denn was jedem draußen recht und billig ist, warum sollte man das einem Behinderten versagen.

(Männlich) Die Empfindungen sind ja die gleichen und die Behinderung setzt keinen Unterschied, daß man nun keine Gefühle oder Empfindungen haben kann. Das ist ganz klar, nur ist eben dann die Grenze gesetzt, wie weit kann man sich diesen Gefühlen hingeben? Kannst du denn überhaupt so weit aus dir herausgehen, daß du dich nicht lächerlich machst?

(Weiblich) Da wage ich aber zu behaupten, daß man dieses Gefühl in den meisten Fällen gar nicht erst hochkommen läßt. Natürlich, wenn man jemand sieht, das gibt sofort eine gewisse Sympathie, die da irgendwo überspringt, daß man aber dann zu sich selbst sagt: stopp, halt, bevor etwas hochkommt.

(Männlich) Ja, die Gefühle sind da – und es bleibt dann eben die Überlegung: darf man sich der Sache hingeben oder darf man sich nicht hingeben?

(Männlich) Mit 4 Mann in einem Zimmer kann ich mir nicht eben einfach ein Mädchen einladen, mit dem ich gern einmal zusammen sein möchte, das geht einfach nicht.

(Männlich) Da muß ich das Mädchen enttäuschen und muß sie dann eben sitzenlassen. Im Busch oder sonstwo. Ich muß ja nach Hause, sonst komme ich nicht mehr ins Bett. Da ist sie vielleicht unzufrieden und geht am nächsten Abend mit einem anderen weg.

(Weiblich) Na ja, im großen und ganzen hört doch die Sexualität ohnedies beim Kuß auf, fertig. Und das ist natürlich der Punkt, wo man dann anfängt oder anfangen könnte oder sollte, zu resignieren, wo man dann sagt, jetzt komm wieder zu dir selbst und jetzt sieh zu, was du aus der ganzen Sache machst.

(Weiblich) Es ist auch schon vorgekommen, daß junge Leute, die hierher kommen, ein junger Mann, der sich in eine Behinderte verliebt und die ihn ziemlich am Anfang dieses Verhältnisses darauf aufmerksam macht, hör zu, es kann sowieso nicht sehr weit zwischen uns beiden werden, daß man diese jungen Leute dann frustriert, sie sind vollkommen geschockt, sie können das in diesem Moment gar nicht begreifen, und aus diesem Grunde sagt man schon manchmal zu sich selbst, diesen ganzen Berg zu überwinden, diese Klippe, die dazwischen liegt, ihn auch erst mal so weit zu bringen, gut, wir können so weit zusammen sein, aber weiter hat es keinen Sinn, daß man deswegen schon am Anfang sagt: halt, stopp.

(Weiblich) Mir ist es aber wieder aufgefallen oder passiert, daß gerade junge Männer, Nichtbehinderte, mir immer wieder an den Kopf werfen: ihr seid ein ganz eigenartiges Volk, ihr stellt eure Behinderung dauernd in den Vordergrund und spielt eure Behinderung aus, es ist doch ganz klar, daß ihr die Leute damit vor den Kopf stoßt. Daß das im Grunde nur Notwehr ist, wird in den seltensten Fällen berücksichtigt.

(Männlich) Es gibt aber auch welche, die eben nur darauf reiten zu denken, ein behindertes Mädchen ist froh, wenn sie mal einen Freund hat, der sie mal ein paar schöne Stunden erleben läßt, und ich mache ihr eine Freude, und ich tue ein gutes Werk, und dann gehe ich meiner Wege. So etwas gibt es dann auch, da wollen wir uns nichts vormachen.

(Weiblich) Das kann man hier sehr gut beobachten, daß also der behinderte Jugendliche oder behinderte junge Mädchen als Freiwild betrachtet werden.

(Interviewer) Kann sich denn das Mädchen überhaupt leisten, den jungen Mann auszuschlagen?

(Männlich) Ja, sie wird es aus dem Grund nicht tun, weil sie glaubt, als Behinderte muß sie froh sein, wenn überhaupt einer kommt. Die Bereitwilligkeit ist schon einmal größer, allein aus der Erkenntnis heraus, vielleicht ist das meine letzte Chance.

(Weiblich) Wenn man schon eine Freundschaft eingeht, muß man den jungen Mann doch sehr genau kennen, daß man eben kein Freiwild ist, irgendein Übungsobjekt, oder wenn der junge Mann auch gerade anfängt mit der Pubertät.

(Männlich) Ich war im Frühjahr dabei, wie der Rektor die Abschlußklasse verabschiedet hat, und es wurde klipp und klar in dieser Stunde über sexuelle Beziehungen gesprochen, die Behinderte miteinander haben können und auch sogar haben sollen und auch über das Verhältnis zu Behinderten und Nichtbehinderten.

(Weiblich) Die gleichen Worte sind uns mit auf den Weg gegeben worden. Genau das gleiche haben wir auch zu hören gekriegt und haben es das ganze Jahr vorher schon gehört, aber doch immer mit dem kleinen Zusatz, der in der öffentlichen Feierstunde nicht erklang: Aber über eure eigene Situation seid ihr euch doch immer im klaren!

XII Eine Stadt – aus dem Rollstuhl betrachtet

Erfahrungen eines »freiwilligen Krüppels«

Ich bin nicht verwachsen. Mein Gesicht ist nicht entstellt. Der Paß bescheinigt mir von Amts wegen, keine unveränderlichen Kennzeichen zu haben. Die Leute auf der Straße drehen sich nicht nach mir um, bleiben nicht vor mir stehen und beglotzen mich nicht – normalerweise. In dem Augenblick, wo ich mich in einen Rollstuhl setzen und eine Decke über meine Knie legen ließ, wo eine »Betreuerin« mein Gefährt vor sich her schob, änderte sich alles: Meine Umwelt ordnet mich eine Etage tiefer ein. Die Mitmenschen begaffen mich, diskret oder ungeniert, tuscheln hinter mir her, vielleicht, daß sie mir ein mitleidiges Wort gönnen.
Ich parke mit meinem Rollstuhl an der Bushaltestelle. Die Schulkinder beachten mich nicht, ihnen fällt nichts Ungewöhnliches auf. Doch die Passanten, die mit auf den Linienbus warten, reagieren. Zuerst verstummt das Gespräch, ihre Blicke wechseln herüber, verstohlen, nicht direkt. Dann lebt der Plausch wieder auf. Doch während die Dame mittleren Alters scheinbar unbefangen von Tante Irmi und Onkel Otto plaudert, belauern mich und meine Begleitung ihre Blicke. Der ältere Herr, scheinbar in die Tageszeitung vertieft, stellt sich ein paar Meter zurück in einen Hauseingang – weil er von dort besser beäugen kann. Nichts haßt der Behinderte mehr als dieses Spießrutenlaufen neugieriger Augenpaare, viele werden ihr Leben lang damit nicht fertig, resignieren, ziehen sich in die Stube zurück.
Der Linienbus stoppt. Die Wartenden eilen auf die Türen zu. Um den Rollstuhlfahrer und seine Begleiterin kümmert sich keiner. Aus dem Businneren sieht man bedauernde Gesichter, etliche zucken nicht weniger bedauernd mit den Schultern: Der Bus ist voll.
Als Behinderter sitzt man hilflos in seinem Selbstfahrer. Man muß warten, bis sich einer »erbarmt«, den Wagen anfaßt und in den Bus hineinhebt. Meine Begleiterin berichtet, sie habe schon eineinhalb Stunden im Winter an einer Haltestelle

gestanden, während ein Bus nach dem anderen – voll besetzt – weitergefahren sei. Doch dieses Mal ist dem nicht so. Ein Herr sagt dem Busfahrer Bescheid, ein anderer Herr packt mit an, einige Fahrgäste beschließen, schon an dieser Haltestelle auszusteigen, um Platz zu schaffen.
Ich bin im Bus. Man sieht die Köpfe der Fahrgäste weit über sich. Die reden über mich. Sie reden mit meiner Begleitung. Niemals mit mir. Wie heißt er denn? fragen sie oder: Wie alt ist er denn? Was hat er denn? will eine Dame wissen. Und als letztes: Kann er reden? Der Behinderte erfährt sich so als Objekt. Er wird in der Regel nicht selbst angesprochen, sondern man befragt die Begleitung. Das fängt oft schon im Elternhaus an. Ich frage ein körperbehindertes Mädchen oder einen jungen Mann, doch statt dessen antwortet die Mutter. So trifft beides zusammen: Die Entmündigung der Behinderten durch die Eltern zwingt sie in eine passive Rolle, und die Vorurteile der Umwelt, die den Behinderten nicht ernst nehmen, bestärken die Passivrolle. Die Leute im Bus verhalten sich nicht anders. Sie wechseln mit mir kein einziges Wort, weil sie den vermeintlich Behinderten nicht für voll nehmen und weil sie befangen sind. Eine ältere Dame schlenkert die Einkaufstasche und erzählt von ihrer eigenen Behinderung: »Nur – man sieht es eben nicht.« Zwei Herren wechseln in ihrem Gespräch abrupt in Kriegserlebnisse, denn im Krieg gab es viele »Verkrüppelte«, da waren die so Gezeichneten keine Ausnahme. Sie empfinden die Anwesenheit des vorgeblich Behinderten als Ausnahmesituation und wechseln wohl deshalb unbewußt ihr Gesprächsthema.
Der Busfahrer will beim Ausladen von der Begleitung keinen Fahrpreis erheben: »Aber ich bitte Sie!« Und so wird es noch des öfteren passieren: Irgendwelche Menschen wollen keinen Eintritt, keinen Fahrpreis oder legen gar eine, zwei oder zehn Mark auf den Rollstuhl, damit sich der Behinderte einen schönen Abend mache. Sie nehmen den Behinderten als vollwertigen Menschen (und wo nähmen sie etwas ernster als beim Geld?) nicht ernst, akzeptieren ihn nicht einmal als Geschäftspartner. Sie geben Almosen, Mitleid, belanglose Worte, um ungeschoren davonzukommen. Denn mit wem soll im Normalfall ein Behinderter sich den »schönen Abend« vertreiben?
Die Fahrgäste verlassen eilig den Bus. Links und rechts wischen sie an mir vorbei, und jetzt, da ich im Weg stehe,

ignorieren sie mich vollends. Sie ziehen vorbei, lautlos, schattenhaft, als stünde da nichts oder – man verzeihe die harte Sprache – als wollten sie einem Haufen Hundekot ausweichen.
Was die Bordsteine für einen Behinderten bedeuten, vermag sich kaum jemand vorzustellen, der sie nicht im Rollstuhl zu meistern suchte. Bordsteine sind mit die größten Probleme. Kaum hat man etliche Meter zurückgelegt, schon kreuzt die nächste Straße. Man muß das Trottoir hinunter. Die Ampelschaltungen sind jedoch zu kurz, bei Grün erreichen der Körperbehinderte und seine Begleitung kaum die rettende Straßenseite. Da staut sich bereits der Verkehr. Sehr deutlich empfindet man sich als Hindernis, als Belästigung, zumal, wenn der Bordstein hinauf bewältigt werden soll, man normalerweise den Fahrstuhl drehen muß. Der Begleiter tritt von hinten auf das Gefährt, um das Gewicht zu verlagern, und hievt den Behinderten rückwärts hoch. Die Prozedur hat tiefgreifende Folgen, die kaum beachtet wurden: Der Behinderte ist ohnedies nicht trainiert, Schwierigkeiten zu meistern. Eine seiner lästigsten Schwierigkeiten, das technische Problem, einen Bordstein zu bewältigen, wird gelöst, während der Behinderte mit dem Rücken zum Bordstein ist. Das heißt, er sieht dem Problem nicht in die Augen, er sieht ihm nicht entgegen. Er wird dem Gefühl des Ausgeliefertseins ausgeliefert.
Die Abnormität wird dem Rollstuhlfahrer noch öfter deutlich. Seine Begleitung schiebt ihn. Will der Behinderte sich unterhalten, muß er den Kopf stets zum hinter ihm gehenden Betreuer drehen. Er muß auch zu ihm stets aufschauen. Daß diese Oben-nach-unten-Abhängigkeit apathisch macht, bezweifelt niemand. Daß diese Situation ein partnerschaftliches Verhältnis unmöglich macht, bezweifelt ebenfalls kaum jemand. Wenig bekannt ist allerdings, daß man als Betreuer gar nicht hinter dem Rollstuhl herlaufen muß und schieben muß, man kann bei einiger Übung nebenher gehen.
Im Kaufhaus habe ich noch nicht eine der Türen angesteuert, als mich bereits zwei – gutmeinende – Käufer duzen. Dadurch, daß ich in den Stuhl wechselte, wechselte auch mein Status, mein Ansehen. Das Duzen passiert einem überall. Die Verkäuferinnen behandeln mich so, wie ich sie behandele. Verhalte ich mich demütig-ergeben, wie das Behinderten anerzogen ist, so beachten sie mich nicht. Sie sprechen mit

meiner Begleiterin, obwohl *ich* die Herrensocken tragen möchte, setzen voraus, daß die Begleitung auch bezahlt. Während über mir der Verkauf abgeschlossen wird, Geld und Ware wechseln, legt man mir achtlos die Päckchen und Tüten in den Schoß – wie in einen Einkaufswagen im Selbstbedienungsladen. Wenn ich jedoch unbehindert auftrete, d. h. nicht ergeben, sondern bestimmt, dann wendet sich die Verkäuferin auch mir zu, behandelt mich »normal«.
Der Behinderte hat es jedoch schwer, so »normal« aufzutreten. Er sieht die Welt eine Etage tiefer, die oberen Regale im Kaufhaus erreicht er nicht, die Sicht im Selbstfahrer reicht nicht über Zäune. So verengt sich auch zwangsweise meist der Horizont. Vor Geschäften wird er gerne, weil man es eilig hat oder sich schämt, abgeparkt, wie man einen Hund vor dem Metzgerladen anleint. So wird man auf Warten, Geduld, Ergebenheit gedrillt, nicht mit böser Absicht, aber es geschieht eben. Da man sich selbst als Last und Bittsteller empfindet, mag man auch nicht aufbegehren.
Es könnte anders sein, wie ein simpler Test beweist. Über die Maßen gut gefällt mir ein Etagencafé. Die breiten Fenster führen den Blick auf einen herbstlichen Park, einen flachen Weiher und parlierende Spaziergänger. Doch kein Lift ist da, Treppen und immer wieder Treppen versperren dem Behinderten den Zugang zu Ämtern, zur Post, zum Theater, Kino oder Café. Treppen sperren den Behinderten vom Leben ab. Er bleibt davor oder zieht sich endlich zurück, um nicht stets Versagen vor Augen geführt zu bekommen. Ich wollte jedoch – trotz Stufen – ins Etagencafé.
Meine Begleiterin geht hinauf. Dort sitzen einige Pennäler fröhlich schwatzend an einem Tisch. Sie würde gerne auch eine Tasse Kaffee trinken, sagt sie, doch sie habe vorher noch ein Problem zu bewältigen. Eine Minute später balancieren mich vier aufgekratzte Oberschüler eine enge Wendeltreppe hoch. Ich throne, freischwebend, hoch über dem Treppenhaus, weil die jungen Leute nicht wissen, wie mit einem Rollstuhl umzugehen ist. Aber sie helfen unkompliziert, erwarten keine Dankeshymnen, finden sich auch nicht so penetrant edel-mitleidig wie sonst dergleichen Helfer. Im Café rolle ich quer durch den langen Raum, der Ober räumt vor mir die Stühle beiseite, damit ich zu meinem Parkblick komme. Er bedient wohltuend korrekt-normal.
Die positiven Erfahrungen überwiegen nicht. Das zu behaup-

ten wäre eine Verfälschung der Wahrheit. Aber ich lasse die negativen Beispiele im weiteren heraus, um etwas anderes zu zeigen, das für den Umgang der Nichtbehinderten mit den Behinderten nützlich sein könnte. Ich habe den Versuch unternommen, verschiedene Verhaltensweisen durchzuspielen. Gab ich mich demütig-behindert, ignorierte mich die Umwelt; gab ich mich selbstbewußt, wurde ich beachtet. Als mich die Passanten zu neugierig beglotzten, steuerte ich mein Velo auf sie und fragte sie nach der Uhrzeit. Zuerst wirkten sie etwas verblüfft, doch dann reagierten sie normal, gaben Auskunft, unterhielten sich. Ich als der vorgeblich Behinderte gab ihnen die Chance, ihre Befangenheit abzulegen. Sie wußten nun, wie sie sich verhalten konnten.

Die Stadtvertretung von Mölln, bestehend aus 14 Abgeordneten der CDU und 13 der SPD, hat in einer Sondersitzung mit großer Mehrheit beschlossen, daß der katholische Don-Bosco-Verein in einer Villa am Falkenweg kein Heim für 25 schwerstbehinderte Kinder einrichten darf. Mit dem Beschluß, daß Mölln nicht »Klein-Bethel« werden soll, wurde die Haltung des Magistrats unter Bürgermeister Walter Lutz untermauert. ⑬

Der Behinderte hat, um überleben zu können, Demut und Dankbarkeit lernen müssen. Die Rolle des Dulders ist ihm zugewiesen, und wehe, er bricht aus. Fremder Hilfe und lieben Tanten und Onkeln ausgeliefert, haben sich die Behinderten anpassen müssen. Ihre Erziehung zwingt sie zum Stillhalten und Aushalten. Und tatsächlich: Ich habe mich aus dem Rollstuhl heben lassen, habe mich aufs Bett legen und ausziehen lassen, mußte so zusehen, wie alles mit mir geschah, wie man hilflos dem Wollen der Betreuer preisgegeben ist. Wer für jede Handreichung Hilfe benötigt, bittet so wenig wie möglich, möchte nicht zur Last fallen, wird still. Und

⑬ Frankfurter Rundschau, 10. Dezember 1973

noch eines: Wem man alles wegräumt und besorgt, der fühlt selbst keine Verantwortung mehr, weil er keine Verantwortung trägt. Nach einem Tag »Betreuung« wußte ich nicht mehr, wo Tonbandgerät und Geldbörse waren, man verliert den Überblick.

Hinzu kommt, daß man nur wenig planen kann. Fahre ich mit meinem Rollstuhl weg, um in einem Lokal einzukehren, so weiß ich beispielsweise nicht, ob ich dort Toiletten finde, deren Türen für mein Gefährt zu eng sind. Ich weiß nicht, ob ich in ein Gebäude hineinkomme, weil sich niemand findet, anzupacken. Ist das Schwarzmalerei? Nein. Ich stand mit meinem Rollstuhl vor Treppen und Böschungen, während Passanten mich beglotzten. Als ich um ihre Mithilfe bat, wendeten sie sich ab – eine Erfahrung, die allgemein von den Betroffenen bestätigt wird.

Bräche jedoch der Behinderte aus seiner Rolle aus, so behandelte man ihn auch anders. Das muß man gemeinsam üben, trainieren. Teilnehmer eines solchen Lerntrainings, Behinderte und Nichtbehinderte des Braunschweiger Körperbehindertenclubs, probierten es. Kleinere gemischte Gruppen besuchten in Cuxhaven das Hallenbad während der normalen Badezeiten, und alle Gäste sagten *hinterher*, die Behinderten dürften nicht zu gesonderten Zeiten baden. Behinderte dürften nicht ins Getto abgeschoben werden. Diese Badegäste hatten allerdings die Behinderten erlebt, hatten gesehen, was es für einen Schwerstbehinderten, der bis zum Beckenrand gefahren und getragen werden muß, bedeutet, zum Teil erstmals in seinem Leben in einem Schwimmbad zu sein. Badegäste, die es ablehnten, mit den Behinderten gemeinsam das Bassin zu benutzen, waren *vorher* wieder umgekehrt.

Eigentlich – eigentlich – überfordert mußten die Besucher einer nicht gut beleumundeten Diskothek sein. Denn Tänzer mit Stöcken oder im Rollstuhl hatten sie wohl kaum vorher auf der Tanzfläche erlebt. Beatende Rollstuhlfahrer! In keinem Lokal erregten die seltenen Tanzflächenbenutzer Aufsehen. Diskjockey »Discie« aus einer Braunschweiger Diskothek schrieb nach einem solchen Tanzabend gar einen Leserbrief an die *Braunschweiger Zeitung*. Er meint: »Körperbehinderte in einem öffentlichen Tanzlokal, nach Beatrhythmen tanzend, das ist – leider – noch ein ungewohntes Bild. Man ist nicht gern mit den Problemen seiner Mitmenschen konfrontiert. Wenn es sich schon einmal nicht vermeiden läßt, dann möchte man Mitleid zeigen dürfen, sich karitativ geben, wie es einem guten Christen gebührt. Ihn aber als gleichberechtigt neben sich akzeptieren, ohne falsches Pathos, das fällt anscheinend sehr schwer ... Körperbehinderte auf einer überfüllten Tanzfläche, genauso lustig wie ihre durch Glücksfall mit gesunden Gliedern ausgestatteten Mitmenschen, das war fürwahr ein seltenes Bild. Soweit ich es beurteilen kann, hat sich niemand daran gestört. Sie wurden akzeptiert, nicht als Körperbehinderte, sondern als Diskothekbesucher wie alle anderen auch. Sie äußerten ihre Plattenwünsche wie alle anderen und nahmen auch hin, daß sie in der Erfüllung ihrer Wünsche nicht bevorzugt behandelt wurden.«

Die Braunschweiger Gruppe versuchte auf ihrem Lerntraining in Cuxhaven in einem Gruppenprozeß, die Emanzipation der Behinderten und Nichtbehinderten zu fördern. Da sind Erwachsene, die niemals in ihrem Leben in einem Kaufhaus einen Einkaufsbummel machen durften, weil die Eltern sie zu Hause aus Scham verstecken. Da ist ein erwachsenes Mädchen, der Vater ist Gastwirt, die einmal in ihrem Leben durch die Zureiche aus der Küche heraus einen Blick ins Gästezimmer werfen durfte. Der Vater, den sie vergötzt, prügelte sie, weil sie ihren Eltern »so was« (die Behinderung) angetan habe. Da der Vater die einzige Bezugsperson ist, durfte sie niemals auspacken, mitteilen, wie sie wirklich denkt.

Da ist ein anderes Mädchen, das auf der Arbeitsstelle aufs Mofa gesetzt und zu Hause in Empfang genommen wird, weil es nicht laufen kann. In Cuxhaven beginnt dieses Mädchen zu laufen, zu tanzen, schiebt andere Rollstühle. Sie kehrt, ein Stück emanzipiert, wie alle anderen nach Haus zurück. Dort beginnen die Schwierigkeiten, denn das Elternhaus, mit allen Vorwürfen und Schuldgefühlen belastet, will keine Emanzipation, will verbergen, schützen, verhätscheln – und lähmt. Die Arbeit mit Körperbehinderten müßte, statt wie bisher zu betreuen und zu betun, soziales Handeln trainieren. Daß der Behinderte sich zu behaupten lernt, daß er lernt, daß der Wert seiner Person nicht von den Leistungs- und Produziernormen der ihn umgebenden Mehrheit abhängt – dieses Selbstvertrauen fehlt. Verhielte sich der Behinderte aber selbstbewußter, nähme er seine Rechte wahr, dann reagierte auch die Umwelt anders. Hier liegt der Ansatz einer notwendigen Arbeit.

XIII Sozialtraining statt Betreuung

Protokoll einer Freizeit als Lerntraining

Die Gruppe: 36 Teilnehmer, jeweils die Hälfte Behinderte und Nichtbehinderte, davon jeweils die Hälfte männlich und weiblich. Die Behinderten kennen sich meist seit längerer Zeit durch vierwöchentliche Treffen in einem Körperbehindertenclub. Die nichtbehinderten Teilnehmer kennen die Gruppe meist erst aus den Vorbereitungstreffen. Das Alter liegt zwischen 17 und 44 Jahren.
Vorbereitung: In den Vorbereitungstreffen wird eine Zielsetzung der Freizeit erarbeitet. Ein einziges Mal wird die Gruppe in Behinderte und Nichtbehinderte getrennt. Die Behinderten beraten: Wie kann man die Nichtbehinderten zwingen, die Behinderten nicht weiterhin zu ignorieren? Die Nichtbehinderten: Wie kann man die Behinderten zwingen, aus ihrer Behindertenlethargie (Clubausdruck: »Behindertenfaulheit«) herauszukommen? Unabhängig voneinander beschließen beide Gruppen: erstens: Aktivierung innerhalb eines Sozialtrainings. Behinderte müssen sicher werden, in der Öffentlichkeit aufzutreten, ohne ihre Behinderung verstecken zu wollen. Die Nichtbehinderten müssen sensibilisiert werden, Behindertenkonflikte zu verstehen: Nichtbehinderte sollen in einem Rollstuhltest eine Stadt mit ihren psychologischen und architektonischen Barrieren kennenlernen. In einem Rollenspiel sollen Behindertenkonflikte durchgespielt werden, z. B.: Ein behinderter Rollstuhlfahrer kommt in ein Lokal und steuert einen Tisch an, an dem bereits ein unbehinderter Gast sitzt. Wie verhalten sich beide? Eine Kontrollgruppe protokolliert den Verlauf. Nach einem echten Lokal-Test wird das Experiment ausgewertet und neu durchgespielt. Der Behinderte soll Selbstbehauptung und Durchsetzungstechniken lernen.
Zweiter Punkt: Die Sexualität von Behinderten ist tabuisiert. Begegnungsmöglichkeiten sind weitgehend beschränkt, wenn nicht unmöglich. Da die Gruppe in einem Erholungsheim untergebracht sein wird, auf sehr beengtem Raum, wird

es zu Begegnungskonflikten kommen, die aufgefangen, aber nicht unterdrückt werden sollen. Dazu soll als Begleiter für die gesamte Freizeit ein Psychologe gewonnen werden. Das scheitert an den angefragten Psychologen. Ein Psychologe wird lediglich zwei Tage zur Verfügung stehen.
Dritter Zielpunkt: Behinderte haben ihre Unterdrückung verinnerlicht, geben von ihren wahren Konflikten kaum etwas preis. In einem gruppendynamischen Prozeß soll versucht werden, diese Konflikte aufzudecken, zum Platzen zu bringen und therapeutisch zu verarbeiten. Nur wenn es gelingt, daß die Behinderten artikulieren, wie sie tatsächlich ihre Situation empfinden, kann eine Behindertenarbeit und Emanzipation einsetzen.
Ort des Sozialtrainings: Es ist nahezu unmöglich, ein geeignetes Heim oder ähnliches zu finden, in dem einmal die Freiheit besteht, Experimente zu wagen und zum anderen von den architektonischen Voraussetzungen her möglich ist, mit Behinderten zu wohnen (stufenloser Zugang, genügend breite Toiletten etc.). In diesem Fall fand sich lediglich das Evangelische Kindererholungsheim in Cuxhaven.
Dem Kindererholungsheim war vor der Freizeit eine Broschüre zugestellt worden, in der eine Konzeption der Behindertenarbeit abgedruckt war. Das Haus selbst, ein Altbau, genügte den Anforderungen für Behinderte nicht: z. B. saßen die Waschbecken in Kinderhöhe, der Wohn-Schlaf-Trakt war im ersten Stock, der Speisesaal im Parterre und nur über einen zu engen Lift zu erreichen, viele Rollstuhlfahrer mußten jedesmal über die Treppe transportiert werden. Der Geist des Hauses charakterisierte sich in Sprüchen wie »Friede den Kommenden« und »Nehmet einander an«. Die Leitung war hierarchisch, eine Heimleiterin gab lediglich Anordnungen, Teambesprechungen mit dem Personal unbekannt. Brote etwa wurden stets von der Küche den Hausgästen vorgeschmiert serviert, die Gruppe jedoch bestand darauf, daß jeder seine Brote selbst streichen oder sehen muß, wer sie ihm (im Falle einer schweren Behinderung) schmiert.
Die Gruppe während des Sozialtrainings: Kein Führungsfunktionär, der Programm und Ablauf festlegt. Lediglich eine kleinere, in der Zusammensetzung durchlässige Gruppe (Nichtbehinderte und Behinderte) analysiert den Verlauf. Entscheidungen grundsätzlich nur in der Gesamtgruppe.

Dazu allabendliche Treffen, wenn nötig auch in der Zwischenzeit. Zu Informationen und Anfragen dient zudem eine Tafel, an die Zettel gesteckt werden können. Kein vorgefertigtes Programm. Das muß von Fall zu Fall zusammen beschlossen werden. Ein Kleinbus, mit dem Rollstuhlfahrer transportiert werden können, ermöglicht Kleingruppen jederzeit Ausflüge und Exkursionen. Die Gruppe geht verschiedentlich schwimmen, reiten, tanzen, in Cafés, macht eine Wattfahrt in Pferdedroschken, eine Fahrt nach Helgoland (Übernahme der Rollstuhlfahrer vom Schiff auf Boote, weil die Schiffe den Hafen nicht anlaufen können) und Einkaufsbummel.
An einem Einführungsabend stellen sich alle Teilnehmer gegenseitig vor, wobei sehr deutlich wird, wer über seine Situation überhaupt Aussagen machen kann. Da ist zum Beispiel ein junger Mann, 27 Jahre, mit Kinderlähmung, der immer »bei Mutti« war. Er kann nicht einmal seine Behinderung richtig benennen, sagt statt spinale Kinderlähmung »spirale« Kinderlähmung. Eine andere Behinderte, 42jährig, hat keinen eigenen Rollstuhl, kennt ihre eigenen Rechte nicht: »Kann sein, daß es an mir liegt, aber ich möchte nicht zum Sozialamt, weil ich schon eine Wohnung gekriegt habe.« Sehr deutlich wird sofort, daß bei Artikulationsschwierigkeiten die Nichtbehinderten sofort für die Behinderten die Antworten übernehmen, berichten, was Behinderte empfinden, fühlen, erleiden, während die Behinderten still dabeisitzen. Die Betreuerrolle wird nicht verlassen.
Die Reaktionen der Umwelt müssen aufgearbeitet werden. So ist die Gruppe dabei, sich nach Helgoland einzuschiffen. Passagiere, als sie Rollstuhlfahrer sehen: »So ein Kind hätte ich im Suff beinahe auch mal gezeugt.« Auch die Almosenhaltung muß verarbeitet werden: »Mensch, bei mir brauchste doch nicht zu bezahlen, das schenk ich dir.« Und laut an die Umstehenden: »Die Gesunden bezahlen 50 Pfennig.« Als die Gruppe in Helgoland ankommt, späht aus einem Hotelfenster ein Tourist mit dem Fernglas nach den Rollstuhlfahrern. Eine Frau rät, gegen spastische Lähmungen morgens vor dem Frühstück rote Bete zu essen. Einem Behinderten werden zehn Mark geschenkt. Daraus entwickelt sich dieser Dialog:
»Er hat gesagt, ich möchte die zehn Mark annehmen und mir einen schönen Abend davon machen. Das fand ich sehr nett,

das hab' ich wirklich gedacht. Ein bißchen Mitleid war vielleicht dabei, aber ich habe mir nicht viel dabei gedacht.«

»Hat dir schon jemand Geld geschenkt?«

»Ja, ja. Ich stand neulich vor einem Geschäft, meine Eltern kauften drin ein, da kam eine Frau und schenkte mir auch zwei Mark. Aber zehn Mark hat mir noch keiner geschenkt.«

»Was denkst du eigentlich dabei?«

»Was ich denke? Ich mache mir keine großen Gedanken dabei. (Zögernd:) Ein bißchen komm ich mir vor wie ein kleiner Junge, der ein bißchen Geld geschenkt bekommt, damit er sich ein Brötchen kaufen kann, ein bißchen dadurch herabgesetzt fühl ich mich, aber nur ein klein wenig. Aber ich mache mir keine großen Gedanken, ich bin nicht deprimiert dabei.«

»Ist es nicht überhaupt die Haltung, die man einem Behinderten entgegenbringt?«

»Ja, das ist sie, ich habe mich etwas angepaßt. Ich habe mir meine Rolle eingeordnet. Ich mache mir keine Gedanken.«

Derselbe junge Behinderte sagt später: »Ich habe mich in meinem bisherigen Leben etwas versteckt, habe es geschluckt, habe nicht sehen wollen. In der Freizeit wurde ich zum erstenmal draufgestoßen. Ich habe in der letzten Zeit soviel von Problemen gehört, an die ich gar nicht mehr gedacht habe.« Er hätte besser »verdrängt« gesagt, denn er hat sich zurückgezogen, sich mit einem billigen Arbeitsplatz begnügt, nichts durchgehalten (»Die sehen nur meine Behinderung«). Seine Minderwertigkeitsgefühle halten ihn weiter unten, ihn braucht niemand mehr objektiv zu unterdrücken. Deshalb ist es unsinnig, sagen zu wollen: hätte er nicht gelernt, seine Lage zu problematisieren, wäre er »glücklicher«.

Sexualität: Die Behinderten waren zuvor nie tanzen gewesen. Daß Rollstuhlfahrer nicht in einer Diskothek auftreten, gilt sowieso als ausgemacht, aber auch die Gehbehinderten, die mit Hilfe eines Stockes zumindest auf der Tanzfläche stehen und Musik in rhythmische Bewegung umsetzen können, waren nie tanzen. Ein 27jähriger, der stets nur von seiner »Mutti« erzählt, die ihn noch wäscht, tanzt mit einer Tanzpartnerin. Dabei erzählt er jeweils den einen, variierten Sexualwitz, der ein sadistisches Verhältnis zu Frauen signalisiert. Durch den Körperkontakt, durch die Lösung vieler Komplexe, kommt er dazu, am Ende der Freizeit Komplimente zu machen. Er nimmt erstmals eine Frau wahr: Sie ist weich, hat Brüste, es ist angenehm, mit ihr zu tanzen. Eine Behinderte, über vierzig: »Ich muß feststellen, daß es für mich eine ganz neue Situation gewesen ist, aber alleine zu gehen würde ich mich nicht trauen.«

Die Sexualitäts-Tabuisierung geht so weit, daß sich ältere Behinderte äußern, Sexualität sei eine Sauerei. Als »säuisch« gilt, daß ein Mann und eine Frau in einem Zimmer ihren Mittagsschlaf halten. Vierzigjährige Frauen haben nie zuvor eine andere Frau beim Waschen nackt gesehen.

Die Zimmer mit Behinderten und Nichtbehinderten belegt: Da ist ein Querschnittsgelähmter. Er muß gewaschen werden. Er liegt vor dem, der ihn wäscht, und ist nackt. Nacktheit ist ein altes Unterwerfungsritual, das Unter-jemandem-Liegen ebenfalls. So wird Unterwerfung praktiziert, ohne daß sich einer dabei was denkt. Das Pflegling-Pfleger-Problem ist dagegen gelöst, wenn der Querschnittsgelähmte sich auf einen Stuhl setzt und beide – »Pflegling« wie »Pfleger« – zusammen duschen. Dann haben sie die gleiche Basis, im Fußballverein wird ganz selbstverständlich zusammen geduscht. Hier bekommt es fast etwas Anstößiges. Doch weiter: Dem Querschnittsgelähmten muß ein Urinal angelegt werden, da seine Blasenfunktion ebenfalls von der Lähmung betroffen ist. Beim Anlegen des Urinals versteift sich das Glied. Das führt zu einem völlig unbeachteten Problem: Viele Behinderte können infolge ihrer Lähmung nicht masturbieren. Doch der Trieb ist da, die Reize werden jeden Tag ausgelöst, wenn er in Gesellschaft ist, er sieht junge Mädchen, Miniröcke, beim Bücken eines Mädchens guckt er schnell mal untern Rock, in die Bluse. Doch der oder die Behinderte können keine Lust auslösen. Ist es nicht Aufgabe des Pflegers, des Freundes, der Freundin, es zu tun?

Selbst Behinderte, die masturbieren können, tun es mit einem schlechten Gewissen. Deshalb soll ein Psychologe solche Fragen mit erarbeiten. Das Gespräch wird einigermaßen offen geführt, doch der Psychologe, den die Behinderten zwingen, Fremdwörter sofort zu übersetzen, zeigt sich der Situation nicht gewachsen. Er wird abwechselnd rot und blaß, meint: das ist zu brutal und flüchtet in einen Vortrag über verantwortliche Elternschaft und Kindererziehung, ohne zu sagen, wie man als Behinderter überhaupt zu einem Partner kommt.

Da nur ein Waschraum zur Verfügung steht, kann sich gemeinsam waschen, wer will. Daß sich sogar Behinderte gleichen Geschlechts zum erstenmal gegenseitig nackt sehen, ist schon berichtet. Durch Erziehung bedingte Verklemmungen lassen sich jedoch durch radikale Lösungen nicht bewältigen, Hemmungen lassen sich nur langsam abbauen, zum Beispiel, indem man überhaupt erst mal natürlichen Umgang herstellt, indem man miteinander übers Tanzen ganz legal Körperkontakt bekommt. Die Gruppe erregt Betroffenheit, daß z. B. Mädchen bei einem Körperbehinderten im Rollstuhl auf dem Schoß mitfahren. Eine Tatsache dabei ist, daß eine Freizeit zu Ende geht, daß beim Freizeitverhalten Wünsche erregt und dem Behinderten Versprechungen gemacht werden, die die nichtbehinderten Partner hinterher nicht einlösen. Daß die Gruppe überhaupt darüber diskutiert, daß sie homosexuelle Befriedigung nicht als verwerflich ablehnt, ist für andere Behindertengruppen bereits ungewöhnlich.

Schließlich kommt es mit der Heimleitung zum Konflikt. Ausgangspunkt ist das Aufeinandertreffen zweier verschiedener Systeme: Die Heimleitung ordnet an und sucht dazu ein Führungsgegenüber in einer Person, die die Anordnung weitergibt. Die Gruppe jedoch entscheidet stets in der Gruppe und sagt: Das müssen wir erst miteinander besprechen. So trifft fünf Tage vor dem Ende der 14tägigen Freizeit eine schriftliche Kündigung ein:

»Nachdem ich Sie aufforderte, wegen unbeschreiblich dreckigem Zustandes Ihrer Wohnetage und wegen Mißachtung des Rauchverbotes in den besonders gefährdeten Schlafzimmern unser Heim bis heute mittag zu verlassen, ließen Sie mir sagen, die Gruppe würde dieser Aufforderung nicht folgen. Ich wiederhole dieselbe Aufforderung noch einmal – befristet bis heute 13 Uhr – und weise Sie darauf hin, daß Sie ab heute 13 Uhr Hausfriedensbruch begehen. Die notwendigen Maßnahmen werde ich dann ergreifen.«

Der Konflikt: Die verhältnismäßig zu große Gruppe von 36 Mitgliedern unterschiedlichen Alters und Bewußtseinsstandes kommt zur Teambesprechung zusammen. Es sind großenteils Behinderte, die nie in ihrem Leben eine eigene Entscheidung treffen konnten, weil die Eltern alle Entscheidungen abnahmen. Nun sind sie Hausfriedensbrecher, wenn sie nicht gehen. Es wird diskutiert, abgestimmt. Keiner will gehen. Die Strategie: Soll doch die Polizei das Haus räumen,

die Behinderten raustragen. Die schriftliche Kündigung muß ausdrücklich zurückgenommen werden.
Eine Delegation wird bestimmt, einzukaufen, da die Gruppe ab sofort kein Essen mehr bekommt. Damit nicht wie stets die Nichtbehinderten für die Behinderten alles tun, gehen Nichtbehinderte und Rollstuhlfahrer zusammen los. Es ist nach Ladenschluß. Die Delegation schellt die Lebensmittelladen-Inhaber heraus, erzählt die ganze Geschichte, damit der Konflikt in der Stadt bekannt wird, zu einem öffentlichen Konflikt wird. Das erste, selbstgekaufte Essen wird von den Teilnehmern als besonders gut empfunden: ein Essen in der Freiheit.
Es kommt darauf an, den Konflikt für die Öffentlichkeit umzusetzen. Da die Hausleitung die Schlüssel vorenthält, die Türen abgeschlossen bleiben, ist die Gruppe eingeschlossen. Es gibt kein Essen, manchmal wird sogar das Licht abgeschaltet. Sollte dieser Zustand fortdauern, würde ein Teilnehmer im Ort stationiert, der in ein Hotel zieht und Lebensmittel von der Straße aus zuwerfen müßte. Da das Vordach auf gleicher Höhe mit dem Deich ist, wo viele Besucher promenieren, kann man dort gut Transparente aufstellen. Bei der Lokalzeitung: Der Redakteur ruft den Sozialdezernenten an. Der sagt, die Heimleiterin habe sein absolutes Vertrauen; er prüft deshalb nicht einmal die Argumente. Andere versuchen derzeit, bei der Bundeswehr eine Gulaschkanone zu organisieren oder ein Krankenhaus zu finden, das Essen liefert.
Die Aktivitäten der Gruppe rufen die Honoratioren des Heim-Trägers (eine Stiftung) auf den Plan. Ein Pfarrer schaltet sich ein, will ein gütliches Ausziehen erreichen. Ihm wird gesagt, was er und die Stiftung machten, sei der Gruppe gleich, er wisse, daß er auf dem Wege sei, berühmt zu werden, da ein zweiter Fall Aumühle entstehe, wenn er die Behinderten von der Polizei abtransportieren lasse. Samstags abends um 23 Uhr kommt er wieder, die Honoratioren rotieren inzwischen, die Heimleiterin meldet sich krank; er will verhandeln. Doch er hört: die Gruppe sei durch den Streß völlig erschöpft, viele bereits im Bett, so daß nicht alle mitberaten könnten. Er möchte morgen früh wiederkommen. Er kommt morgens vor acht, ein Teil schläft noch. Für ein gütliches Einlenken will er sich bei der Heimleitung einsetzen, es gäbe dann auch wieder ein Frühstück. Er hatte überhaupt nicht registriert, daß sich die Gruppe die ganze

Zeit selbst verpflegte, weil er dies einer Behinderten-Gruppe nicht zutraute.
Eine gespenstische Situation: Alle, die behinderten wie die nichtbehinderten Teilnehmer, erscheinen zu jeder Mahlzeit pünktlich, setzen sich an ihren Platz, warten eine Viertelstunde, dann beginnt wieder der Aufbruch, Rollstühle werden auseinandergenommen, daß sie in den Lift passen, andere werden über die Treppe hochtransportiert, um im Wohntrakt das eigene Essen zu bereiten. Der Druck ist letztlich zu belastend – für das Haus. Die Kündigung wird zurückgenommen, die Gruppe wird wieder von der Heimküche verpflegt.
Auf der Freizeit mußten alle Behinderten Transporte und Veranstaltungen selbst organisieren. Wer sich nicht kümmerte, blieb zurück. Das ist beim erstenmal hart, wenn ein Behinderter im Vertrauen auf die alte Versorgung sich nicht aktiv einschaltet und dann alleine zurückbleibt, weil er übersehen wurde. Doch das ist seine Lebenssituation. Meldet er sich nicht, wird er abgehängt, bleibt zurück – »Bei mir hat es lange gedauert, daß ich mich unter Menschen traute. Es ist bei jeder Gelegenheit ein innerer Kampf.« Aber diese Konfliktbewältigung gilt es zu lernen. Auf diese Weise sind ältere Behinderte erstmals in zwanzig Jahren alleine in Kaufhäuser gefahren, in Cafés eingekehrt.
Als die Gruppe die Freizeit beendet, hat sie erstmals gelernt, daß sich die Solidarität der Betroffenen lohnt. Daß sich etwas verändern läßt, wenn man solidarisch vorgeht und Konflikte austrägt. Sehr deutlich wird das, als die Gruppe, ein Stück emanzipiert, zurückkehrt. Der andere Teil, der nicht mitfuhr, war ja in der Entwicklung zurück. Die Trainingsteilnehmer wollen nun in die Öffentlichkeit, um den Nichtbehinderten nicht länger ihren Anblick zu ersparen, die Nichtteilnehmer wollen dagegen nach wie vor Kaffeenachmittage unter sich. Den Schock allerdings erleben die Eltern: Denn ihre bisher so bevormundeten »Kinder« (von mehr als zwanzig, dreißig Jahren) wollen nun ausziehen, ein Zimmer nehmen, selbständig werden. Daß dies möglich ist, beweisen Schwerbehinderte, die seit Jahren alleine ein Appartement bewohnen, für Stunden wohl eine Pflegekraft benötigen, ansonsten aber ein Leben außerhalb von Heim oder elterlicher Bevormundung und Unterdrückung schaffen, was keine Prognose vorhergesagt hätte.

XIV Häufigste Behinderungen

Daten, Symptome, Prognosen

Anfallsleiden (Epilepsie)

350000 Bundesbürger leiden an Epilepsie. Von 1000 Menschen sind 5 betroffen, das sind 0,5%. Nach Matthes könnten 60% aller anfallskranken Kinder durch medikamentöse Behandlung anfallsfrei und 20% gebessert werden. 20% bedürfen intensiver Pflege, sind bis heute nicht zu heilen. Bei einer Untersuchung an Epileptikern, die einen Invaliditätsantrag gestellt hatten, fand Rabe: 40% wurden nie behandelt, 45% ungenügend und bei 15% trat die Invalidität trotz Behandlung ein. Nach Schwere und Art der Anfälle werden große Anfälle, Krampfanfälle und kleine Anfälle unterschieden. Große Anfälle: Bewußtlosigkeit, plötzliches Zusammenklappen, Verdrehen der Augen, Körpersteife, Zuckungen, Speichel, Verfärbung von Lippen und Händen, Atemnot; nach maximal drei Minuten sind die Anfälle vorbei, der Epileptiker ist längere Zeit nicht ansprechbar. Bei den kleinen Anfällen ist die am wenigsten beachtete Form die Absence (Bewußtseinspause): Das Kind ist kurz abwesend (was von Lehrern für Unaufmerksamkeit gehalten wird!), wirkt verträumt. Bei jedem Krampfanfall werden Hirnzellen geschädigt und irreversibel zerstört.
»Das Wesen der Epilepsie«, definiert A. Matthes, »beruht auf einer Funktionsstörung der Nervenzellen im Gehirn. Ähnlich wie bei einem Gewitter werden aufgestaute elektrische Entladungen abrupt abgegeben. Der epileptische Anfall beruht auf solchen rasch aufeinanderfolgenden Entladungen.«
Ursachen: Störungen während der Schwangerschaft (Hirnblutungen, Sauerstoffmangel), während der Geburt (Hirnhautentzündungen infolge Masern, Windpocken usw.) oder durch Unfall (Hirnschädigung), aber auch Stoffwechselstörungen oder Gehirntumore. Zwischen Ursache und dem Auftreten erster Anfälle können Jahre liegen. Nicht immer ist die Ursache in der Diagnose zu klären. Bei 20% der Epilepti-

ker wird mit einem erheblichen Hirnschaden und nicht altersgemäßer intellektueller Entwicklung gerechnet. Kinder, die tatsächlich eine Heimschule für anfallkranke Kinder besuchen müssen, müssen zum Teil Jahre auf die Einschulung warten. Konzentrationsschwäche und leichte Ermüdbarkeit im Unterricht werden vielfach von Lehrern nicht als Anfallzeichen erkannt, epileptische Kinder könnten eine normale Schule besuchen, doch mangelndes Verständnis seitens der Lehrer und entsprechendes Verhalten der Mitschüler machen dies oft unmöglich.

Literatur:
D. Freundenberg, Das anfallkranke Kind
A. Matthes, Epilepsie bei Kindern
(beide Broschüren sind kostenlos bei der Deutschen Sektion der Internationalen Liga gegen Epilepsie zu beziehen)

Anus-praeter-Träger (Patienten mit Kunstafter)

Mehr als 100000 Menschen leben mit einem Kunstafter (Stoma, d.h. »Öffnung«, genannt). Die meisten sind über 50 Jahre alt und häufig an Dickdarmkrebs operiert oder an einer entzündlichen Dickdarmerkrankung. Die nahezu allen Patienten gemeinsame Angst, bald sterben zu müssen, ist in vielen Fällen nicht begründet.
Der künstliche Darmausgang liegt irgendwo auf der Bauchdecke plaziert. Der Kunstafter wird entweder am Dünndarm angelegt (Ileostomie) oder am Dickdarm (Kolostomie). Ileostomie-Operierte können als restlos geheilt angesehen werden, Kolostomie-Operierte sind meist ältere Patienten. In jedem Fall wird von der Bauchdecke aus ein Kanal operiert, an dessen Ende eine Auffangvorrichtung, ein selbstklebender Beutel angebracht wird, in den der Patient entleert. Die Versorgung kann hygienisch einwandfrei sein.
In England, den USA und in den skandinavischen Ländern klärt ein bereits Operierter den vor der Operation stehenden Patienten über die Funktion und Pflege des Anus praeter auf. Die Patienten werden regelrecht geschult. In der BRD dagegen leben Anus-praeter-Träger mit traumatischen Ängsten, ihre Operation könne bekanntwerden, man könne es riechen, der Klebebeutel könne abgehen oder undicht sein. Sie trauen sich nicht aus dem Haus, meiden Kino oder Theater. Die Erfahrung zeigt, daß Publikationsorgane es als nicht »schicklich« empfinden, über Probleme der Anus-praeter-Träger zu

berichten. Selbstorganisation und Aufklärung sind noch unterentwickelt. Vorsicht: Ärzte raten häufig noch falsche Hilfsmittel an. Patienten sollten sich durch die Deutsche ILCO (s. Adressen) beraten lassen, die 1972 begonnen hat, daß die Betroffenen sich selbst organisieren.

Literatur:
K. Arnold: Die Pflege des Anus praeter (Sonderdruck aus: Therapiewoche, Wochenschrift für praktische Medizin)
S. v. Bary/H. Freyberger u.a.: Ileostomie–Colostomie, Düsseldorf 1979

Autismus

Im Bundesgebiet leben schätzungsweise mehr als 7000 autistische Kinder, unterschiedlich schwer betroffen. Lediglich 10% von ihnen sind dem Elternverband bekannt. Der 1943 in den USA entdeckte Autismus ist nicht zu heilen, nur therapeutisch zu beeinflussen. Autistische, auf sich selbst bezogene Kinder verhungerten, wenn man ihnen das Essen nicht einflößte. Kleinkinder nehmen von sich aus keine Flüssigkeit zu sich. Manchmal gurgeln sie damit und lassen die Flüssigkeit wieder aus dem Mund fließen. Autistische Kinder reagieren nicht auf ihre Umwelt. Sie leben ohne soziale Beziehungen und anscheinend ohne Bewußtsein von sich selbst. Sie suchen nirgendwo, auch nicht bei der Mutter, Zärtlichkeiten, wehren sich sogar dagegen. Worte verstehen sie nicht, und sie können sich mit Worten auch nicht verständlich machen. Selbst Schmerzen können sie nicht mitteilen. Vor einer Veränderung der Umwelt haben sie Angst, wehren sich dagegen mit Abwehrverhalten. Autistische Kinder reagieren ähnlich wie Taubblinde, motorische Anomalien sind häufig. Die besten Erfahrungen wurden mit einer an die Methoden für Taubblinde angelehnten Verhaltenstherapie gemacht. Die Kinder können – bei entsprechender Therapie – erheblich gefördert werden, bis hin zum Schulbesuch. Wie groß der Nachholbedarf an Informationen ist, zeigt, daß die erste Bundestagung der Elternvereinigung »Hilfe für das autistische Kind« im Dezember 1972 mehr als 800 Teilnehmer anzog. Die Ursache des Autismus ist unbekannt, sie setzt zumindest spätestens mit der Geburt oder in der Nachgeburtszeit ein. Der größte Teil der Kinder ist bildungsfähig.

Literatur:
Bei der Elternvereinigung anzufordern

Blinde

Blinde sind nach der Definition des BSHG (§ 24) Personen, 1. deren Sehschärfe auf dem besseren Auge nicht mehr als 1/50 beträgt, 2. bei denen durch Nummer 1 nicht erfaßte, nicht nur vorübergehende Störungen des Sehvermögens von einem solchen Schweregrad vorliegen, daß sie der Beeinträchtigung der Sehschärfe nach Nummer 1 gleichzuachten sind.
Es gibt mehr als 70000 Blinde in der BRD. Davon sind die meisten alte und nicht berufstätige Blinde. Die Zahl der Altersblinden steigt. Nach Franz Sonntag, Vorsitzender des Bundes der Kriegsblinden Deutschlands, stehen nur 20% aller Blinden vollintegriert im Arbeitsprozeß, 10% nur beschränkt. Als häufigste Ursache der Erblindung gibt Carl Strehl Tumor, Netzhautdegeneration, Sehnervschäden, Tuberkulose, Diabetes, Glaukom (grüner Star) und Altersstar an. Nach dieser Ursachengruppe mit 40% folgen: Unfälle und Augenverletzungen 24,5%, Krieg 20%, Vererbung (angeborener grauer und grüner Star) 12%, Infektionskrankheiten 3,5%.
Zwar existiert eine Blindenhochschulbücherei und andere Bibliotheken stehen ebenfalls zur Verfügung, zwar haben Blinde besondere Kommunikationsmöglichkeiten (neben der Tonband-Literatur), durch die Blindenschrift – nur beherrschen die vom Franzosen Louis Braille erdachte Blindenschrift im deutschsprachigen Raum nur 15% der Blinden, zumal ja viele erst im Alter erblinden und dann kaum noch die Braille-Schrift erlernen. Vor allem Geburtsblinde haben erhebliche Schwierigkeiten, selbständig zu werden. Sie sind einesteils von fremder Hilfe erstmals abhängig und können sich andererseits nicht wie Sehende ihre Vorstellungen bilden, da die Erschließung der Umwelt stark eingeschränkt ist.

Literatur:
N. Störk/G. Jeschke: Blinde – Sehbehinderte – Taubblinde, Düsseldorf 1978

Bluter (Hämophilie)

Vorsichtig geschätzt, gibt es in der BRD 6000 Hämophilie-Patienten. Von 10000 Menschen hat einer Hämophilie. Hämophilie bedeutet je nach Schweregrad, daß die Blutgerinnungsfähigkeit und so auch die Blutstillungskraft fehlen oder

herabgesetzt sind. Ein Zahnwechsel, eine Operation, eine Schnittwunde werden dem Bluter zu lebensgefährlichen Situationen. Abhilfe schafft ein Blutstillungsmittel, ein Blutkonzentrat (doch jede Substitution hat das Risiko einer Serum-Hepatitis), sofern es zur Hand ist.
Noch schlimmer als Schnittwunden sind Blutungen in den Gelenken und Muskeln, die z.B. entstehen, wenn Kinder spielen und hinfallen. Dann staut sich das Blut. Die Gelenkblutungen führen zu Gelenkversteifungen. Gehapparate gleichen die zusätzliche Behinderung nur ungenügend aus. Die Mütter wissen meist nicht, was sie tun sollen und können keine frühzeitige Diagnose stellen, um eine Blutung abzuschätzen. Selbst bei Medizinern ist die Unkenntnis die Regel: wie man ein blutungskrankes Kind hochhebt, anzieht, anfaßt, um Komplikationen zu vermeiden. Zwischen Blutungs- und Therapiebeginn sollten nicht mehr als 1–2, maximal 4 Stunden liegen.
Dadurch, daß die Kinder in ihrem Bewegungsablauf stark gehandikapt sind und vorsichtig sein müssen, wird die Hämophilie bestimmend für das Familienleben. Da die Frau in der Regel nicht erkrankt, die Krankheit aber (zu 60%) auf die Söhne überträgt (40% durch spontane Veränderung der Anlagen), kommt es zu starken psychischen Belastungen, Schuldgefühlen und Mutter-Sohn-Konflikten. Durch Blutungsschübe verlieren Hämophilie-Kinder durchschnittlich ein Drittel ihrer Schulzeit durch Fehlzeiten. Vor allem auf dem Lande ist die medizinische Versorgung lebensbedrohend.
Um die gefürchteten Gelenkversteifungen und Verkrüppelungen zu vermeiden, sind Früherkennung und entsprechende Behandlung im Blick auf die Spätfolgen unerläßlich und wirtschaftlich. Bluter werden inzwischen geschult, sich zu Hause selbst zu behandeln.

Literatur:
Hämophilie-Blätter, Mitteilungen der Deutschen Hämophiliegesellschaft, München

Diabetes mellitus

Die Zuckerkrankheit (der Diabetes mellitus) ist eine chronische Stoffwechselkrankheit, die auf einem Mangel an Insulin beruht. In ärztlicher Behandlung sollen 1,5 Millionen Bun-

desbürger sein, weitere 1 Million weiß nichts von der eigenen Krankheit. Waren in der Nachkriegszeit nur 0,4% Diabetiker, so sind es nun 3% (Übergewicht fördert Diabetes). Etwa 80% aller Zuckerkranken sterben an gefäßbedingten Komplikationen (z.B. Herzinfarkt).
Gestört ist beim Diabetiker nicht nur der Insulin-Haushalt, sondern auch der Abbau der Fette, die nicht ganz verbrannt werden. Im Endstadium kann es zu einer Säurevergiftung kommen, so daß der Patient ins Koma sinkt. Schwere Diabetiker (8000 Kinder) müssen nicht nur Diät leben, sondern sich selbst das fehlende Insulin spritzen. Die täglichen Spritzen (wobei immer neue Injektionsstellen gefunden werden müssen) bringen erhebliche Probleme. Der Diabetes ist eine Erbkrankheit, der genaue Erbgang ist jedoch ungeklärt.

Literatur:
R. Sachsse/H. Mehnert: Kindlicher und jugendlicher Diabetes/mellitus/Der Erwachsenendiabetes, Düsseldorf 1979.

Dialysepatienten (Künstliche Niere)

Die Nieren filtern die Stoffwechselschlacken aus dem Blut (vor allem den giftigen Harnstoff) und regulieren den Salz-Wasser-Haushalt im Körper. Versagen die Nieren, droht eine tödliche Bluthamvergiftung (Urämie). Die künstliche Niere übernimmt ersatzweise die Funktion. Der Patient wird an eine Maschine angeschlossen. Die pumpt das Blut durch ein Cellophankammersystem an einer Salzlösung vorbei, »wäscht« das Blut und pumpt es zurück. Dies geschieht dreimal die Woche für 4 bis 6 Stunden, in einem Dialysezentrum oder in Heimdialyse.
Man rechnet mit jährlich 2400 neuen Patienten. Insgesamt sollen es bis 1982 16–18000 sein. Die Überlebensrate beträgt rund 10 Jahre. Billiger und effektiver als die Dialyse wäre eine Nierentransplantation, doch ist die BRD hier ein medizinisches Entwicklungsland, verhindert ein fehlendes Transplantationsgesetz auch die notwendige Zahl von Nieren (von gerade Verstorbenen).
Medizinische Komplikationen, die reduzierte Lebenserwartung und die völlige Abhängigkeit von der Maschine führen zu erheblichen Krisen.

Literatur:
H. v. Koerber: Keine Not mehr für Dialyse-Patienten, DIE ZEIT, Nr. 4/1978

Geistig Behinderte

Das BSHG (Verordnung nach § 47) definiert sehr vage: »Personen, bei denen infolge einer Schwäche ihrer geistigen Kräfte die Fähigkeit zur Eingliederung in die Gesellschaft in erheblichem Umfange beeinträchtigt ist.« Zu dieser im Erscheinungsbild sehr unterschiedlichen Gruppe werden allgemein alle in ihrer geistigen Entwicklung gestörten, unvollkommen oder nicht entwickelten Kinder verstanden, deren Behinderungsursachen in einer Schädigung des Hirns liegen. Die Kinder sind erheblich retardiert, nicht altersgemäß entwickelt, im Lernen gehemmt oder nur lebenspraktisch bildbar und auf fremde Hilfe angewiesen. Auf 1000 lebend Geborene rechnet man 6–7 geistig behinderte Kinder.
Da geschädigte Hirnzellen nicht zu ersetzen sind, gibt es keine ursächliche Heilung, sondern nur therapeutische Beeinflussung. Je früher die Förderung einsetzt, desto bessere Ergebnisse können erzielt werden. Die Verhaltenstherapie kann ein hohes Maß an Selbständigkeit erreichen. Die Behinderung tritt während der Schwangerschaft, während der Geburt oder in früher Kindheit ein. Unregelmäßigkeiten in der Chromosomenzahl können eine Ursache sein, ebenso Blutunverträglichkeit, Infektionskrankheiten der Mutter und des Kleinkindes (auch durch eine Pockenschutzimpfung). Mangelnde Geschlechtsreife und vor allem zu hohes Alter der Mütter sind gleichfalls Behinderungsursachen. Nach H. Harbauer spielen »mechanische und chemische Abtreibungsversuche ... eine bedeutsame Rolle«.
Die Bundesvereinigung Lebenshilfe für geistig Behinderte ist die aktivste Behindertenorganisation, die seit 1958 besteht und an die 80000 Behinderte in Tageseinrichtungen fördert und versorgt. Die Dunkelziffer liegt bei geistig Behinderten extrem hoch.

Literatur:
Zeitschrift »Lebenshilfe«

Hirnverletzte

Aus volkswirtschaftlichen Gründen (gepaart mit patriotischem Pathos), um den einzelnen vor einem nie-befriedigten Rentenempfänger-Dasein zu bewahren, riefen während des Ersten Weltkriegs von Hindenburg, Ludendorff u.a. zur

»Fürsorge für hirnverletzte Krieger« auf. Wer Hirnverletzte sagte, meinte »Kopfschüsse«. Erst 1946, als die Siegermächte keine Organisationen lizenzierten, die im Vereinsnamen das Wort »Krieg« führten, kam die neutrale Bezeichnung »Hirnverletzter« auf. Die Zahl der Kriegshirnbeschädigten lag bei über 50000 (Zahlen von 1974).
Doch das Schlachtfeld hat sich verwandelt: Jährlich beläuft sich die Zahl der schweren Hirnverletzungen im Straßenverkehr auf 250000. 80% der Unfallverletzten werden nicht fachgerecht und nicht rechtzeitig versorgt. Die Transportwege der Unfallrettungswagen sind zu lang, es fehlen Spezialeinrichtungen. Durch die ungenügende apparative Ausstattung der Kliniken muß es zu Fehldiagnosen kommen, werden z.B. posttraumatische Blutungen nicht rechtzeitig erkannt. Durch verspätete Diagnose und Verlegung in besser eingerichtete Kliniken schätzt man, daß die Invalidität viermal und die Sterblichkeit doppelt so hoch als nötig liegt! Zu einer Nachbehandlung müßten doppelt so viele Betten als vorhanden zur Verfügung stehen. So warten Schwerverletzte auf die Nachbehandlung, betragen Wartezeiten vier bis sechs Monate. Ungelöst ist das Problem von 40000 Kindern, die pro Jahr schwere Kopftraumen erleiden. Mögliche Folgen: Sprachstörungen (Aphasien), die in eine motorische Aphasie unterschieden wird, bei der die Sprach*fähigkeit* beeinträchtigt ist, und in eine sensorische Aphasie, bei der das Sprach*verständnis* behindert ist. Lese- (Alexie) und Schreibstörungen (Agraphie) können hinzukommen.
Auch wenn die Schuldfrage am Unfall eindeutig erscheint, verzögern die Versicherungen die Verhandlungen auf Jahre. Sie bestellen (Gegen-) Gutachter, die hohe Honorare erhalten und meist auch ein Gutachten auf Linie der Versicherung erstellen. So liegen die Hirnverletzten lange zur Begutachtung im Krankenhaus und müssen tatenlos zusehen, wie sich die Verhandlungen durch Prozesse und Instanzen schleppen.

Literatur:
Beim Verband anfordern

Hörbehinderte

Der Sprachgebrauch ist nicht einheitlich: Unter *Gehörlosen* versteht man sowohl Taubstumme als auch *Früh- und Spät-*

ertaubte, wohl auch *Hörstumme*, die trotz normalen Gehörs stumm sind und sogenannte *Seelentaube* (amnestische Agnosie: trotz intakter Sinneswahrnehmung können die sinnlichen Wahrnehmungen nicht richtig eingeordnet werden). *Schwerhörige* dagegen sind von Geburt an oder später in ihrer Hörfunktion eingeschränkt, verfügen aber über Hörreste.
Man rechnet mit 3 Millionen Hörbehinderten aller Grade. Diese Zahl steigt. Durch steigendes Alter etwa: ein 60jähriger soll in der Regel im Bereich der hohen Töne einen altersbedingten Hörverlust von 60% verzeichnen. Durch Dauerlärm im Verkehr, durch Industrie, Schießübungen bei der Bundeswehr und durch elektronisch verstärkte Beatschuppen-Musik entstehen ebenfalls irreparable Hörverluste.
Es gilt als ausgemacht, daß Schwerhörige ihre Behinderung durch das Tragen eines Hörgeräts ausgleichen können. Aber ein Hörgerät gibt nicht das Hören zurück, wie eine Prothese auch nicht das Laufen wiederherstellt. Bereits 1971 wurden über 100 000 Hörapparate (Angaben der Industrie) abgesetzt, nicht einbezogen dabei ist der horrende Absatz von Versandhäusern, deren Apparate teilweise aus Japan importiert wurden. Der Glaube an die Wunderwirkung der Hörapparate wurde von der Industrie produziert und von der Umwelt unterstützt, die einem Hörbehinderten, der keinen Apparat trägt, eigenes Verschulden und Ignoranz vorwerfen kann, um ihn besser isolieren zu dürfen. Hörgeräte geben nicht das Hörvermögen zurück, denn das Ohr ist so konstruiert, daß es eine Vielzahl von Nebengeräuschen beim Aufnehmen bereits aussondert. Das Hörgerät aber verstärkt *alle* Geräusche, natürlich auch die Nebengeräusche. Zwar schaffen sogenannte Indikationsspulen heute auch Abhilfe, indem die Umgebungsgeräusche nicht im gleichen Maße mitverstärkt werden, doch wenn – wie normal – im Gespräch mehrere reden, zudem zu schnell und nicht sauber artikuliert, bekommt der Behinderte eine Lautfolge, einen Lautsalat, mit, ohne selbst verstehen zu können. Der Hörbehinderte ist trotz eines Apparates auf Stille angewiesen, auf ruhiges, artikuliertes Sprechen und auf Raumhelligkeit, weil er vieles nach wie vor vom Mund ablesen muß. Es wird nun verständlich, daß es sinnlos ist, einem Gehörbehinderten möglichst laut ins Ohr zu schreien, denn er hört nicht in erster Linie leiser, sondern funktionsgestört.
Die seelischen Belastungen einer Schwerhörigkeit sind bisher

zu wenig beachtet worden. Über die Schalleitung empfängt der Mensch Empfindungen und Vorstellungen. Bereits das Kleinkind empfängt Vertrauen über den Klang der Stimme der Mutter, unterscheidet nach Klangfarbe, ehe es den Wortsinn verstehen kann. Ein Hörbehinderter hat keinen Anreiz zu eigenem Sprechen, wird damit isoliert. Die Folge sind Minderwertigkeitserfahrungen und Selbsthaß. Schwerhörige lernen nie im gleichen Maße das Sprechen wie Normalhörende. Sie sprechen zu leise, flüsternd, nasal, monoton, unartikuliert, Silben verschluckend, da sie nie die Modulationsfähigkeit der Sprache gehört, erfahren haben. Durch die zahlreichen akustischen Mißverständnisse, Erfahrungen, daß Gesprächspartner über die Mißverständnisse und die sonderbare Sprache lachten, ziehen sich Hörbehinderte zurück, werden mißtrauisch, auch schwierig und reizbar.
Vollends verhängnisvoll ist die Lage der 40 000 Gehörlosen. Gehörlosigkeit bedeutet Stummheit (Taub-Stumme): Sprache wird über das Nachahmen, über das Hören gelernt. Werden Kinder taub oder mit zu geringen Hörresten geboren, kann die Sprache nicht über die Nachahmung gelernt werden, das Kind bleibt stumm. Ertauben Kinder, bevor die Spracherlernung abgeschlossen ist (Einschulungsalter), bilden sich die Sprechansätze zur restlosen Stummheit zurück – sofern nicht rechtzeitig therapeutisch eingegriffen wird. Taubstumme sind entweder von Geburt oder durch eine Frühertaubung vor Ausbildung der Sprache ertaubt. Erfolgt eine Ertaubung nach der Sprechentwicklung, z. B. während der Schulzeit, bleibt die Sprache erhalten, ist jedoch unkontrolliert, da das Ohr die Sprachmodulation nicht mehr überprüfen und korrigieren kann. Man spricht dann von Spätertaubten. Pädagogen trennen unbedingt zwischen (von Geburt an) Gehörlosen und (später) Ertaubten, da psychische Struktur und Sprachpotential zu unterschiedlich sind.

Literatur:
Zeitschrift: hörgeschädigte Kinder, Deutsche Gehörlosen Zeitung

Impfgeschädigte

Die gesetzlich vorgeschriebenen Impfungen sind mit weithin unbekannten gesundheitlichen Risiken verbunden! Veröffentlichungen G. Buchwalds 1965 in »Die Medizinische

Welt« wiesen nach, daß mehr Kinder an der Impffolge Encephalitis (Gehirnentzündung) starben, bzw. erkrankten, als amtlich ausgewiesen war. Die Schwierigkeit, eine exakte Diagnose zu stellen und die Gehirnentzündung als Impffolge auszuweisen, brachte den Eltern unerträgliche Schwierigkeiten, da Krankheit und Siechtum nicht als Impfschaden anerkannt waren. Nach Buchwald endeten 40–50% der Fälle mit dem Tode, den Rest traf ein oft lebenslanges Siechtum in Anstalten für Geisteskranke. Vor Buchwald hatte bereits de Rudder behauptet, daß der größte Teil der geistig Behinderten, wo die Ursache nicht zu klären war, Impfschäden seien. Ebenso sind nach Kittel unaufgeklärte Hör- und Gleichgewichtsschäden häufig Impffolge, Taubheit als Folge von Impfschäden konnte nachgewiesen werden.
Die Bundesregierung hat daraus Konsequenzen gezogen: Das Zweite Gesetz zur Änderung des Bundesseuchengesetzes, das am 1. September 1971 in Kraft getreten ist, brachte unter anderem: Die Wahrscheinlichkeit des ursächlichen Zusammenhangs genügt heute zur Anerkennung. Über die Anerkennung des Impfschadens entscheiden nicht mehr die Gesundheitsbehörden (die den Schaden verursachten), sondern die Versorgungsämter und Sozialgerichte. Die Versorgung beginnt mit dem Antragsmonat.

Literatur:
Beim Verband anfordern

Kehlkopflose (Laryngektomierte)

Der Kehlkopf wird operativ entfernt, wenn Kehlkopfkrebs vorliegt. Das heißt: Die Stimme bzw. die Sprache gehen verloren. Die Atmung muß dann über einen künstlichen Eingang oberhalb des Brustbeins erfolgen. Durch das Fehlen der Luftzirkulation ist ebenfalls das Geruchsempfinden verloren. In der BRD wird mit 9000 Kehlkopflosen gerechnet, nur 3% von ihnen haben sich in einer Interessengemeinschaft organisiert. Möglichst zwei bis drei Wochen nach der Operation (und vor der Bestrahlung, die die Sprachleistung hemmt) muß der Operierte der Sprachbehandlung zugeführt sein, damit er sich nicht das Flüstern angewöhnt. Die sprachbehandelten Patienten sprechen zu 30% die Speiseröhrensprache sehr gut, 50% genügend. 20% erlernen die Speiseröhrenspra-

che (Oesophagussprache) nicht und behelfen sich mit einem Gerät, dem Elektrolarynx (elektrischer Kehlkopf). Nicht erlernte Speiseröhrensprache bedeutet eine besondere Anstrengung bei Verständigung und geringe Sprachleistungen.
Die Operierten sind meist um das 60. Lebensjahr und werden durch die Operation Frührentner. Das Ausscheiden aus dem Beruf und Verlust der Stimme führen zu schweren Depressionen und auch zu Veränderungen der Persönlichkeit. Die seelische Belastung kommt vor allem nach der Entlassung aus der Klinikatmosphäre, bei Rückkehr ins häusliche Milieu. Nach der Operation ist vor allem eine nachgehende Stabilisierung des Patienten wichtig.

Kleinwüchsige

Der Gesetzgeber erkennt Menschen bis 140 cm als Schwerbehinderte an. Die Zahl der Kleinwüchsigen wird auf 20000 bis 50000 geschätzt. Der »Pschyrembel«, das Mediziner-Standardwerk, unterscheidet zwischen Klein- und Zwergwuchs. Wer unter dem Fremdwort »Chondrodystrophie« nachschlägt, fühlt sich in Brehms Tierleben versetzt: Da gibt es nämlich den »Dackel-Typ« (wegen der kurzen Extremitäten) und den »Mops-Typ« (wegen der Sattelnase).
Kleinwüchsige leiden zuerst unter der Verspottung ihrer Umwelt, daß man sie als Märchenwesen abtut (Mediziner reden immer noch vom »Zwergwuchs«), nicht für voll nimmt. Der Volksmund spricht von »Liliputanern«, obgleich dies daumengroße Fabelwesen aus Jonathan Swifts satirischen »Gullivers Reisen« sind.
Kleinwuchs ist eine Wachstumsstörung und kann vererbt werden.

Lernbehinderte

Lernbehinderte stellen mit 82% die größte Gruppe aller Behinderten an Sonderschulen. Der Bundesverband zur Förderung Lernbehinderter schätzt ihre Zahl auf 400 000. Der Anteil Lernbehinderter an einem schulpflichtigen Jahrgang wird zwischen 2,5% und 4% angegeben. Eigentlich Lernbehinderte sind Kinder mit einem hirnorganisch bedingten »Intelligenzschaden«, doch in der Praxis werden alle Kinder und Jugendliche darunter gefaßt, die aus der Normalschule – aus welchen Gründen auch immer! – ausgemustert wurden. Lernbehinderung ist in erster Linie eine Definition für soziale Aussonderung. Etwa 90% aller Behinderten stammen aus soziokulturell benachteiligten Familien (siehe Abschnitt »Behinderung und sozialer Status«). Lernbehinderte sind die Opfer familiärer Sozialisationsbedingungen (sie kommen häufig aus den sog. sozialen Brennpunkten), deren Ursache in sozialen Benachteiligungen besteht. Lernbehinderte sind die Opfer mittelschichtorientierter Lerninhalte der Schulen und struktureller Gewalt (große Klassen, sozialer Status). Wie wenig eine »Lernbehinderung« objektiv definiert ist, zeigt sich daran, daß es in den Städten jeweils so viele »Lernbehinderte« gibt wie Sonderschulplätze.

Lernbehinderte sind mit ihrem Sonderschulbesuch praktisch aus dem Erwerbsleben bereits vor Berufsanfang ausgegliedert, kommen in der Regel nur noch für Hilfsarbeiterjobs in Betracht, die in Krisenzeiten einen Großteil der Arbeitslosenquote stellen. Lernbehinderung ist fast ausschließlich eine soziale Benachteiligung, aber keine im üblichen Sinne definierte Behinderung.

Literatur:

Ernst Begemann, Die Erziehung der sozio-kulturell benachteiligten Schüler, Hannover 1970.

Winfried Kerkhoff: Lernbehinderte, Schriftenreihe der BAG Hilfe für Behinderte, H. 15 (»Kommunikation zwischen Partnern«), Düsseldorf 1978.

Mucoviscidose (cystische Fibrose)

Eine erste klinische Beschreibung gab G. Fanconi 1936. Doch erst di Sant'Agnese ermöglichte 1953 eine einwandfreie Diagnose: Mucoviscidose-Erkrankte (mucus = Schleim, viskös = zähflüssig) weisen einen abnorm hohen Salzgehalt im Schweiß auf. Die Mucoviscidose – im Angloamerikanischen unter »cystische Fibrose« bekannter – galt als seltene Krankheit. Seit aber eine Diagnose möglich ist und die Ärzte auf die Symptome achten, wird sie als die häufigste Erbkrankheit der weißen Bevölkerung deklariert. Die Ursache ist noch unbekannt. Auf zwanzig Personen wird ein Merkmalsträger geschätzt. Bei zwei Merkmalsträgern, die heiraten, besteht die Wahrscheinlichkeit, ein krankes Kind zu bekommen, 1:4. Die Eltern zeigen keine Anzeichen. Auf 1600 bis 2000

Neugeborene wird ein Mucoviscidose-Kind gerechnet. In der BRD werden jährlich 400 Mucoviscidose-Kinder geboren. In einem Prospekt der Internationalen Gesellschaft zur Bekämpfung der Mucoviscidose ist die Krankheit knapp so beschrieben: »Bei der Mucoviscidose besteht eine Fehlfunktion der exokrinen Drüsen, also der Schweiß-, Speichel- und Schleimdrüsen. Ein dicker zäher Schleim verstopft die Lungen und Luftwege und blockiert oft die Ausgänge der Bauchspeicheldrüse, durch welche die Verdauungsenzyme in den Dünndarm gelangen. Die daraus folgende Ernährungsstörung kann leicht unter Kontrolle gehalten werden durch Zugabe von ergänzenden Enzymen zur Kost, doch die Infekte der Lunge, die sich immer bis zu einem gewissen Grad entwickeln, können hinterher niemals vollständig ungeschehen gemacht werden. Fortschreitende irreversible Lungenschäden führen bei der Mucoviscidose zum Tode.«
Um eine Sekretverflüssigung zu erreichen, bekommen die Kinder Klopf- und Vibrationsmassage und müssen künstlich vernebelte Medikamente inhalieren (Aerosol-Therapie), damit der Schleim verdünnt und ausgehustet werden kann. Die finanzielle Belastung der Eltern ist hoch, z. B. durch eine spezielle Ernährung. Vor allem aber die Pflege stellt hohe Anforderungen. Bender/Stephan rechnen mit drei bis vier Stunden Mehraufwand gegenüber gesunden Kindern gleichen Alters, da u. a. der Schleim mehrmals täglich ausgeklopft werden muß. Die Lebenserwartung – besonders bei einer frühen Erkennung der Mucoviscidose, die häufig mit Keuchhusten, chronischer Bronchitis, Asthma und Lungenentzündung verwechselt wird – ist inzwischen gestiegen. Mucoviscidose-Patienten erreichen ein Alter von zwanzig und mehr Jahren, in anderen Ländern erreichten sie inzwischen das vierte Lebensjahrzehnt, nachdem sie früher das erste Jahr nicht überstanden. Die Zahl der Mucoviscidose-Erkrankten wird auf 5000 geschätzt.

Literatur:
S. W. Bender/U. Stephan: Mucoviscidose – Cystische Fibrose. Erlangen 1977.
Eine Kurzfassung bietet: U. Stephan: Die Mucoviscidose (cystische Fibrose), in: das behinderte kind Nr. 4/5 1970

Die Zahl der Multiple-Sklerose-Erkrankten wird auf 80 000 bis 100 000 geschätzt. Dabei laufen zahlreiche nicht diagnostizierte organische Nervenleiden unter der Bezeichnung mit, wie zum anderen viele Ärzte mit der Diagnose zögern oder sie vermeiden, weil der Kranke damit unheilbar abgestempelt ist.
Die Multiple Sklerose (MS) gilt als die häufigste organische Nervenkrankheit. Die Ursache ist unbekannt. Ein einheitliches Krankheitsbild gibt es nicht. Die Entzündungsherde sitzen in Hirn und Rückenmark, nach deren Häufigkeit und jeweiligem Sitz bestimmen sich die Symptome. Die Krankheit verläuft entweder in Schüben oder chronisch fortschreitend (ohne akute Schübe, vorübergehendes Nachlassen), doch sind auch gutartige Verlaufsformen möglich. Das bedeutet: Die Verlaufsform ist unbestimmt und nicht vorauszubestimmen. Neuroepidemiologische Forschungen erbrachten zum Teil erhebliche Unterschiede im Vorkommen: So ist die MS im Inneren der skandinavischen Halbinsel wesentlich häufiger als in den Küstengebieten, nimmt die Morbidität von Norddeutschland nach dem Süden hin zu, um in der Südschweiz und in Südfrankreich wieder rapid zu fallen.
Die Behandlung kann lediglich symptombekämpfend oder aktivierend sein. Die Patienten reagieren auf die MS psychisch entweder – gilt als typisch – mit unkritischer Euphorie (unabhängig und im Gegensatz zur Realität) oder depressiv, verstimmt, überängstlich. Krankheiten, die sich dem Zugriff des Arztes entziehen, werden von den Ärzten oft aggressiv und irrational bekämpft und öffnen Kurpfuschern und dem Medikamentenhandel den Markt. Wunderdrogen sind an der Tagesordnung. »Im übrigen«, schrieb vor Jahren der Chefarzt der Psychiatrischen und Nervenklinik der Städt. Krankenanstalten Essen, Prof. Laubenthal, »ist man oft versucht, an den Ausspruch Stauders zu denken, wonach die Stars der pharmazeutischen Produktion immer noch für eine Nachsaison auf der Provinzbühne der Neurologie agieren wollen, wenn sie ihre Hauptrolle in der inneren Medizin und, wie man hinzufügen kann, auch in der Chirurgie, längst ausgespielt haben.« So sind Ärzte gegen die MS mit Röntgenkastration und Elektroschocks vorgegangen, ein Arzt ließ Pferdefett essen, die einen schwärmten für Unterkühlung, die

anderen für eine Überwärmungstherapie, wieder andere spritzten Tuberkulin! Die Patienten können nicht genug vor publizistisch angepriesenen neuen Wundermitteln und -kuren gewarnt werden.

Literatur:
Beim Verband anfordern

Muskelkrankheiten

Von Muskelkrankheiten (500 verschiedene Arten!) betroffen sind etwa 200 000 Menschen. Jährlich kommen 1500 neue Patienten hinzu. Progressive Muskeldystrophien (12 000), bekannt unter der populären Bezeichnung »Muskelschwund«, sind heimtückisch, beginnen schmerzlos. Fehldiagnosen im frühen Stadium sind nicht selten: Da wird Trägheit diagnostiziert, werden fälschlich Entwicklungsstörungen angenommen. Die Eltern verkennen ebenfalls die Symptome: Sie freuen sich an den sogenannten Kugelwaden, einem Frühzeichen beginnenden Muskelschwunds.
Die Krankheit ist genetisch, d.h. erblich bedingt. Die Ursache ist unbekannt, man vermutet einen Stoffwechseldefekt. Eine Behandlung, die die Ursache beseitigte, existiert folglich nicht. Einige wenige Formen sind begrenzt therapeutisch anzugehen: Funktionsfähige Muskel können re-aktiviert, bei einer frühen Erkennung können Rollstuhldasein und Bettlägerigkeit um Jahre hinausgezögert werden. Bei einigen der zahlreichen Erscheinungsformen setzt die Lähmung sehr rasch ein, beginnt die Geh-Unfähigkeit zwischen dem zwölften und fünfzehnten, tritt der Tod vor dem fünfundzwanzigsten Jahr ein. Doch gibt es Verlaufsformen, die die Lebenserwartung praktisch nicht verkürzen. Die Krankheit ist immer fortschreitend, wenn auch ein gutartiger Verlauf möglich ist.
Eine Dehnlage der betroffenen Muskelgruppen muß vermieden werden, da bei unangemessener Belastung die Funktionsfähigkeit verlorengeht. Zum anderen bedeutet jede unangemessene Bettruhe oder Inaktivität eine Verschlechterung. Verstopfung und Fettleibigkeit sind unangenehme Begleitumstände, wenn die Ernährung nicht richtig abgestimmt ist. Universitätsprofessor Robert Beckmann: »In Deutschland ist

diese Situation im Vergleich zu anderen europäischen Ländern geradezu deprimierend.«

Literatur:
Robert Beckmann: Muskelkrankheiten und ihre Bekämpfung. (Freiburger Universitätsblätter H. 32/1971)
Robert Beckmann: Die progressiven Muskeldystrophien. Mannheim 1970

Poliomyelitis (Kinderlähmung)

Poliomyelitis ist eine Infektionskrankheit, primär eine Darminfektion. Der Erreger ist ein Virus. Sie beginnt grippeähnlich mit Husten, Halsschmerzen und Fieber und zerstört die Ursprungszellen der Bewegungsnerven im Rückenmark, was zu Lähmungen führt. Seit der 1962 eingeführten Schluckimpfung tritt Kinderlähmung kaum noch auf.

Querschnittsgelähmte

Geschätzte Zahl: 40 000. Jährlich wird mit 1000 bis 1500 neuen Fällen gerechnet, drei Viertel davon durch Arbeits- und Verkehrsunfälle. Häufig sind auch Badeunfälle, wenn junge Leute per Kopfsprung ins Wasser springen und mit dem Nacken aufschlagen. Hervorragend versorgt sind die Berufsunfallgeschädigten, wenn sie von den Berufsgenossenschaften anerkannt sind und versorgt werden.
Bei der Querschnittslähmung ist die Steuerung vom und zum Gehirn im Rückenmark unterbrochen (zumindest gestört). Die Muskulatur empfängt nicht mehr die Anordnungen des Hirns. Sind die Bahnen vom Rückenmark zum Hirn (aufwärts) unterbrochen, so empfängt das Hirn Alarmmeldungen von Hitze oder Schmerz nicht mehr, so daß sich ein Querschnittsgelähmter am heißem Wasser verbrühen kann. Da die Empfindungsreize ausfallen, leiden die Querschnittsgelähmten an Druckgeschwüren. Darm- und Blasenfunktion sind häufig nicht mehr zu kontrollieren, bzw. nur mit Training unter Kontrolle zu halten. Grundregel: Je höher die Bahnen unterbrochen sind, desto gefährlicher, desto mehr Extremitäten sind von der Lähmung betroffen. Früher starben 80% aller Patienten an Harnweg-Infektionen (heute 3–4%). Querschnittsgelähmte im Rollstuhl (heute überleben 80%) sind neben der Gefahr von Druckgeschwüren v. a. in Gefahr, dick

zu werden, so daß Herz- und Kreislaufschäden Folgeerscheinungen sind. Eine Intensivierung der Querschnittsgelähmten durch Sport und Arbeitstraining und durch modernste Therapie führte zu einer Rehabilitationsleistung, deren Erfolgsaussichten vor Jahren als unmöglich galten.

Literatur:
L. Guttmann, Grundsätzliches zur Rehabilitation von Querschnittsgelähmten (Deutsche Zeitschrift für Nervenheilkunde, Bd. 175, 1956)

Rheumatiker

Etwa 6 bis 8% der Weltbevölkerung leiden an rheumatischen Erkrankungen. Zählt man auch die leichten Fälle hinzu, sollen es in der BRD allein 20 Millionen Bundesbürger sein, das ist jeder dritte! Mehr als 100 Erscheinungsformen sind bekannt. Bis zu 25% aller Invaliditätsfälle sollen auf diese Volkskrankheit zurückgehen.
Zu den rheumatischen Erkrankungen zählen der akute (rheumatisches Fieber) und chronische Gelenkrheumatismus, der zur Deformierung der Gelenke führt, die Gicht, Arthrose, die sog. Bechterewsche Krankheit und viele Wirbelsäulenschäden. Rheuma ist also Ursache zahlreicher Behinderungen. Ursachen und Behandlung rheumatischer Erkrankungen: es gibt nur Vermutungen.

Schuppenflechte (Psoriasis)

Die Psoriatiker sind die »Aussätzigen« unter den Behinderten. 1,5 Millionen (auf 50 Personen kommt einer) leiden unter der entzündlichen geröteten oder silberschuppigen Schuppenflechte. Die Erkrankung ist erblich bedingt, verläuft in Schüben und kann den gesamten Körper befallen. Schuppenflechte ist nicht ansteckend. Knochen- und Gelenkveränderungen können auftreten. Quälend ist der Juckreiz und die soziale Aussonderung (z.B. Zutrittsverbot in Schwimmbädern). Psoriasis kann nicht geheilt, nur lindernd (Salben, Bäder, UV-Licht) angegangen werden. Vorsicht: bei Bestrahlung über Jahre hinaus besteht Krebsrisiko.

Literatur:
Bernward Th. Rohde: Chronisch Hautkranke, Düsseldorf 1977
psoriasis, Zeitschrift für die Mitglieder des Deutschen Psoriasis Bundes

Sehbehinderung

In der Bundesrepublik rechnet man mit 350000 Sehbehinderten. Nach der anerkannten Definition der Deutschen Ophtalmologischen Gesellschaft heißt es: »Sehbehindert sind Kinder, bei denen mit Gläserkorrektion ohne besondere optische Hilfsmittel bei durchschnittlicher Intelligenz a) die zentrale Sehschärfe auf dem besseren Auge oder beidäugig $^1/_3$ bis $^1/_{20}$ beträgt oder b) in der Nähe der Sehschärfe von 0,3 (Nieden V) oder weniger bei einem Arbeitsabstand von mindestens 30 cm vorliegt oder c) erhebliche Einschränkungen des Gesichtsfeldes bestehen.« Durch die bevorzugte Behandlung der Blinden sind die Probleme der Sehbehinderten kaum beachtet worden. Die Außenwelt wird vom Sehbehinderten nur verzerrt oder eingeschränkt wahrgenommen. Katastrophal ist die Schulsituation, und nur beschränkt kann ein Sehbehinderter einen Beruf wählen. Daß aber die Sehbehinderung mit ihrem damit verbundenen Ausfall bestimmter Erfahrungsmöglichkeiten Verhaltensstörungen beinhalten kann, ist bis dahin nicht ins Bewußtsein gekommen.

Literatur:
Beim Verband anfordern

Skoliose

Die Skoliose wird als eine krankhafte Seitverbiegung der Wirbelsäule mit Verdrehung der Wirbelkörper gegeneinander definiert. Die Folgen sind eine körperliche Verunstaltung durch Rumpfverkürzung und Buckelbildung. Ebenso ist die Atmung und die Herz-Kreislauf-Funktion behindert. Skoliose-Behinderte, als die »typischen« Krüppel, sind durch die seelische Belastung erheblich zusätzlich behindert. Bei noch vorhandenen Wachstumspotenzen vor Beginn des präpubertären Wachstums sind konservative Behandlungen bei Skoliosen bis zu 50 Grad erfolgversprechend. Wichtigstes Behandlungsprinzip dabei ist das Milwaukee-Korsett, ein Streck-Korsett (schulungsfähige Muskulatur muß vorhanden sein!). Skoliosen über 50 Grad sollten operativ korrigiert und stabilisiert werden, zumindest um Verschlechterungen zu verhindern. Der Korrekturerfolg bei modernen Operationsmethoden liegt bei 50%. Die Behandlungen, konservativ wie operativ, sind immer einschneidend. Skoliosen über 50 Grad

sind auch nach Wachstumsabschluß meist noch fortschreitend, wenn auch langsam.
Bei der idiopathischen (primären, selbständigen) Skoliose sind zu 80% Mädchen betroffen. Bei anderen Formen verschiebt sich das Verhältnis. Früher wurden die Patienten in die für sie typischen Berufe des Schuhmachers oder Schneiders abgedrängt, heute sitzen sie am ehesten in Bürostuben oder Stadtverwaltungen. Größere körperliche Belastungen halten sie im allgemeinen nicht aus. Schulrückstände verschlechtern ihre Berufsaussichten zusätzlich, im Falle einer operativen Behandlung ergibt sich ein Jahr Schulrückstand. Betroffen sind 50 000 Personen, jedoch nur ca. 5% müssen operiert werden. Man rechnet mit einer Häufigkeit von 5 : 1000, das sind jährlich 3000 Kinder. Kann vererbt werden. Die Lebenserwartung schwer Erkrankter ist um 20 bis 50% reduziert.

Literatur:
K. Zielke: Problematik der Übungstherapie bei der Seitverbiegung der Wirbelsäule in: Zeitschrift für physikalische Medizin Nr. 2/1971
ders.: Skoliose, Düsseldorf 1977

Spastisch Gelähmte (Infantile Zerebralparese)

Die Schätzzahlen liegen weit auseinander: Sie reichen von 50 000 bis 240 000. Abgesehen von der Grundtatsache, daß es keine Meldepflicht und Früherfassung gibt, liegen die Zahlen so weit auseinander, weil die Spastiker Mehrfachbehinderte mit sehr unterschiedlichen Behinderungsformen sind. Auf 1000 Neugeborene werden 3–4 spastisch gelähmte Kinder gerechnet. Die Zahl steigt. Unter den Körperbehinderten bilden die Spastiker die größte Gruppe, ein Teil ist auch geistig behindert. Infolge der Bewegungsstörung von Spastikern werden sie von Laien meist generell als geistig behindert eingestuft.
Bei der frühkindlichen Zerebralparese liegt eine Schädigung des Hirns, während oder nach der Geburt vor. Hirnschädigungen während der Schwangerschaft resultieren z. B. aus Infektionen durch Grippe, Gelbsucht, Röteln, nach der Geburt sind z. B. Hirnhautentzündungen infolge von Grippe, Masern, Keuchhusten u. ä. häufige Ursachen. Auch Unfälle (Hirnblutungen) können als äußere Einwirkung zu einer Zerebralparese führen. Frühgeburten sind stets ein Risiko.

Die Hirnschädigung führt oft zu Störungen der Bewegungskoordination der Muskeln. Das Ausmaß ist sehr unterschiedlich: Der gesamte Körper kann betroffen sein, weitgehend nur die Beine oder eine Körperhälfte (Hemiplegien). In schweren Fällen können die Verkrampfungen der Muskeln dazu führen, daß die spastisch Gelähmten weder gehen noch sich artikulieren können, weil auch die Stimmbänder betroffen sind. Spastiker sind nahezu immer Mehrfachbehinderte (ca. 90% haben nach einigen Untersuchungen Sprach- und 20% noch zusätzlich Hörbehinderungen). Schwierigstes Handikap ist die Sprache: Je aufgeregter der Spastiker wird, desto mehr verkrampft sich alles. Da der Spastiker Gedanken nicht verkrampfungsfrei in Sprache übersetzen kann, wird er für blöde gehalten. Die »zappligen« Bewegungen verstärken diesen Eindruck.
Nur bei einer Früherfassung innerhalb des ersten Halbjahres, maximal des ersten Lebensjahres, ist die Zerebralparese therapeutisch wirksam zu beeinflussen. Da sich geschädigte Hirnzellen nicht regenerieren, gibt es nur die Möglichkeit, andere Zellen zu aktivieren. So gibt es keine Ursachenbehandlung, sondern krankengymnastische Symptomlinderung, die bestimmte falsch eingerastete Bewegungsmuster normalisieren und die Muskelanspannung entspannen soll.

Literatur:
H.-H. Matthiass/H. T. Brüster/H. v. Zimmermann (Hrsg.): Spastisch gelähmte Kinder. Stuttgart 1971

Spina bifida und Hydrocephalus (Wasserkopf)

Jährlich werden 2 von 1000 Kindern mit Spina bifida und/oder Hydrocephalus geboren (600 pro Jahr). Mehr als 10 000 soll es, manche im Erwachsenenalter, geben. Spina bifida, eine Erkrankung des Zentralnervensystems, ist nach einer Definition von John Lorber »eine angeborene Fehlbildung des Rückenmarks, seiner unmittelbaren Hüllen und des Rückgrats, das diese Gewebe normalerweise umschließt und schützt. Die Folge ist eine Geschwulst in der Mittellinie des Rückens, die gewöhnlich nur von einer dünnen Membran und nicht von Haut bedeckt ist. Die Geschwulst enthält verschieden große Mengen einer klaren Flüssigkeit, die Gehirn-Rückenmarksflüssigkeit.«

Die Spina bifida (»Bogenspalte«) kann vom Hinterkopf bis zum untersten Ende des Rückgrats plaziert sein. Folgen einer Spina bifida sind: Muskelschwäche oder Lähmung der Beine, vor allem aber eine fehlende Kontrolle der Blase. Die Blase wird nie völlig entleert, sondern läuft lediglich über, wenn sie voll ist. Der ständige Urinrückstand führt zu Infektionen der Harnwege und Nieren. Parallel dazu treten Funktionsstörungen des Darmes und des äußeren Aftermuskels auf (u. U. künstlicher Darmausgang). Auch Hüftverrenkungen und Fehlstellungen der Beine sowie Rückgratverkrümmung (Skoliose) sind häufig. Neben Infektionen von Blase und Nieren sind die Kinder durch Knochenbrüche gefährdet, da die Knochen an den gelähmten Beinen nicht kräftig sind. Hinzu kommt, daß die gelähmte Region gefühllos bleibt, da die Nerven, die die Schmerzen ins Hirn melden, unterbrochen sind. Ebenso ist eine geregelte Blutversorgung der gelähmten oder nicht voll funktionsfähigen Beine nicht möglich.
Beim Hydrocephalus (»Wasserkopf«), häufig eine Folge der Spina bifida, sammelt sich das Nervenwasser, kurz »Liquor« genannt, das normalerweise Gehirn und Rückenmark umspült, übermäßig im Innern des Schädels. Der Druck im Schädelinnern steigt und quetscht das Gehirn gegen die Schädelkapsel, die bei Kleinkindern und Säuglingen noch nachgibt, und so nimmt der Schädelumfang ständig zu. Die Ursachen können mannigfaltig sein, z. B. durch Tumore oder Hirnhautentzündungen oder Toxoplasmose.
Seit etwa 1960 sind die Kinder zu operieren. Bei 60–90% sind Hydrocephalusoperationen notwendig, bei zehn Prozent normalisiert sich der Hydrocephalus, daß man von einer Heilung sprechen kann. Das Nervenwasser im Hirn wird über ein Ventilsystem abgeleitet; ein Silikonschlauch läßt den Liquor über eine Halsvene ins Herz und damit in die Blutbahn fließen. Doch die postoperativen Komplikationen sind: Das einoperierte Ventil kann versagen. Der Schlauch, im frühkindlichen Alter eingesetzt, wächst nicht mit dem Organismus mit und wird zu kurz. Ventil oder Schlauch können – als Fremdkörper – Entzündungsherde bilden und verstopfen. So ist zwar der Überdruck im Schädelinnern beseitigt, doch »Verwachsungen und Thrombosen der Herzkammern und der Venen, die dann oft den Tod des Kindes herbeiführen« (Alther) lassen die Eltern in steter Angst leben.

Etwa die Hälfte aller Kinder, die allein einen Hydrocephalus haben, zeigen durchschnittliche Intelligenz. Ein Fünftel soll nach dem Schweizer Arzt J. G. Kundert überdurchschnittlich begabt, ein Fünftel soll noch bildungsfähig sein. Ein Zehntel dagegen wird als geistesschwach oder lebenspraktisch bildbar bezeichnet.

Literatur:
Jahrbuch der Arbeitsgemeinschaft Spina bifida und Hydrocephalus e. V., Menden 1977/78
K. Parsch/K.-P. Schulitz: Das Spina-bifida-Kind. Stuttgart 1972
Behandlung und Rehabilitation frühkindlicher Rückenmarksschäden, Schriftenreihe des Bundesministers für Jugend, Familie und Gesundheit, Bd. 2, 1972

Stotterer

Es gibt eine Vielzahl unterschiedlicher Sprachbehinderungen, von denen Stammeln, Lispeln und Stottern die bekanntesten sind. In der BRD gibt es mehr als 500000 Stotterer, die Gesprächssituationen gerne ausweichen und zahlreiche Strategien entwickelt haben, angstbesetzte Worte zu umgehen. Die Angst vorm Stottern fördert aber gerade das Stottern. Stotterer haben meist zahlreiche unterschiedliche Therapien hinter sich und alle möglichen Techniken, wenigstens elegant zu stottern, schon ausprobiert. Theorien über die Ursache gibt es viele. Bemerkenswert: Im Kindesalter kommen auf ein stotterndes Mädchen vier stotternde Knaben, im Erwachsenenalter vergrößert sich das Verhältnis auf 1:10. Es gibt Kulturen, in denen es keine Stotterer gibt. In der BRD gründeten sich zahlreiche Stotterer-Selbsthilfegruppen, um gegen die Therapie-Abhängigkeit der Stotterer ein Gegengewicht zu bilden und zu lernen, selbstbewußt zu stottern (»Lieber Stottern statt Schweigen!«). 4% der Kinder und 1% der Erwachsenen gelten als statistische Richtwerte, mit wie vielen Stotterern gerechnet wird.

Literatur:
Der Kieselstein, Mitteilungsblatt deutschsprachiger Stotterergruppen
Speech Foundation of America: An einen Stotterer, hrg. von der Stotterer-Selbsthilfe Düsseldorf, 1978.

Zöliakie

Zöliakie (das Wort ist griechischen Ursprungs und bedeutet »Bauch«) oder auch »Sprue« ist eine Stoffwechselkrankheit, an der 60000 Menschen in der BRD leiden. Auf 1000 Geburten wird ein Krankheitsfall gerechnet. Ursache ist eine Erkrankung des für die Nahrungsaufnahme zuständigen Dünndarms (in China, Japan und Schwarzafrika nahezu unbekannt). Frauen erkranken häufiger als Männer. Der Einfluß von Erbfaktoren ist sicher (jedoch nur jeder 10. Verwandte ersten Grades erkrankt), weitere Faktoren müssen beteiligt sein.
Zöliakie bedeutet eine lebenslängliche Unverträglichkeit gegenüber dem Gluten (Klebereiweiß) in den Getreiden Weizen, Roggen, Gerste und Hafer. Damit sind Brot, Back- und Teigwaren tabu. Die Therapie besteht in strenger glutenfreier Ernährung.

Literatur:
K. Harms: Die Zöliakie, Düsseldorf 1978

Anmerkungen

Abkürzungen:

dbk das behinderte kind
FR Frankfurter Rundschau
SZ Süddeutsche Zeitung

I. Kapitel

1 H. Würtz, Das Seelenleben des Krüppels, Leipzig 1921, S. 62.
2 Ebenda, S. 61.
3 Ebenda, S. 84.
4 Ebenda, S. 25
5 Ebenda.
6 Zeit-Magazin Nr. 45/1971; G. W. Jansen, Gesichtspunkte des Zusammenlebens von körperbehinderten und gesunden Kindern und Jugendlichen. Referat auf der Tagung »Pfadfindertum und Behinderte«, 5.–11. 10. 1969 in Haus Altenberg b. Köln; G. W. Jansen und Martin H. Schmidt, Empirische Korrelate zwischen Einstellungen der Umwelt und dem Verhalten körperbehinderter Kinder, Sonderdruck, Köln und Opladen 1968.
7 Zeitschrift für das Fürsorgewesen, Nr. 2/1970, S. 19.
8 SZ Nr. 57/1973 und FR Nr. 59/1973.
9 SZ Nr. 117/1971.
10 Deutsches Allgemeines Sonntagsblatt, Nr. 50/1972.
11 J. Kopp, Der Körperbehinderte und die Gesellschaft; in: 10 Jahre neue Wege der Hilfe für spastisch Gelähmte, Düsseldorf 1969, S. 47.
12 Eintreffe Freitag neunzehn Uhr . . ., Schöne Welt, Nov. 1970.
13 Deutscher Blindenverband, Wir helfen unseren Taubblinden – aber richtig, o. J.
14 2. Samuel, 5,8.
15 Johannes, 9,2.
16 Ev. Kirchengesangbuch, Lied 336 V. 3.
17 H. von Hentig, Die Strafe, Bd. I, Berlin/Göttingen/Heidelberg 1954, S. 179.
18 G. W. Jansen/M. H. Schmidt, Empirische Korrelate zwischen Einstellungen der Umwelt und dem Verhalten körperbehinderter Kinder, Köln/Opladen 1968 (Sonderdruck).
19 v. Hentig, S. 380ff.
20 H. Schadewaldt, Die Einstellung der Gesellschaft zum Behinderten im Laufe der Geschichte; in: BAG, Hilfe für Behinderte (Hrg.), Der behinderte Mensch und die Eugenik, Referate einer Arbeitstagung am 20./21. 11. 1969 in Düsseldorf, S. 32f.
21 H. S. Glasscheib, Das Labyrinth der Medizin, Reinbek b. Hamburg 1961, S. 78.
22 H. Schadewaldt, S. 40.
23 K. Biesalski, Grundriß der Krüppelfürsorge, Leipzig 1926, S. 125f.
24 H. Schadewaldt, S. 39.
25 Ebenda, S. 40.
26 Ebenda, S. 41f.
27 H. Bock, Die Psychologie der Obdachlosigkeit; in: Der Wanderer, Mitteilungsblatt zur Förderung der Nichtseßhaftenfürsorge, Nr. 2/1962.
28 K. Dörner, Bürger und Irre, Frankfurt/Main 1969, S. 28.
29 E. Klee, Resozialisierung, München 1973, S. 9ff.
30 Dörner, S. 219.

31 M. Weber, Die protestantische Ethik und der Geist des Kapitalismus; in: Die protestantische Ethik, München und Hamburg 1965.
32 vgl. E. Klee, Randgruppenpädagogik, Düsseldorf 1973.
33 Festvortrag Staatssekretär W. Auerbach, Alle stehen in gemeinsamer Verpflichtung auf dem 1. Bundeskongreß Behinderter (VdK) am 10./11. 10. 1970.
34 K. Dörner, Nationalsozialismus und Lebensvernichtung, Viertel-Jahreshefte für Zeitgeschichte, Nr. 2/1967, S. 131.
35 H. Würtz, Das Seelenleben des Krüppels, Leipzig 1921, S. 62f.
36 nach: Dörner, Nationalsozialismus und Lebensvernichtung, S. 140f.
37 Ebenda, S. 134.

II. Kapitel

1 Aktionsprogramm der Bundesregierung zur Förderung der Rehabilitation der Behinderten; Der Bundesminister für Arbeit und Sozialordnung (Hrg.) Sozialpolitische Informationen 13. 4. 1970.
2 W. Arendt, Hilfe für vier Millionen; in: Die Zeit, Nr. 10/1973.
3 W. Christian, Die Behinderten im Rahmen der Bevölkerungsentwicklung in: Bundesarbeitsgemeinschaft »Hilfe für Behinderte« (Hrg.), Der behinderte Mensch und die Eugenik, Neuburgweier/Karlsruhe o. J. (1970) S. 18.
4 Nachrichtendienst des Deutschen Vereins für öffentliche und private Fürsorge, Nr. 4/79.
5 Das Band, Nr. 1/1972.
6 Senator für Familie, Jugend und Sport, Berlin, Bericht über die Maßnahmen zur Betreuung und Förderung geistig und seelisch behinderter Kinder und Jugendlicher, Drucksache 6/622 vom 20. 10. 1972, S. 3.
7 Ebenda, S. 5.
8 Ebenda, S. 26.
9 Rudolf Sondersorge, Studie zur Planung von Bildungs- und Arbeitsstätten für geistig Behinderte im hessischen Landkreis Bergstraße, vervielfältigtes Manuskript, o. J., S. 5.
10 zitiert bei H. Groß, Zur Rehabilitation behinderter Kinder und Jugendlicher, Schriften des Deutschen Vereins für öffentliche und private Fürsorge, Frankfurt/Main 1967, S. 22.
11 Darstellung nach Th. Hellbrügge mit D. Menara/E. Schmitz/S. Stünkel, Hilfe für das mehrfach behinderte Kind; hrg. von der Bundeszentrale für gesundheitliche Aufklärung, Köln o. J.
12 Prof. Adriano Milani-Comparetti in Florenz weist auf diese Gefahren hin!
13 Großer Hessenplan, hrg. vom Hessischen Sozialminister, Wiesbaden 1970, S. 10.
14 G. Beckmann, Frühdiagnostik und Betreuung schwerhöriger und sprachgestörter Kinder und Jugendlicher; in: Hilfe für das hör- und sprachbehinderte Kind, hrg. von der Bundeszentrale für gesundheitliche Aufklärung, Köln o. J.
15 Situation von Familien mit behinderten Kindern und Jugendlichen, Bd. I, durchgeführt vom Forschungsinstitut für Sozialpolitik der Universität zu Köln, unter Leitung von Prof. Dr. O. Blume, bearbeitet von B. Windszus, Köln o. J. (1972), S. 91.
16 H. H. Matthiass, Zur Entwicklung der Betreuung spastisch gelähmter Kinder in der Bundesrepublik, Sonderdruck des Bundesverbands für spastisch Gelähmte, Düsseldorf o. J., S. 6.
17 Ebenda, S. 7.
18 K. Nitsch, Das behinderte Kind, Sonderdruck der Stiftung für das behinderte Kind, Marburg/Lahn o. J.

III. Kapitel

1 H. v. Bracken, Schulausbildung – Vorbereitung für den Lebensweg; dbk Nr. 4 + 5/1970, S. 181.
2 K. Zimmer, Wer hilft dem behinderten Kind?, Die Zeit Nr. 22/1971.
3 H. Groß, Die Rehabilitation, Nr. 3/1968.
4 H. v. Bracken (Hrg.), Erziehung und Unterricht behinderter Kinder, Frankfurt a. M. 1968, S. XIII.
5 GEW Berlin, Fachgruppe Sonderschulen, Fachgruppe Grundschulen, Referat B 1, »Integrationsgruppe«, Nov. '79.
6 Situation von Familien mit behinderten Kindern und Jugendlichen S. 96.
7 E. Heckel, Sie gehören zu uns, SZ Nr. 207/1972.
8 Josefs-Gesellschaft, Jahrbuch 1971, Köln 1972, S. 15.
9 Schönberger, sog. Conterganinkinder, S. 51
10 Ebenda, S. 52.
11 Ebenda, S. 53.
12 Ebenda, S. 55.
13 Hämophilie-Blätter, Nr. 1/1972, S. 22.
14 Josefs-Gesellschaft, Jahrbuch 1971, S. 22.
15 U. Buss, Sprachzentrum in einer Bude, Die Zeit Nr. 42/1972.
16 Aktion besser Hören, Presse-Information, April 1970.
17 R. Tiefenbacher, Zur Situation des schwerhörigen Kindes im Schulalter, Sonderdruck aus Audio-Technik, Nr. 9/1965, Berlin.
18 Denkschrift zum Schwerhörigenschulwesen in der BRD, Hamburg 1968, S. 13 (Hrg.: Gemeinschaft der Eltern und Freunde schwerhöriger Kinder).
19 G. Hinzmann in: hörgeschädigte kinder, Nr. 3/1972, S. 125.
20 H. Grosse in: schulbildung für schwerhörige kinder, Sonderheft 2 der Dt. Gesellschaft zur Förderung der Hör-Sprach-Geschädigten, 1968, S. 15.
21 vgl. E. Götz, Zu Hilfsarbeitern erzogen, Sende-Ms., HR 13. 10. 1972.
22 Walter Thimm, Mit Behinderten leben, Freiburg i. Br. 1977, S. 62.
23 Ebenda.
24 Ebenda, S. 64.

IV. Kapitel

1 Die Behinderten in Baden-Württemberg, S. 23.
2 Nach: J. Pechstein, Hilfe für das sozial behinderte Kind, hrg. von der Bundeszentrale für gesundheitliche Aufklärung, Köln o. J., S. 2ff.
3 M. Fritsch, Vorbereitung und Durchführung einer nachgehenden Hilfe für Körperbehinderte aus der Sicht des Rehabilitationszentrums; in: Beiträge zur Behindertenfürsorge Nr. 29, Köln o. J., S. 55f.
4 nach: G. Dittrich, Wohnen Körperbehinderter, Stuttgart 1972.
5 Lebenshilfe, Nr. 1/1973.
6 Große Anfrage des Abg. Krüger (FDP) und Fraktion betreffend Integration behinderter Mitbürger – Drucks. 7/1035, S. 1758.
7 Der hessische Sozialminister an Christa Schlett, Brief v. 13. 9. 72.
8 Große Anfrage, S. 1764.
9 Ebenda, S. 1765.
10 Jugendwerk der Evangelisch-Lutherischen Kirche in Bayern, Rundbrief Nr. 2/1973.

V. Kapitel

1 Osteroder Kreis-Anzeiger, 13. 9. 1971.
2 Bundesarbeitsgemeinschaft für Rehabilitation, Presse-Information Nr. 3/1970.

3 Brief vom 30. 7. 1970 an die Arbeitsgemeinschaft Hydrocephalus und Spina bifida (H I 4 – 43 690 – 641/70).
4 Lebenshilfe, Nr. 3/1972.
5 Spiegel-Report Behinderte, Nr. 13/1971.
6 Situation von Familien mit behinderten Kindern und Jugendlichen, S. 89.
7 Ebenda, S. 120.
8 Ebenda, S. 160.
9 H. Hetzer, Wartung und Pflege für geistig oder seelisch Behinderte; in: Lebenshilfe Nr. 1/1972.
10 Kameradengruß, Bundesorgan des Bundes Hirnverletzter Kriegs- und Arbeitsopfer, Nr. 4/1970.
11 Der Körperbehinderte, Nr. 27/1967.
12 Situation von Familien . . ., S. 52.
13 Ebenda, S. 54.

VI. Kapitel

1 H. v. Bracken, Erziehung und Unterricht behinderter Kinder, Frankfurt 1968, S. 53f.
2 Spiegelreport Behinderte Nr. 13/1971 (Zitat: Detlev Zöllner, Bundesarbeitsministerium).
3 W. Arendt, Hilfe für vier Millionen, Die Zeit Nr. 10/1973.
4 E. Meier, Gesundheitshilfe für das behinderte Kind als Aufgabe des öffentlichen Gesundheitsdienstes; in: Das öffentliche Gesundheitswesen, Nr. 12/1969, S. 605ff.
5 Ebenda, S. 591.
6 Süddeutsche Zeitung v. 21. 2. 1979.
7 Zahlen ebenda.
8 H. Groß, Zur Rehabilitation behinderter Kinder und Jugendlicher, Schriften des Deutschen Vereins für öffentliche und private Fürsorge Nr. 239, Frankfurt/Main 1967, S. 71.
9 Ebenda, S. 74.
10 W. Arendt, Die Zeit Nr. 10/1973.
11 Bundestagsdrucksache VI/3 742, S. 42.
12 der arbeitgeber, Nr. 21/24 1972.
13 Ebenda.
14 Ebenda.
15 Groß, S. 78.
16 Situation von Familien mit behinderten Kindern und Jugendlichen, Bd. I, durchgeführt im Forschungsinstitut für Sozialpolitik der Universität zu Köln, unter Leitung von Prof. Dr. O. Blume, bearbeitet von Beate Windszus, o. J. (1972) S. 159.
17 FAZ 1. 8. 1970.
18 J. Kopp, der Körperbehinderte und die Gesellschaft; in: 10 Jahre neue Wege der Hilfe für spastisch Gelähmte, Düsseldorf 1969, S. 49.
19 A. Mitscherlich, Auf dem Wege zur vaterlosen Gesellschaft, München 1963, S. 282.

VII. Kapitel

1 Berufliche Rehabilitation Behinderter, Nürnberg 1966, S. 5.
2 Ebenda, S. 9.
3 Ebenda.
4 Ebenda, S. 10.
5 H. Elsner, Bericht eines beruflich eingegliederten Körperbehinderten, unveröff. Ms., 1971.

6 Die berufliche Eingliederung und Wiedereingliederung Hör- und Sprachgeschädigter, Hrg. Bundesministerium f. Arbeit, 1957, S. 21.
7 Kriegsblinden Jahrbuch 1970, Wiesbaden 1970, S. 26.
8 Sonderbeilage der Zeitschrift hörgeschädigte kinder Nr. 3/1972: Wieweit sind Gehörlose in die Arbeits- und Sozialwelt integriert?
9 Alle Statistiken: Bundesanstalt für Arbeit: Berufliche Rehabilitation, Arbeits- und Berufsförderung behinderter Personen im Jahre 1971, Nürnberg 1972.
10 K. Jung, Die Bedeutung des Arbeitsförderungsgesetzes für die Behinderten; in: Die Behinderten in unserer Gesellschaft, Eine Dokumentation zum 1. Bundeskongreß Behinderter am 10./11. Oktober 1970, S. 44 (Hrg. vom VdK).
11 M. Sauter, Der in der Werkstatt tätige Personenkreis und die gemeinsame Beschäftigung der verschiedenen Behindertengruppen in der Werkstatt für Behinderte, vervielf. Ms. o. J.
12 Drucksache 6/622.
13 G. Haack, Thesen zur Problematik der Lohnzahlungen in Werkstätten für Behinderte.
14 K. Wenneberg, Sozialversicherung Behinderter, Blätter der Wohlfahrtspflege Nr. 10/1972, S. 244.
15 Spiegel-Report Behinderte, Nr. 13/1971.
16 Stiftung Rehabilitation, Denkschrift Rehabilitation der siebziger Jahre, Neue Wege zur Eingliederung von Behinderten, Heidelberg 1972.

VIII. Kapitel

1 hörgeschädigte kinder in der familie, Sonderheft 4 der Deutschen Gesellschaft zur Förderung der Hör-Sprach-Geschädigten, 1969, S. 11.
2 S. Kunert, Die psychische Situation von Eltern behinderter Kinder; in: Matthiass/Brüster/von Zimmermann (Hrg.), Spastisch gelähmte Kinder, Stuttgart 1971, S. 31.
3 E. Schmitz/D. Menara, Erziehungsprobleme beim körperbehinderten Kind, Sonderdruck Hilfe für körperbehinderte Kinder, hrg. von der Bundeszentrale für gesundheitliche Aufklärung, Köln o. J., S. 8.
4 Ebenda, S. 8.
5 Situation von Familien mit behinderten Kindern und Jugendlichen, Bd. I, durchgeführt im Forschungsinstitut für Sozialpolitik der Universität zu Köln, unter Leitung von Prof. Dr. O. Blume, bearbeitet von B. Windszus, o. J. (1972), S. 60.
6 Ebenda, S. 64.
7 Schmitz/Menara, S. 9.
8 F. Heister in: Verantwortliche Elternschaft in der Ehe blinder Menschen, hrg. von H. Rupp, Marburg/Lahn 1966, S. 14.
9 R. Maurer-Keller, Elternhaus und Schule; in: das behinderte kind, Nr. 4/5 1970, S. 146.
10 Situation von Familien mit behinderten Kindern, S. 154 f.
11 Schmitz/Menara, S. 9.

IX. Kapitel

1 Deutsche Gesellschaft zur Bekämpfung der Mucoviscidose, Mitteilungsblatt 4/1972.
2 Frankfurter Rundschau, Nr. 246/1971.
3 Schwerhörige und Spätertaubte, Sonderdruck des Deutschen Schwerhörigenbundes, April 1972, S. 7 f.

4 Die Fackel, hrg. vom Verband der Kriegs- und Wehrdienstopfer, Behinderten und Sozialrentner Deutschlands, Nr. 7/8 1972.
5 Ebenda.
6 Situation von Familien mit behinderten Kindern und Jugendlichen, S. 161.
7 Ebenda, S. 162.
8 Ebenda, S. 163.
9 Das Band (Hrg. Bundesverband für spastisch Gelähmte und andere Behinderte), Nr. 4/1971, S. 22.
10 CeBeeF-Magazin, 1/1971, S. 4.
11 Ebenda, S. 44.
12 Ebenda, S. 45.

X. Kapitel

1 zitiert nach: J. Cremerius (Hrg.), Psychoanalyse und Erziehungspraxis, Frankfurt/Main 1971, S. 15.
2 vgl. R. A. Spitz, Vom Säugling zum Kleinkind, Stuttgart 1967.
3 J. Cremerius, S. 204 ff.
4 Opitz/Wolf: Die anaklitische Depression; ebenda, S. 222.
5 Anna Freud: Die Rolle der körperlichen Krankheit im Seelenleben des Kindes; ebenda, S. 270 f.
6 Ebenda, S. 281.
7 50 Jahre Josefs-Gesellschaft für Krüppelfürsorge, Bigge-Ruhr 1954, S. 42.
8 Ebenda, S. 108.
9 Deutsche Multiple Sklerose Gesellschaft, Mitteilungsblatt Nr. 73/1971.
10 vgl. E. Klee: Randgruppen verinnerlichen die Normen, die sie unterdrücken; in: Randgruppenpädagogik, Düsseldorf 1973, S. 53 ff.
11 W. Werner: Allein unter Hörenden; in: hörgeschädigte kinder Nr. 1/1970.
12 die blindenwelt, Zeitschrift für alle Fragen des Blindenwesens, Sonderausgabe 1969, S. 17.

XI. Kapitel

1 P. J. Briefs, Krüppeltum und Familiengründung; in: Jahrbuch der Caritaswissenschaft 1933, Freiburg i. Br., S. 169.
2 H. Fleckenstein, Ehe der Körperbehinderten? Aufgaben und Möglichkeiten christlicher Erziehungshilfen; in: Verband kath. Anstalten für Körperbehinderte in Deutschland (Hrg.), Beiträge zur Körperbehindertenfürsorge Nr. 27, Köln-Deutz o. J., S. 71.
3 Ebenda, S. 73.
4 Ebenda.
5 Ebenda, S. 74.
6 Ebenda, S. 77.
7 Ebenda.
8 Briefs, S. 183.
9 J. Pongratz, Ehe und Familie des Körperbehinderten in psychologischer Sicht – Schwierigkeiten und Wege zu ihrer Behebung; in: Beiträge zur Körperbehindertenfürsorge Nr. 27, S. 91.
10 Protokoll, Lebenshilfe für das geistig behinderte Kind, Landesverband Hessen, Fortbildungstagung für Mitarbeiter in Einrichtungen für geistig Behinderte, 26. 6.–1. 7. 1972, Wiesbaden.
11 Fredi Saal, Die Hölle sind nicht die anderen; in CeBeeF-Magazin1/1971, S. 37.
12 Ebenda.

13 G. Hardtmann, Jugendpsychiatrische Urteile zu Pubertätsstörungen und Entwicklungsschwierigkeiten bei behinderten Kindern und Jugendlichen; in: Bundesministerium für Jugend, Familie und Gesundheit (Hrg.), Pubertätsprobleme und sexualpädagogische Aufklärung behinderter Kinder und Jugendlicher, Neuburgweier/Karlsruhe 1971, S. 77.

14 R. Lempp, Psychische Störungen und Verhaltensstörungen in der Pubertät behinderter Kinder; in: Pubertätsprobleme und sexuell-pädagogische Aufklärung..., S. 128.

15 Ebenda, S. 118.

16 Ebenda, S. 121.

17 Ebenda, S. 129.

18 K. Heslinga, vervielfältigtes Manuskript, Den Haag, 27. 4. 1971.

19 H. Bach, Sexuelle Erziehung bei geistig Behinderten. Berlin-Charlottenburg 1971.

20 Ebenda, S. 8.

21 Ebenda, S. 21 f.

22 Ebenda, S. 22.

23 Ebenda, S. 23.

24 Ebenda, S. 26 f.

25 Ebenda, S. 30.